KB135887

우리는 누구도 완벽하지 않다

실수의 재발견
우리는 누구도 완벽하지 않다

초판 1쇄 인쇄 2015년 4월 13일
초판 1쇄 발행 2015년 4월 20일

지은이 위르겐 쉐퍼
옮긴이 배진아
펴낸이 유정연

책임편집 장지연
기획편집 김세원 최창욱 김소영 **전자책** 이정 **디자인** 신묘정
마케팅 이유섭 최현준 **제작** 임정호 **경영지원** 박승남

펴낸곳 흐름출판 **출판등록** 제313-2003-199호(2003년 5월 28일)
주소 서울시 마포구 서교동 464-41번지 미진빌딩 3층(121-842)
전화 (02)325-4944 **팩스** (02)325-4945 **이메일** book@hbooks.co.kr
홈페이지 http://www.nwmedia.co.kr **블로그** blog.naver.com/nextwave7
출력 · 인쇄 · 제본 (주)현문 **용지** 월드페이퍼(주) **후가공** (주)이지앤비(특허 제10-1081185호)

ISBN 978-89-6596-152-9 03180

• 흐름출판은 독자 여러분의 투고를 기다리고 있습니다. 원고가 있으신 분은 book@hbooks.co.kr로
간단한 개요와 취지, 연락처 등을 보내주세요. 머뭇거리지 말고 문을 두드리세요.
• 파손된 책은 구입하신 서점에서 교환해 드리며 책값은 뒤표지에 있습니다.

이 도서의 국립중앙도서관 출판시도서목록(CIP)은 e-CIP홈페이지(http://www.nl.go.kr/ecip)와 국가자료공동목록시스템(http://www.nl.go.kr/kolisnet)에서 이용하실 수 있습니다. (CIP제어번호 : CIP2015009995)

살아가는 힘이 되는 책 흐름출판은 막히지 않고 두루 소통하는 삶의 이치를 책 속에 담겠습니다.

실수의 재발견

우리는 누구도 완벽하지 않다

위르겐 쉐퍼 지음
배진아 옮김

흐름출판

모든 것에는 틈이 있어요.
그래서 빛이 들어오는 것이지요.

– 레너드 코헨 *Leonard Cohen*

목차

사고의 나태함 · 충동성

세상이 자주 우리를 지치게 하는 이유

생산적 혹은 파괴적

완벽주의가 병적인 상태로 치달을 때

잠복성 실수를 조심하라
기계를 다룰 때 맞닥뜨리는 딜레마

지식의 경계에서
과학이 실수를 필요로 하는 이유

진화의 천재성
자연은 왜 실수를 사랑하는가

예측 불가능성 속의 기회

실수를 포용하는 문화

새로운 마음가짐에 대한 변론

당신이 저지른 실수를 사랑하라

감사의 말

이 주제와 관련하여 조사 작업을 진행하는 동안 시간을 내어 인터뷰를 허락한 모든 학자분께 감사를 전한다. 그 밖에도 따듯한 조언을 아끼지 않은 미하엘 겝Michael Gaeb과 신중하고 재치 있는 편집을 맡아 준 에바 로젠크란츠Eva Rosenkranz, 이 책의 유일한 삽화를 제작해 준 마르틴 퀸스팅Martin Künsting에게 감사한다. 마지막으로 인내심을 가지고 지켜봐 준 카르멘Carmen, 아마야Amaya, 그리고 아나 엘자Ana Elisa에게도 감사의 마음을 전한다.

서문

어떻게 하면 실수를 사랑하는 법을 배울 수 있는가

우리가 결코 잊지 못하는 순간은 언제나 인생에서 가장 당혹스러운 순간들이다. 도대체 왜 그런 것일까?

현재 왕성하게 활동하고 있는 가장 중요한 사진작가 가운데 한 사람인 유진 리처드Eugene Richard, 1944~ 는 매우 까다로운 인터뷰 상대로 알려져 있다. 대부분의 예술가들이 그렇듯이 그 또한 자신의 작업을 누군가가 관찰할 때면 유달리 민감해진다. 리처드의 동료들이 내게 경고하기를, 그는 사람들이 자신보다 조금 더 인지도가 있는 사진작가 유진 스미스Eugene Smith, 1918~1978와 자신을 혼동할 때 특히 참지 못한다고 한다.

유진 스미스—틀렸음!

유진 리처드—맞음!

이 정도쯤이야 거뜬히 해낼 수 있겠지, 안 그래?

그런데 어쩌다 보니 인터뷰 장소로 출발하는 시간이 조금 늦어져 버렸다. 게다가 브루클린을 가로질러 달리는 뉴욕 지하철은 곳곳이 공사장이었다. 약속 시간을 맞추지 못하리라는 사실이 분명해졌을 때 나는 휴대전화를 움켜쥐었다. 그러고는 다시 한 번 '유진 리처드'라고 조용히 되뇌면서 지하철 창밖을 바라보았다. 통화 연결음이 들리기 시작할 무렵 방황하던 나의 시선은 그때 막 도착한 역의 팻말 위에서 멈추어 섰다. 그런데 역 명칭이 하필이면 '스미스 스트리트'였다. 바로 그 순간 나의 인터뷰 상대가 전화를 받았고, 필연적으로 일어나고야 말 일이 일어났다.

"죄송합니다. 스미스씨. 제가 조금 늦을 것 같습니다." 나는 그렇게 말하고 있는 내 목소리를 들었다. 그 반대였다면 얼마나 좋았을까.

아이러니한 실수

사실 그것은 그리 대수롭지 않은 실수였고, 유진 리처드는 나의 실수를 너그럽게 용서해 주었다. 그러나 그것은 분명 흥미로운 실수다. 왜냐하면 그것은 우리가 어떤 식으로 우리의 삶을 통제하려고 시도하는지, 그리고 그 과정에서 어떻게, 왜 거듭 좌절하고 마는지를 명확하게 보여주기 때문이다. 미국 심리학자 대니얼 M. 웨그너Daniel M. Wegner는 이런 종류의 불운을 가리켜 '아이러니한 실수'라고 부른다. 여기서 아이러니의 핵심은 우리가 단순히 어떤 실수를 저지르는 데 있는 것이 아니라, 무슨 수를 써서라도 막으려고 했던 바로 그런 행동을 결국에는 하고야 만다는 데 있다.

이런 일이 일어나는 원인은 우리의 작업기억working memory이 작동하는 방식에서 기인한다. 작업기억에서는 우리의 심리적인 현재가 전개된다. 그곳에서 우리는 다양한 인상들을 처리하고, 대안이 될 수 있는 행동들을 신중하게 저울질한다. 작업기억 속에서 우리는 바로 다음 순간에 할 일을 결정하는 동시에 우리 자신의 행동을 관찰하는데, 이런 감시 작용은 일반적으로 배후에서 진행된다. 예컨대 이런 감시 작용은 '미스터 스미스'라고 말하지 않아야 할 상황에서 그 말을 하지 않도록 최대한 주의를 기울인다.

그런데 작업기억은 용량이 제한되어 있고 스트레스에 매우 취약하다. 혹시라도 작업기억에 과도한 부담을 가하게 되면, 이를테면 시간 압박을 가하거나 여러 가지 일을 동시에 처리하거나 긴장감이나 불안감을 억누르려 하면 자칫 발작적인 행동을 유발할 수도 있다. 그렇게 되면 우리가 그토록 억제하려고 시도했던 바로 그것이 어느 순간 갑자기 행동 지침으로 돌변해 버린다. 여기에서 아이러니한 점은 어떤 행동을 저지하려고 하는 시도 바로 그 자체가 그 행동을 작업기억 속에 단단히 뿌리내리게 한다는, 그리하여 실수를 유발한다는 사실이다. 내 경우에는 설상가상으로 'SMITH ST'라고 적힌 지하철역 팻말이 무의식적인 유발인자로 가세했다.

아이러니한 실수는 인생의 모든 영역에서 발생해 당혹스러운 상황을 불러일으킬 수 있다. 이를테면 고객이나 상관과 처음 대면하는 자리에서 아무 이유 없이 실실 웃기 시작하는 행동 같은 것이 이에 해당한다. 우리는 의도적으로 그런 종류의 반응을 유발할 수도 있다. 요컨대 어떤 경우에도 인종차별적 발언이나 성차별적 발언을 절대 하지 않으려고 하는 사람이라도 시간 압박에 내몰리게 되면 정확하게 그런 행동을 하고 만다. 평소에 그들은 매우 훌륭하게 자기 자신을 통제할 줄 아는 사람들이다. 그러나 바로 그런 사실이 부담을 받는 상황에서 처참하게 무너져 내릴 위험성을 한층 더 끌어올린다.

아이러니한 실수는 스포츠 분야에서도 자주 일어난다. 영국 뱅고어 대학교 연구진은 무슨 수를 써서라도 막으려고 했던 그런 일이 일반인보다 운동선수들에게 훨씬 더 자주 일어난다는 사실을 확인했다. 육상 10종 경기 선수였던 위르겐 힝젠Jürgen Hingsen이 1988년 서울 올림픽에서 그랬던 것처럼 육상선수들은 곧잘 부정 출발로 실격을 당한다. 또 골프 선수들은 '너무 짧은 퍼팅은 절대 금물'이라는 황금률을 철저하게 지키려고 마음먹으면서도 우려하던 실수를 범하고 만다. 그런가 하면 축구 승부차기에 나선 선수들은 그들이 가장 두려워하던, 공을 하늘로 뻥 차버리는 실수를 저지르고 만다. 우리는 이런 일들이 일어나는 이유를 아이러니한 실수의 원칙을 통해 간단하게 설명할 수 있다. 경기에 참여한 선수들은 극도의 정신적 스트레스에 시달린다. 수년간 이 순간을 위해 훈련해 온 그들은 그간의 모든 노력을 허사로 만들어 버리는 어이없는 실수를 범하지 않으려고 온 힘을 기울여 집중한다.

아이러니한 실수는 두 번째 아이러니, 이른바 '역아이러니inverse irony'를 내포하고 있다. 아이러니한 실수를 방지할 수 있는 방법은 오직 하나, 그것을 허용하는 방법밖에 없다. 실수를 방지하는 데 더욱더 애를 쓸수록, 그리고 거기에 더 집중할수록 우리의 작업기억에 가해지는 스트레스도 더욱 커지고, 따라서 실수를 방지하는 데 실패할 위험성도 훨씬 높아진다.

아이러니한 실수는 우리가 우리 자신에게 완전무결함을 기대할 때 발생한다. 그러나 완전무결함은 우리 인간들에게는 주어지지 않은 특징이다. 아이러니한 실수는 자유롭게 움직일 수 있는 여지가 주어지지 않을 때 발생한다. 그리고 그런 환경에서는 우리 인간들이 결코 발전할 수 없다. 그러므로 우리는 우리가 저지르는 실수를 받아들이는 법을 반드시 배워야만 한다.

이 책은 실수에 의연하게 대처할 수 있는 방법들을 다룬다.

너무나도 인간적인 일

실수에 의연하게 대처하는 태도는 자신에게 스스로 명령하거나 다짐한다고 되는 것이 아니다. 그것은 학습 과정의 결과물이다. 이 과정에서 첫 번째 단계는 본인이 실수를 할 수 있다는 사실과 그 이유를 인식하는 것이다. 우리는 실수를 하면서 이리저리 헤맨다. 우리를 둘러싼 세계의 일부분만을 인지할 수 있기 때문이고, 또 이런 단편적인 정보를 바탕으로 비논리적인 결정을 내리기 때문이다.

실수와 오류는 너무나도 인간적인 일이다. 그리하여 우리 인간들은 심지어 그것을 예술의 형태로 격상하기까지 했다. 이에 대해서는 이 책의 1장과 2장에서 상세하게 다룰 것이다. 심리학 연구 사례를 살펴보면 수십 건에 달하는 사고의 함정과 인지 왜곡 사례를 발견할 수 있다. 우리는 화성에 있는 산악지대에서 인간의 얼굴 모양을 한 조각을 발견하고는 이 조각 작품을 창조했을 법한 외계인들의 존재를 추측한다(아포페니아Apophenia, 서로 연관성이 없는 현상이나 정보에서 규칙성이나 연관성을 끌어내려는 인식 작용을 나타내는 심리학 용어—옮긴이). 우리 주변에서 일어나는 거의 모든 일이 순수한 우연의 산물이라는 사실을 받아들이기 어렵기 때문이다. 이런 이유로 우리는 주사위 놀이를 할 때도 주사위를 100번 던졌을 때 '6'이 한 번도 나오지 않으면 이 숫자가 나올 확률이 틀림없이 더 높아질 것이라고 믿으면서(도박사의 오류gambler's fallacy) 원하는 결과를 가져오기 위해 주사위 통을 여느 때보다 조금 더 오래 흔든다(통제망상illusion of control). 그런가 하면 가용성 휴리스틱availability heuristic은 우리가 패혈증보다 비행기 추락 사고를 더욱더 두려워하게 만드는 결과를 가져온다. 이런 현상이 나타나는 까닭은 우리가 비행기 추락 사고 장면은 여러 번 보았지만, 추측컨대 심각한 패혈증 사례는 아직까지 단 한 번도 눈으로 직접 본 적이 없기 때문이다(2012년 독일에서는 패혈증으로 약 8만 명이 사망했지만, 비행기 추락 사고로 사망한 사람은 단 한 사람도 없다).

우리는 기억을 플래시가 번쩍 터지면서 상황을 순간적으로 포착하는 사진 같은 것으로 간주한다. 날카롭고, 정확하고, 변할 수 없는 사진 말이다. 그러나 기억은 오히려 부드러운 왁스로 만들어진 조각상에 가깝다. 매번 기억을 떠올릴 때마다 우리는 그것을 새롭게 수정한다. 또 일반적으로 우리는 자신과 다른 사람들에게 우리가 어떤 사건을 정확하게 예견했다고 이야기한다(예컨대 동독의 몰락이나 미국 대선에서 오바마 대통령이 완승을 거둔 일). 실제로는 정확하게 그 반대 경우를 예측했는데도 말이다. 우리는 생각해 낼 수 있는 기억과 생각해 낼 수 없는 기억을 집요하게 우리 자신의 머릿속으로 밀어 넣어 스스로 그것을 믿게 만든다. 쇼핑몰에서 길을 잃고 헤맸다거나 어릴 적에 학대를 당했다거나 악마적인 흥분 상태에 빠져 어린아이를 죽였다고 스스로 믿게 만드는 것이다. 현실에서 가져온 이 모든 예는 실제로 결단코 일어난 적이 없었지만, 당사자들은 그런 사건들을 유리알처럼 투명하게 '기억'해 낼 수 있었다.

구멍이 숭숭 뚫린 이런 결함투성이 지각과 왁스처럼 흐물흐물한 과거 사건에 대한 기억은 우리가 내리는 다양한 결정의 토대가 되는 재료다. 당연히 그 결정들은 이성을 부여받은 우리 인간이 내리는 결정이다. 그런데 현실을 들여다보면 어이없는 상황이 펼쳐진다. 예컨대 판사들에게 주사위를 던지게 한 다음 재판에 참석하게 했더니, 주사위를 던져서 높은 숫자가 나온 판사들은 뒤이은 재판에서 범인들에게 한층 더 혹독한 벌을 내렸다(닻내림 효과Anchoring effect, 닻을 내린 배가 움직이지 않듯 처음 접한 정보가 기준점이 되어 판단에 영향을 미치는 편향 현상—옮긴이). 주식 거래를 할 때 우리는 순전히 비논리적인 이유로 외국 기업보다 자국 기업 주식 매입을 더 선호한다. 그리고 어떤 주식의 가치가 하락할 때, 우리는 미련을 버리지 못하고 지나치게 오랫동안 그 주식에 집착하곤 한다(손실 혐오Loss aversion).

이 모든 사실을 감안한다면 당연히 우리 자신의 능력에 의구심이 생기지 않을까? 그렇지는 않다. 자신의 비논리성을 자각하지 못하기 때문이다. 현실은 오히려 그 반대다. 어떤 사안에 대한 지식이 적으면 적을수록, 우리 자신이 그 일을 해낼 수 있으리라는 믿음은 역으로 더욱 커진다(더닝 크루거 효과Dunning-Kruger-effect). 우리의 인생을 한 편의 전기로 요약할 수 있다거나(언젠가 나는 내 인생을 다룬 책을 쓰고 말 거야!), 정치 관료의 직무를 수행할 수 있다거나, 혹은 축구 국가대표 팀을 (당연히!) 훌륭하게 훈련시킬 수 있다고 믿는 것이다. 어쨌거나 우리 대다수는 자신이 평균 이상의 능력을 갖추고 있다고 생각한다(과신 편향Overconfidence bias). 이를테면 자신이 운전을 평균 이상으로 잘한다고 생각하거나(모든 스웨덴 사람의 90퍼센트가 이렇게 생각한다), 자신이 평균 이상으로 똑똑하다고 생각하거나(모든 김나지움 상급생의 70퍼센트가 이렇게 생각한다), 자신이 평균 이상으로 뛰어난 연구자라고 생각한다(모든 대학 교수의 94퍼센트가 이렇게 생각한다). 그러나 통계학을 근거로 따져 보면, 평균보다 뛰어날 수 있는 사람은 언제나 50퍼센트에 지나지 않는다.

실수의 잠재력

자기 자신에 대한 과대평가와 명료한 통찰력이 한데 뒤섞여 만들어진 이런 혼합체는 오류가 번성할 수 있는 토대가 된다. 오류와 착각 그 자체는 해롭지 않다. 그 자체로는 어떤 결과물도 만들어 내지 않기 때문이다. 인류는 수천 년 동안 태양이 하늘 위를 움직인다는 믿음을 지니고 살았다. 그러나 그런 믿음 때문에 피해를 입은 사람은 아무도 없었을 것이다.

오늘날 학문은 그 범위가 한층 더 광범위해졌지만 그럼에도 여전히 오류의 함정에 걸려들고 있다. 인간의 탐구 본능이 발동하기 시작한 이래로 우리 인간은 우리를 둘러싼 주변 세계에 의미를 부여하고, 주변 세계를 이해하려고 시도해 왔다. 그리고 그 와중에 오류에 오류를 거듭해 왔다. 이에 대해서는 5장에서 상세하게 다룰 것이다. 대다수의 이론과 가설은 미처 한 세대를 버티지 못하고 적절하게 변형되고, 확장되고, 비난받는 운명에 처한다. 예컨대 우주를 가득 채우고 있다는 빛 에테르 이론이나 오염된 공기가 병을 유발한다고 하는 '말라리아' 이론 같은 것이 그에 해당한다. 과거 세대들은 예외 없이 모두 오류를 범했다. 우리는 그런 사실을 잘 알고 있으면서도 그로부터 교훈을 얻지 못한다. 세계에 대한 우리의 지식 또한 불완전하며, 한 세대가 미처 지나가기도 전에 그것 역시 비웃음의 대상이 될 수 있다는 사실을 깨닫지 못하는 것이다. 아니, 오히려 그 반대로 우리는 막연하게 진실에 '근접해 있다'고 느낀다.

그러나 현재의 연구 상황을 고찰해 보면 경악할 만한 결과가 만천하에 드러난다. 그리스 출신 미국 의학자 존 이오아니디스 John Ioannidis 교수는 현재 진행되고 있는 모든 학문적 연구의 80퍼센트가 전혀 가치 없다고 경고한다. 허술한 데이터 검증, 지나치게 범위가 협소한 기초 작업, 불완전한 평가, 한껏 미화된 프레젠테이션……. 이때 주목해야 할 점은 이런 연구를 수행하고 있는 사람들이 지구상에서 가장 뛰어나고, 똑똑하고, 현명한 인재들이라는 사실이다. 그들은 인류 프로젝트, 계몽 프로젝트를 추진하고 있는 바로 그런 사람들이다. 심지어는 최고 수준의 의학 연구들조차 폭넓은 공감을 얻지 못하는 경우가 다반사다. 결과물이 검증 단계를 버텨 내지 못하기 때문이다.

오류는 실수의 씨앗이다. 행동 영역에서 발생하는 오류는 심각한 결과를 초래할 수도 있다. 연구 결과가 권장하는 바에 따라 전 세계 의사들이 갱년기 여성들에게 호르몬 치료를 했지만, 뒤늦게 그 치료법이 잘못된 것으로 드러나는 경우를 예로 들 수 있다.

특히 기술을 다룰 때 발생하는 오류는 매우 위험하다. 4장에서 설명했듯이, 현대에서 그런 종류의 오류는 우리 모두에게 영향을 미친다. 실수는 부주의나 오류 때문에, 혹은 두 가지 모두로 인해 의식적·무의식적으로 발생한다. 예컨대, 운전을 할 때는 전화를 사용해서는 안 된다는 사실을 잘 알고 있으면서도 우리는 운전 중에 통화를 한다. 그러면서도 상황을 완벽하게 통제할 수 있다고 생각한다. 실수는 흔히 부적절한 시기에 발생한다. 하필이면 프로젝트가 마무리되는 부분에서 실수가 일어나고 마는 것이다. 모두가 지쳐 시간에 쫓기고 있는 상황에서, 그리고 결코 그 무엇도 잘못 되어서는 안 되는 상황에서 실수가 발생하고 마는 것이다. 절대로 실수가 일어나선 안 되는 상황일수록 실수는 더 자주 일어난다. 모든 실수에는 이처럼 아이러니한 잠재력이 내재해 있다.

일어날 수 있는 모든 실수는 실제로도 일어난다. 단지 시간문제일 뿐이다. 이것이 실수의 첫 번째 기본 법칙이다. 두 번째 법칙은 모든 인간은 실수를 한다는 것이다(일본 속담에도 있지 않은가. "…… 모든 연필에 지우개가 붙어 있는 것도 바로 그 때문이다"). 이 두 가지 법칙은 현대에 매우 중요한 의미를 갖는다. 실수 방지를 염두에 두고 만든 기술들이 결국 실패로 돌아갈 수밖에 없도록 하는 결과를 초래하기 때문이다. 만약 어떤 기술 시스템의 전제 조건이 그것을 조작하는 인간들이 언제나 충실하게 제 기능을 발휘하고 주어진 과제를 늘 빈틈없이 완수하는 것이라고 한다면, 그 시스템은 언젠가 고장이 나고야 만다. 직원들을 철저하게 훈련하고, 안전장치를 추가해 고장이 나는 시점을 먼 미래로 미루고자 하는 시도 역시 결국은 실패로 돌아가고 만다. 시스템이 복잡하면 복잡할수록 조작자인 우리 인간들이 시스템을 꿰뚫어보기가 더욱더 힘들어질 것이기 때문이다. 조작 실수의 잔존 위험은 결코 0이 될 수 없다. 그뿐 아니라 10만 년에 한 번 일어날까 말까 한 일, 그러니까 일어날 확률이 지극히 낮은 일이라고 하더라도 당장 내일 그 일이 일어날 수도 있다.

이런 인식은 지극히 논리적일뿐더러 그 자체로는 매우 평범하다. 그러나 우리는 좀처럼 이것을 이해하지 못한다. 여전히 수많은 조직들이 실수에 맞서 싸우고 있고, 무결점 문화를 관철하려는 시도를 한다. 3장에서 다루게 될 완벽주의는 그런 류의 실수에 적대적인 시스템이 낳은 기형적 산물이다. 완벽주의는 독일의 미덕이기도 하다. 실수에 대한 관대함을 주제로 한 어느 국제적인 조사에서 독일은 꼴찌를 간신히 면했다고 한다. 사람들은 흔히 완벽함을 최고의 업무 성과와 혼동한다. 그러나 실제로 완벽을 향한 노력은 정반대의 결과를 가져온다. 프로젝트를 완전무결하게 마무리하려는 사람은 완료 시점을 거듭하여 불특정한 시점으로 미루기만 한다. 오직 미래만이 완벽할 수 있기 때문이다. 현재는 항상 '혼란스럽고', 불명확하고, 미숙하고, 실수투성이다.

수많은 기업에서 완벽주의자들은 처음에는 본보기로, 그리고 까다로운 자질 요건을 구체적으로 구현하는 인물로 소개된다. 그러나 시간이 흐르면서 상황이 역전된다. 완벽주의자들이 작업을 중단시키고 업무 분위기를 흐리게 하는 장본인이라는 사실이 밝혀지는 것이다. 완전무결해야 한다는 강박관념 때문에 그들은 오히려 실수의 희생자가 되어 버린다. 지속적인 스트레스가 실수를 저지를 위험성을 높인다(여기에도 아이러니가 숨어 있다). 과부하는 이에 따른 불가피한 결과물이다. 극도의 피로감에 시달리는 사람들 중 3분의 2가 완벽을 향한 자신들의 노력이 바로 탈진의 원인이 되었다고 털어놓았다. 완벽함을 연구하는 학자 폴 휴잇Paul Hewitt은 심지어 노숙인들 가운데서도 완벽주의자를 찾아냈다. 그들은 완벽주의에 대한 강박관념 때문에 직장과 가족, 재산을 모두 잃어버렸다.

오직 다양성

완벽을 추구하는 태도의 대립 모델은 '실수 친화적인 태도'다. 이것은 여성 생물학자 크리스티네 폰 바이츠제커Christine von Weizsäcker가 정의한 개념이다. 그녀는 다른 곳도 아니고 하필이면 무자비하기로 소문난 자연에서 이 법칙을 발견했다. 이것은 우리가 이른바 오류라고 하는 것들에 어떤 식으로 대응할 수 있는지, 그 방법을 알려준다.

자연은 실수를 사랑한다. 나는 이 책의 6장에서 이런 사실을 분명하게 보여주려고 시도할 것이다. 진화를 그저 '적자생존Survival of Fittest', 즉 가장 강한 개체의 선별 과정으로만 정의한다면, 그것은 진화의 본질을 제대로 이해하지 못한 것이다. 오류 없는 진화는 생각조차 할 수 없다. 모든 진화 단계에는 돌연변이, 즉 단순한 복사 오류가 선행된다. 대부분의 복사 오류는 생존 능력을 갖춘 유기체로 이어지지 못한다.

그럼에도 불구하고 모든 돌연변이가 다 배척당하는 것은 아니다. 그중 다수는 열성유전인자의 형태로 유전자 풀에서 계속 살아남는다. 이런 열성유전인자는 보통 힘이 약한 것으로 간주된다. 대부분 우성유전인자에 억눌려 빛을 보지 못하기 때문이다. 사실 열성유전인자는 한 생물 종이 지니고 다니는 예비품이다. 기후가 급변하거나 운석이 지구를 강타해 생활환경이 바뀌게 되었을 때, 어쩌면 기존의 것과는 완전히 다른 특징들이 생존을 보장해 줄 수 있을지도 모른다. 오늘의 오류가 내일의 생명의 은인으로 탈바꿈하게 될 수도 있는 것이다. 이런 식으로 공룡들은 조류의 형태로 계속 생명을 이어 갈 수 있었다.

진화는 가장 강인한 개체를 찾아 헤매지도 않거니와 완벽을 추구하지도 않는다. 오히려 그 반대다. 진화는 다양성을 요구한다. 오직 다양성만이 미래 개방성을 의미하기 때문이다. 자연은 미래가 예측 불가능하다는 사실과 그런 이유로 영원한 '옳음'과 영원한 '그름'이 있을 수 없다는 사실을 잘 '알고 있다.'

그러므로 단순히 '실수를 관대하게 용인하는 태도'보다 실수 친화적인 태도가 훨씬 더 뛰어난 지속성과 훨씬 더 탄탄한 기초를 갖추고 있다. 관대함은 고작해야 우리가 어떤 실수를—어쩔 수 없이—감내한다는 것을 의미할 뿐이다. 반면 실수 친화적인 태도는 우리가 실수를 두 팔 벌려 환영한다는 것을 의미한다. 어쩌면 실수가 우리의 취약점이 무엇인지 알려주는 동시에 새로운 길을 보여 줄지도 모르기 때문이다. 가령 4대째 대를 이어 철강 노동자로 일해 오면서 남성성과 강인함을 숭배하는 어떤 집안이 있다고 가정해 보자. 그런데 그 집안에 발레리노를 꿈꾸는 동성애자 아들이 있다면, 그 사람은 아마도 비정상적인 존재 같은 느낌을 자아낼 것이다. 그러나 미래에 경제적으로 살아남을 수 있는 사람은 어쩌면 그 사람 하나뿐일지도 모른다.

장애 속 실수의 가치

진화의 법칙에 의거한 발전은 기술 영역에도 존재한다. 물리학자 프리먼 다이슨Freeman Dyson은 현대 항공기의 발전이 이 원칙에 따라 진행되었다는 사실을 보여 주었다. 항공기 개발 초기에는 약 10만 개에 이르는 다양한 모델이 존재했다. 그리고 그것들은 하나씩 차례대로 하늘에서 떨어져 내렸다. 엄청나게 많은 실패를 거듭하고서야 비로소 오늘날 우리가 알고 있는 안전하고, 효율적이고, 다재다능한 항공기를 개발해 낼 수 있었다. 반면 어떤 기술을 향해 오직 성공만을 요구한다면, 그러니까 개발 초기에 엔지니어들이 절대 실수를 범해서는 안 되고 결코 무언가를 시험해 보아서도 안 된다면, 그 기술은 최종적으로 실패할 수밖에 없다.

현재 다른 무엇보다도 소프트웨어 개발 영역이 진화 과정에 직면해 있다. 다수의 프로그램이 미완성 상태로 시장에 던져져 수년 동안 영원한 '베타' 상태로 계속 발전하면서 개선 과정을 거쳐 최적화된다. 그런 소프트웨어들은 결코 완벽하지 않다. 그러나 그것들은 언제나 최신식이고 유연하다.

이런 미완성 법칙을 모든 영역에 적용할 수는 없다. 궁극적으로 '베타' 상태에 있는 자동차를 타고 시속 200킬로미터의 속도로 고속도로를 달리고 싶어 할 사람은 아무도 없을 것이다. 또 개발자 본인조차 모든 것이 완벽하게 작동한다고 확신하지 못하는 인공호흡기에 자신의 목숨을 맡기고 싶어 할 사람도 없을 것이다. 그러나 시스템 붕괴가 치명적인 결과를 초래하는 바로 그런 영역일수록 열린 자세로 실수를 대하는 태도가 결정적으로 중요한 역할을 한다. 대부분의 경우 대재앙을 초래하는 것은 한 가지 개별적인 실수가 아니라 연달아 이어지는 실수다. 이런 실수의 사슬은 빨리 끊어 버릴수록 더욱더 효과적이다. 그러나 그렇게 하기 위해서는 7장에서 설명했듯이 열린 자세로 실수를 대하는 태도가 필요하다.

진보적인 '실수 문화' 이념은 대부분의 기업에 잘 알려져 있지만, 현실과는 아직도 한참이나 거리가 멀다. 실수 연구자 미하엘 프레제Michael Frese는 매니저들과 대화를 나눌 때 그들의 성적 취향을 이야기하는 것이 그들의 실수를 이야기하는 것보다 오히려 더 쉽다며 한숨짓는다. 프로젝트 실패는 지금도 여전히 경력에 치명적인 흠으로 간주된다. 이런 태도는 실수 자체보다 더 심각한 결과를 가져온다. 실수를 두려워하는 태도는 중대한 실수를 은폐하는 결과를 초래한다. 실수를 은폐하는 행위는 그것을 까발리는 것보다 더 나쁜 일이다. 그 실수에서 얻을 수 있는 소중한 정보를 조직에서 빼앗아 버리는 것이나 다름없기 때문이다. 실수를 은폐해 버리면 거기에서 그 어떤 교훈도 얻을 수가 없다. 그 결과 언제든 같은 실수가 되풀이될 수 있다.

또 어떤 사람들은 실패에 대한 두려움 때문에 현 상태를 고집하면서 무언가를 감행할 엄두조차 내지 못한다. 또는 스스로를 보호할 안전조치를 강구한다. 혹시 모를 실패에 책임을 져야 할 상황에 대한 개개인의 두려움에서 전체관료주의가 탄생했다. 모든 프로젝트 계획은 규모가 큰 회의에서 토론 과정을 거치게 된다. 그런 다음 반드시 상급자와 최상급자의 결재를 받아야만 한다. 이미 오래전에 실패로 돌아간 프로젝트가 그 후에도 여러 달 혹은 여러 해에 걸쳐서 계속 추진되는 일도 허다하다. 그 누구도 감히 실패를 시인할 엄두를 내지 못하기 때문이다. 그런 기업은 잘못하는 것도 없지만 제대로 하는 것도 없다. 0.1퍼센트의 시장 지분을 얻기 위해서 최소한의 수익만을 남긴 채 치열하게 싸움을 벌여야 하는 상황이라면, 반드시 위험을 감수할 수밖에 없다. 왜냐하면 그렇게 할 때에만 경쟁자들을 앞지르고 우위를 점할 수 있기 때문이다.

당연히 상황은 다르게 진행될 수도 있다. 캐나다의 한 후원 단체는 매년 〈실패 보고서〉, 즉 실패로 돌아간 아이디어들이 수록된 편람을 발행한다. 유감스럽게도 개발 지원 과정에서 사람들은 같은 실수를 거듭 되풀이하곤 하는데, 이런 사태를 막을 수 있는 길은 오직 이 방법밖에 없다. 어떤 기부자들은 〈실패 보고서〉가 발행된 뒤에 단체에 등을 돌리기도 했지만, 많은 사람이 그 단체의 성실함과 정직함을 높이 평가했다. 개발 지원을 받는 프로젝트가 대부분 원래 그것이 약속했던 것의 극히 일부만을 수행한다는 것은 누구나 알고 있는 사실이다. 그러나 이런 사실을 감히 입에 올리는 사람은 극소수에 불과하다.

그렇다면 여기에서 우리는 어떤 교훈을 얻을 수 있을까? 하버드 대학 경영학 교수인 에이미 에드먼슨Amy Edmondson은 기본적으로 '심리적 편안함'을 주는 실수 문화를 요구한다. 직원들에게는 본인의 생각을 자유롭게 표현할 수 있는 기회가 필요하다. "나쁜 소식을 가지고 온 사람에게 다가가라! 그 사람을 살려주라. 그의 용기를 칭찬하라." 그 뒤에 이어지는 실수 분석은 가혹하리만큼 솔직해야 한다. 시장이 아직 우리 제품을 받아들일 준비가 되어 있지 않았다거나 혹은 경기가 좋지 않다는 식의 뻔한 핑계는 일절 배제되어야 한다. 혹독한 분석의 대가는 다음과 같다. 개방적인 실수 문화를 갖춘 기업은 그렇지 않은 기업보다 더 높은 수익을 올리고, 더 큰 성공을 거둔다. 그런 기업들은 혁신을 허용하고, 그를 통해서 창의적인 인재들을 자기 기업으로 끌어당기기 때문이다.

이 책에서는 이 모든 내용을 다룬다. 이 책은 결코 야무지지 못한 행동에 대한 변론서가 아닐뿐더러, 사기나 고의적인 실수에 대한 변명은 더더욱 아니다. 이 책은 실수 연구의 세계로 떠나는 일종의 탐험 여행이다. 실수를 집중적으로 파고들다 보면 얼마간 위로가 되기도 한다. 인간들이 부와 명성 혹은 깨달음을 얻으려고 노력하는 과정에서 발생하는 오류와 실패는 예외가 아니라 오히려 일반적인 일이다. 언젠가 윈스턴 처칠Winston Churchill은 "성공의 본질은 열정을 잃어버리지 않은 채 한 가지 실패에서 또 다른 실패로 계속 달려가는 과정 속에 있다"고 말한 바 있다.

우리 모두가 그런 사실을 알게 된다면 결국에는 우리 자신의 실수와 타인의 실수를 받아들이는 여유, 아니 어쩌면 심지어 그것들을 반기는 여유를 가질 수 있게 되지 않을까? 결코 간단한 일은 아니다. 실수와 오류는 우리의 자아상과 세계상의 근간을 뒤흔들어 놓는다. 우리는 늘 우리를 둘러싼 세계를 파악하기 위해 노력하고, 각종 사건에 의미를 부여하려 한다. 우리는 우리의 세계상과 우리 자신, 그리고 우리의 자아상을 이런 사건들에 알맞게 적응시킨다. 바로 우리의 존재를 위대한 전체 속에 끼워 넣기 위해서다. 어떤 오류가 밝혀지면, 그 뒤에는 파멸이 도사리고 있다. 과거에 잘 알려져 있었던 것이 미지의 것으로 돌변하여 어둠 속으로 사라져 버린다. 우리에게 실수가 일어나면 잠깐 동안 우리는 현실에 접근하는 통로를 잃어버린다.

이 모든 것은 우리가 실수를 장애로 느끼는 이유를 설명해 준다. 하지만 바로 이 장애 속에 실수의 가치가 놓여 있다. 실수는 창의적인 문제 해결책을 요구한다. 실수는 확고하게 정립된 세계상을 뒤흔들어 놓음으로써 새로운 길을 열어젖힌다. 실수는 무언가를 배우고, 성장하고, 우리 자신을 변화시킬 수 있는 기회를 활짝 열어 준다. 이를 위해서는 꼭 필요할 경우, 가던 길에서 벗어나 처음부터 다시 시작할 수 있는 여지와 가능성이 필요하다. 그리고 이런 여지가 바로 인간의 척도에 대한 정의다.

실수가 허용되는 곳에서만 우리 인간은 자유로울 수 있다.

1장

우리는 보지 않으면서 보고, 듣지 않으면서 듣는다

허점투성이 감각

실수의 첫 번째 원천은 바로 현실에 대한 우리의 연결 관계 속에 있다. 왜냐하면 우리의 눈앞에서 펼쳐지고 있는 것들 가운데 극히 일부분만이 우리의 의식 속으로 들어오기 때문이다. 우리는 우리의 지각이 실제로 얼마나 허점투성이인지 알지 못한다. 현재에 대해서 우리가 가지고 있는 상은 한 가지 근본적인 오류에 근거를 두고 있다. 우리는 보이는 것이 객관적인 현실이라고 믿는다.

대학생 일곱 명, 농구공 두 개, 사육제 의상 한 벌, 그리고 비디오카메라 한 대. 훗날 수백만 명을 자기회의로 몰아넣은 심리학적 인지 연구의 고전을 알아내는 데는 이것만으로도 충분했다. 1999년 심리학자 대니얼 J. 사이먼스Daniel J. Simons와 그의 제자 크리스토퍼 F. 차브리스Christopher F. Chabris가 하버드 대학에서 한 가지 간단한 실험을 구상하던 당시만 하더라도 그들은 이 실험이 얼마나 광범위하게 영향을 미치게 될지 전혀 짐작조차 하지 못했다. 그들은 세 학생에게는 흰색 티셔츠를, 다른 세 학생에게는 검정색 티셔츠를 입혔다. 그런 다음 각 팀에 농구공을 하나씩 주고는 선수들에게 이리저리 공을 패스하는 방법을 가르쳤다. 대학 복도에서 녹화된 이 장면은 딱 25초 분량이었다. 비디오를 녹화하기 전에 실험자들은 관객들에게 흰색 티셔츠를 입은 팀의 패스 횟수를 세어 달라고 요청했다. 패스 횟수는 모두 15회였다.

경기가 펼쳐지는 동안 고릴라 옷을 입은 일곱 번째 여학생이 선수들 사이를 가로질러 돌아다녔다. 여학생이 경기장 한가운데 서서 두 주먹으로 가슴을 치고 있을 때, 선수들은 그녀의 주변을 돌아다니면서 드리블을 했다. 이것은 극도로 부조리하고 이치에 맞지 않는 장면이었지만, 흰색 티셔츠를 입은 팀의 패스 횟수를 세는 데 열중해 있던 사람들은 그것을 느끼지 못하는 듯해 보였다. 우리는 무언가에 집중하는 즉시 주변 세계와 우리의 눈앞에서 펼쳐지고 있는 것을 깡그리 잊어버리기 때문이다.

사이먼스와 차브리스는 실험 대상자들 앞에서 비디오를 틀었다. 그들은 어떤 결과가 자신들을 기다리고 있을지 전혀 짐작하지 못했다. 실험 대상자의 약 절반 정도가 고릴라를 보지 못했다. 그것은 매우 주목할 만한 실험이었고, 그 결과는 너무나도 충격적이었다. 그리하여 그 비디오는 현재까지 유튜브 조회 수가 700만을 넘어섰다. 고릴라의 존재를 알고 있는 사람들은 도대체 어떻게 그것을 보지 못하고 지나칠 수 있는지 상상조차 하지 못한다. 그러나 아무것도 모르는 사람들이 고릴라를 발견할 가능성은 고작해야 50퍼센트밖에 되지 않는다.

인지과학자들에게는 그 테스트 결과가 그리 놀라운 일이 아니다. 전문 서적을 들여다보면 사이먼스와 차브리스가 발견한 현상이 '부주의 맹시inattentional blindness'라는 개념으로 설명되어 있다. 고릴라를 인지하지 못하는 우리의 무능력은 뇌의 제한적인 수용 능력과 뇌가 각종 정보를 분류하고 처리하는 방법에서 기인한다.

우리의 눈만 하더라도 그렇다. 그곳에서 수집된 엄청난 양의 정보가 매 순간 신경 통로를 경유하여 우리의 인지 기관으로 쇄도하는데, 그 정보의 양은 대략 초스피드 인터넷 접속량과 맞먹는다. 정보를 처리하는 데는 에너지가 소모된다. 우리는 음식물을 섭취해 얻는 에너지의 약 40퍼센트 정도를 전적으로 머릿속에 있는 관리 센터를 운영하는 데 사용한다. 이런 이유로 뇌는 항상 에너지 소비를 억제하려고 시도한다.

이것이 인지 작용에서 의미하는 바는 다음과 같다. 중요해 보이지 않는 것은 잘라 버린다. 이미 알고 있는 것은 기억에서 가져온 요소들을 이용하여 재구성한다. 우리의 눈앞에서 펼쳐지는 거대한 3차원 시나리오 가운데서 우리가 그때그때 집중하는 부분은 극히 작은 단면에 불과하다. 그리고 우리의 초점에서 머리카락 굵기 만큼이라도 비켜나 있는 것들은 불명확하고 불확실한 상태로 남겨진다.

대니얼 J. 사이먼스는 연구를 계속 추진해 나갔다. 2010년에 제작한 새로운 비디오에서 그는 농구 선수들과 고릴라가 등장하는 장면을 되풀이했다. 물론 그는 대부분의 관객이 그사이에 자신들이 어떤 일을 겪게 될지 이미 알게 되었다는 사실을 잘 알고 있었다. 고릴라의 존재를 알고 있었던 23명의 실험 대상자들은 모두 당연히 고릴라 복장을 입은 여학생을 직접 눈으로 보았다. 그럼에도 그들은 눈이 멀어 있었다. 사이먼스는 비디오를 촬영하는 과정에서 배경 색깔을 바꾸고 검정색 티셔츠를 입은 선수들 중 한 명을 팀에서 빼냈다. 실험 대상자 중에서 두 가지 변화를 모두 알아차린 사람은 단 한 명에 불과했다. 그것도 실험 대상자가 모두 이미 부주의 맹시 법칙을 잘 알고 있었는데도 말이다.

인간의 인지적 결함

실제로 우리는 얼마만큼이나 눈이 멀어 있는 것일까? 또 다른 실험에서 사이먼스와 그의 동료 대니얼 레빈Daniel Levin은 길거리에서 한 청년에게 시켜 지나가는 사람들에게 길을 물어보게 했다. 보행자가 몸을 굽히고 지도를 들여다볼 때 문을 운반하는 남자 둘이 청년과 보행자 사이를 가로질러 지나갔다. 그리고 이 순간 문 뒤에서 청년을 다른 사람으로 바꿔치기했다. 그러나 보행자들은 지도에 너무 깊이 골몰한 나머지 대화 상대가 갑자기 바뀌었다는 것을 알아차리지 못했다. 이런 '변화 맹시Change blindness'는 연구실 실험에서도 그대로 재현할 수 있다. 검정색 중간 이미지가 짧게 지나간 후에 사진이 바뀔 것이라는 사실을 알고 있는 상태에서 어떤 사진을 뚫어져라 응시할 때조차 우리는 변화를 파악하는 데 큰 어려움을 겪는다.

런던 교통연구소Transport Research Laboratory의 런던 교통국TfL, Transport for London은 도로 교통에 더 많은 주의를 기울일 것을 권유하는 한 비디오에서 눈을 뜨고 있으면서도 제대로 보지 못하는 현상의 한계를 조사했다. 비디오에 등장하는 장면은 복합적이다. 셜록 홈즈로 분장한 배우가 화려하게 장식된 방 안에서 하녀와 집사, 정원사에게 차례로 그들 앞의 동양풍 양탄자 위에 죽어 있는 집 주인을 과연 누가 살해했을지 묻는다. 처음 그 비디오를 보는 사람들은 카메라가 방향을 틀고 한 컷이 끝난 다음 전후 장면들 사이에 살해 흉기나 벽에 걸린 시계 같은 한두 가지 세부 사항이 서로 일치하지 않는다는 사실을 어렵지 않게 확인한다. 그러나 잠시 후에 그들은 채 1분도 되지 않는 사이에 한두 가지 요인이 아니라 무려 21가지(!) 요인이 크게 바뀌었다는 것을 알고는 풀이 죽는다. 가구의 위치가 바뀌어 있거나 아예 사라지고 없고, 봉제 곰인형이 기사의 갑옷으로 대체되고, 심지어는 희생자도 바뀌었다. 오류를 찾아내려고 엄청난 노력을 기울였는데도 거의 모든 관객들이 그런 사실을 전혀 알아차리지 못한다.

그런데 만약 우리가 오류를 찾아내는 훈련을 받는다면 어떻게 될까? 만약 일치하지 않는 부분을 인지해 낼 수 있는지 없는지에 따라 다른 사람들의 목숨이 좌우된다면 어떻게 될까? 유감스럽게도 우리는 우리의 인지적 결함을 줄일 수가 없다. 예컨대 엑스레이 사진에서 결함—초기 암 덩어리—을 찾아내는 방사선과 의사들의 경우, 실수를 범할 확률이 대략 30퍼센트에 이른다. 이것은 곧 그들이 세 건 중 한 건꼴로 암을 간과한다는 것을(그리고 이따금은 암이 아닌 것을 암으로 오인한다는 것을) 의미한다. 심지어 몇몇 종류의 암은 실수 비율이 그보다 훨씬 더 높아지기도 한다. 한 폐암 연구에서는 암 환자들이 예전에 촬영한 엑스레이 사진을 다시 판독하는 작업을 했다. 결과는 다음과 같았다. 질병의 90퍼센트가 사진에 나타나 있었다. 몇몇 경우에는 암을 진단받기 수 년 전에 이미 징후가 나타나 있었다. 그러나 의사들은 그것을 제대로 보지 못하고 지나쳐 버렸다.

의사들이 이런 실수를 범하는 이유는 그들이 살피는 환자들 가운데 실제로 암에 걸린 사람들이 극소수에 불과하고, 따라서 대부분의 엑스레이 사진이 위험을 암시하지 않기 때문이다. 300건의 엑스레이 사진 가운데 고작 한 건 정도에서만 암이 나타난다. 공항 안전요원이 무언가를 찾아내는 경우는, 예컨대 기내용 가방 안에서 권총을 찾아내는 경우는 이보다 훨씬 더 드물다. 무기의 천국인 미국에서조차 비행기 탑승객 가운데 권총을 소지한 사람은 고작해야 100만 명 중 한 명꼴로 적발되고 있다. 이것은 곧 대부분의 안전요원들이 수년 동안 무기를 발견하는 경험을 전혀 하지 못한다는 것을 의미한다. 매일같이 권총을 찾아낼 수 있기를 고대하면서 열심히 탑승객들을 살펴보지만, 많은 안전요원들이 결코 그런 일을 경험하지 못한다. 따라서 공항 안전요원들을 대상으로 한 다양한 실험에서 그들이 최대 75퍼센트의 오류 비율을 기록했다는 사실은 그리 놀랄 일도 아니다.

대단한 착각

이 같은 수치에서 놀라운 점은 우리가 극도로 정확하고 꼼꼼하게 세상을 살펴볼 때조차 선택적으로밖에 세상을 인식하지 못한다는 사실이 아니라, 우리가 아주 많은 것을 보고 있다고 어마어마하게 착각한다는 사실이다. 예컨대 고릴라 실험으로 밝혀진 그런 현상은 결코 속임수를 이용해 만들어 낸 예외적인 상태가 아니다. 그것은 지극히 일반적인 현상이다. 미국 법의학 전문가이자 법원에서 인지 오류 감정가로 활동하고 있는 마크 그린Marc Green은 다음과 같이 말했다. "사람들은 대부분 어쩌다 한 번씩 매우 드문 경우에 한해서만 자신들이 주의를 제대로 기울이지 않는다고 생각한다. 그들이 이렇게 생각하는 이유는 매순간 자신들이 얼마나 많은 것을 놓치고 있는지 전혀 짐작조차 하지 못하기 때문이다. 우리 모두는 부주의로 말미암아 매순간, 매일, 거의 완벽하게 맹인이 되어 버린다."

우리가 이런 부주의를 인식하는 데 어려움을 겪는 것은 사물을 보는 방식에 대한 우리의 이해가 불충분하다는 사실과 관계가 있다. 그린은 설명한다. "우리는 사물을 보는 행위를 어떤 한 장면을 파악할 수 있도록 해주는 수동적이고 광범위한 과정으로 간주합니다. 그러나 실제로 우리 머릿속에는 우리의 눈앞에 있는 상을 그대로 모사한 상이 존재하지 않습니다." 우리가 보는 행위를 수동적인 과정으로 간주하는 것은, 그러니까 사물을 보는 행위에 우리 자신이 능동적으로 관여하지 않는다고 생각하는 것은, 그 과정이 우리에게 그다지 어렵게 비치지 않기 때문이기도 하다.

그러나 실제로 우리 뇌의 입장에서 보자면 인지는 매우 복잡한 작업이다. 뇌는 우리의 망막에 도달하여 그곳에서 신경 자극으로 탈바꿈하는 거대한 빛 반사의 물줄기 속에서 미친 듯이 빠른 속도로 이미 알고 있는 것과 미지의 것을 가려내고, 개념을 분류한다(이것은 의자고, 여기에 있는 것은 책상이다). 그리고 그것을 바탕으로 하여 논리적으로 비치는 현실에 대한 모사를 만들어 낸다. 이런 사실은 과거의 사건과 우리의 기억이 현재 우리가 보고 있는 대상에서 큰 부분을 차지한다는 것을 의미한다(기억의 결함에 대해서는 이 장의 뒷부분에서 다시 설명할 것이다). 이런 혼잡한 상황에서 우리의 뇌가 최종적으로 만들어 낸 결과물과 우리가 현실로 간주하는 것은, 엄밀하게 말하자면 우리의 눈앞에서 실제로 펼쳐지고 있는 사건들 중 우리 자신이 매우 개인적으로, 감정적으로, 선택적으로 선별해 낸 것이다.

덴마크 출신 실용서 저자 토르 노레트랜더스Tor Nørretranders는 이런 딜레마를 다음과 같이 요약했다. "우리는 우리가 인지하는 것을 보는 것이 아니다. 우리는 우리가 인지했다고 믿는 것을 본다. 우리의 의식은 오직 주어진 해석만을 받아 볼 수 있을 뿐, 결코 왜곡되지 않은 원본 데이터를 받아 볼 수는 없다. 어떤 일이 펼쳐질 때면 무의식적인 정보처리 과정이 진행되면서 정보들을 이리저리 뒤틀어 놓는다. 우리가 보는 것은 하나의 시뮬레이션, 가설, 해석이다. 그것들은 우리의 자유의지에서 비롯된 것이 아니다."

요컨대 우리의 뇌는 우리를 위해서 우리의 눈앞에 존재하는 모든 정보들 가운데 우리가 실제로 보는 것과 우리가 의식적으로 인지하는 것을 따로 선별해 낸다. 이 과정에서 우리는 그리 큰 영향력을 행사하지 못한다. 이 같은 선별 과정에서 가장 중요한 요소는 우리 뇌의 수용 능력이다. 우리의 신체에서 가장 많은 에너지를 소비하는 뇌는 언제나 꼭 필요한 만큼만, 그리고 최대한 적은 양의 에너지를 이용하여 어떻게든 그럭저럭 꾸려나가 보려고 노력한다. 뇌 연구자 그레고리 번스Gregory Berns는 뇌가 근본적으로 '게으른 고기 덩어리'라고 말한다.

일반적으로 우리는 뇌의 수용 능력을 과대평가한다. 1956년 미국 심리학자 조지 A. 밀러George A. Miller는 우리 인간들의 작업기억 속 한 번에 저장하고 처리할 수 있는 정보 양에 대한 평가기준을 '마법의 7±2'로 정의했다. 이에 따라 우리는 우리 앞에서 연주되는 멜로디 가운데 일곱 가지 음을 비교적 손쉽게 되풀이할 수 있다. 예컨대 전화번호 숫자 같은 단순한 정보 단위들은 아홉 개까지, 그리고 1음절짜리 단어는 다섯 개밖에 처리하지 못한다. 때문에 '±2'라는 부대 조항이 달려 있다. 따라서 10개 이상의 숫자, 음, 단어, 얼굴을 마주할 때면 우리는 마치 덤불속을 걸어가는 것처럼 비틀거리면서 오류와 실수를 범하게 된다. 그렇다면 우리의 뇌가 한계에 부딪히면 과연 어떤 일이 일어날까? 펜실베이니아 카네기멜론 대학교 소속 연구자들이 이와 관련된 매우 인상적이면서도 끔찍한 사례를 연구했다. 그들은 운전을 할 때 한눈을 파는 것이 얼마나 위험한 일인지를 실험했다.

도로 교통과 휴대전화에 관한 연구

간단한 질문을 하나 던

져 보기로 하자. 운전을 하면서 전화를 할 때, 휴대전화를 귀에 갖다 대는 것과 핸즈프리 장치를 이용하는 것 중에서 어느 쪽이 더 안전할까? 생각해 볼 것도 없이 대답은 너무나도 명료해 보인다. 휴대전화를 귀에다 대고 통화를 하면 최소한 40유로의 벌금을 내야 한다는 것을 모두가 알고 있다. 너무나 위험한 행동이기 때문이다. 요컨대, 우리는 운전 중에 누군가에게 전화를 걸 때면 손을 핸들에 얹어 놓아야 한다고 알고 있다. 궁극적으로 핸즈프리 장치는 운전 중에 좀 더 안전하게 통화를 하게 해줄 용도로 고안되었다.

그러나 이 대답은 오답이다. 유타 대학 연구진이 실험 대상자들을 운전 시뮬레이터에 앉힌 다음 전형적인 운전 상황에서 전화를 하게 했다. 이때는 핸즈프리 장치가 사용되었다. 결과는 다음과 같았다. 실험 대상자들은 혈중알코올농도 0.8인 상태로 운전을 하는 사람들과 동일한 반응 속도를 보였다. 과거 독일에서 혈중알코올농도 0.8은 오랫동안 운전 능력 유무를 판단하는 경계로 간주되었다. 2001년 4월에 이르러 혈중알코올농도 0.5로 경계 수치가 낮아졌다. 왜냐하면 혈중알코올농도 0.8의 상태로 운전대를 잡은 사람들이 심각한 사고를 지나치게 많이 일으켰기 때문이다.

이것이 전부가 아니다. 이보다 한층 더 심각한 사실이 있다. 단지 전화를 할 때뿐만 아니라 동승자와 대화를 나눌 때나 라디오

방송에 귀를 기울일 때도 마찬가지다. 이 모든 것이 우리의 운전 능력을 현저하게 떨어뜨리고 운전 중 실수를 범할 가능성과 사고를 유발할 위험성을 크게 높인다.

이런 현상의 원인 역시 우리 뇌의 제한된 수용 능력에 놓여 있다. 일반적으로 자동차 운전은 완전 초보 단계에서만 매우 어렵게 느껴지고 우리의 능력을 넘어서는 그 어떤 일로 간주된다. 속도를 높이고, 브레이크를 밟고, 방향을 틀고, 커브를 돌기 위해 손과 눈을 조화롭게 조정하고, 그와 동시에 보행자들과 자전거를 탄 사람들, 그리고 우리와 도로를 나누어 사용하는 다른 모든 자동차의 동태에 주의를 기울여야 할 때가 바로 그때다. 첫 번째 운전수업을 받을 때 많은 사람들이 은연중에 자신들은 결코 그 모든 것을 한 번에 능수능란하게 해낼 수 없을 것이라는 느낌에 사로잡히게 된다.

그러나 그 시기가 지나고 나면 우리는 핸들을 자동적으로 다루는 일에 점점 더 능숙해진다. 우리는 그 자체로서 매우 복합적인 활동을 큰 무리 없이 익히게 된다. 출퇴근길의 혼잡함을 뚫고 몇 톤을 넘나드는 무거운 기계를 사냥에 나선 맹수의 속도로 빠르게 조종하는 일을 놀랍도록 훌륭하게 해내는 것이다. 그 결과 운전을 하면서 심지어는 지루함을 느끼기도 한다. 그렇게 자신을 평균 이상의 운전 실력을 갖춘 훌륭한 운전자로 간주하게 된다.

다만 문제가 있다면, 운전을 할 때 우리의 뇌는 결코 지루함을 느끼지 못한다는 것이다. 왜냐하면 우리는 많은 것을 무의식적으로 행하기 때문이다. 운전 중에 우리는 도로와 차창 밖을 스쳐 지나가는 가옥들을 무의식적으로 인지한다. 그렇다고 운전 중에 우리를 향해 쇄도하는 정보의 홍수를 처리하지 않아도 된다는 말은 아니다. 우리의 뇌에게 운전과 동시에 또 다른 과제를 제시하여 에너지를 빼앗아 버릴 경우 어떤 일이 일어나는지 관찰해 보면 우리의 뇌가 이 일에 얼마나 열중하고 있는지 측정할 수 있다. 미국 펜실베이니아 주 피츠버그에 있는 카네기멜론 대학 연구진이 이와 관련된 실험을 했다.

카네기멜론 대학 뇌연구센터 소장인 심리학자 마셀 애덤 저스트Marcel Adam Just를 중심으로 한 연구진은 우선 자동차 운전에 관여하는 뇌 영역을 찾아낸 다음 그것과 유사한 뇌 영역이 관여하는 사고 활동을 선별해 냈다. 이 실험에 참여한 실험 대상자들은 화면에 나타난 몇 쌍의 3차원 물체를 머릿속에서 올바른 위치로 회전시킨 다음 두 개의 물체가 동일한 물체인지 결정해야 했다.

연구진은 영상 장비를 통해 뇌가 그런 종류의 사고 활동에 얼마만큼이나 몰두하는지 확인할 수 있었다. 장비는 비교적 조야했다. 그것은 뇌파 같은 것을 감지하는 장비가 아니라 산소 소비량을 감지하는 장비였다. 산소 소비량은 뇌 활동이 얼마나 활발한지를 알려 준다. 연구진은 영상 장비를 이용해 활성화된 뇌 영역을 3차원 입체 화소 혹은 '복셀Voxel(입체 화상을 구성하는 3D 화소)'

형태로 측정했다. 활성화되는 복셀이 많으면 많을수록 해당 뇌 영역은 그만큼 더 혹독하게 작업을 해야만 한다.

연구진은 실험을 위해 두 가지 영역을 관찰했다. 3차원 물체의 회전 작업을 담당하는 두정엽과 언어 이해에서 중요한 역할을 수행하는 측두엽이었다. 언어를 처리하는 과정에서 소모되는 에너지 양을 측정하기 위해 실험 대상자들은 예컨대 '피라미드는 묘지이고, 세계 7대 불가사의에 속한다'와 같은 비교적 복잡한 문장을 이해해야 했다.

처음에 실험 대상자들은 우선 문장을 이해한 다음 그에 이어서 3차원 물체를 회전시키면 되었다. 두 경우를 관찰했더니 각각의 뇌 영역에서 각기 37복셀이 활성화되었다. 따라서 두 가지 활동을 동시에 수행하려면 동일한 뇌 에너지를 두 활동에 쏟아붓기 위해 모두 74복셀을 활성화해야 한다는 결론이 도출된다.

그러나 연구진이 실제로 측정한 수치는 42복셀이었다. 데이터를 정밀하게 평가한 학자들은 다음과 같은 사실을 확인했다. 뇌는 (좀 더 간단한 작업인) 언어 이해 작업에서 더 많은 에너지를 빼내 왔다. 그러나 공간적인 방향 설정과 관련된 작업도 손해를 보았다. 실험 대상자들이 두 가지 활동을 동시에 수행하자 언어 처리를 위한 활동이 53퍼센트 감소했다. 그리고 머릿속에서 물체를 회전시키는 작업에 소요된 활동은 29퍼센트 줄어들었다. 그것은 활동의 질에도 영향을 미쳤다. 실험 대상자들은 여전히 과제를 해결할 수는 있었지만, 속도가 현저하게 느려졌다.

2001년에 처음 이 연구를 한 뒤로 연구진은 저스트를 중심으로 연구를 계속 추진해 나갔다. 그사이에 그들은 운전 시뮬레이터에 앉아 가상의 커브 길을 따라 운전을 하는 도중에, 문장들을 듣고 그 '진위'를 평가해야 하는 상황에서 사람들의 뇌 활동 양상을 측정하는 데도 성공했다. 이 실험에서 도출된 결과는 한층 더 심각했다. 운전자가 운전을 하는 동시에 통화 내용에 귀를 기울였을 때(이때 운전자는 핸들에서 손을 떼지 않은 상태였다), 자동차 운전을 목적으로 한 뇌 활동이 37퍼센트 감소했다. 저스트는 니먼 재단Nieman Foundation과 한 인터뷰에서 "우리가 한 번에 처리할 수 있는 정보의 양에는 한계가 있다"고 잘라 말했다. "운전의 질이 그 때문에 저하된다는 것은 의심할 여지가 없는 사실이다."

심지어 이런 사실은 원칙적으로 일반적인 대화, 그러니까 동승자와의 대화에도 적용된다. 그러나 동승자는 운전 상황이 어려워지거나 위험해질 때면 운전자를 방해하지 않기 위해 자동적으로 대화를 중단한다. 반면 전화 상대는 운전자가 어떤 상황에 처해 있는지 보지 못한다. 따라서 계속해서 활기차게 대화를 이어간다. 이 연구 논문에서 저자들은 "휴대전화 통화는 당사자들에게 고도의 주의력을 요하는 특수한 사회적 역동성을 지니고 있다. 침묵은 무례하고 교양 없는 행동으로 받아들여진다"고 말했다. 건성으로 흘려듣는다고 하더라도 운전의 질을 높이는 데는 전혀 도움이 되지 않는다. 우리 자신이 아무리 그렇게 하기를 원한다고 하더라도, 우리의 뇌가 대화 상대의 말에 귀를 기울이는 것을 막을 수는 없다. 이 또한 저스트의 연구에서 밝혀진 사실이다. "입 밖으로 나온 말을 처리하는 작업은 중단하기가 불가능할 정도로 고도로 자동화된 작업이다." 모든 정보가 뇌 속에서 정확하고 상세하게 처리된다. 어쩌면 생존을 위한 중요한 방법들이 그런 정보들과 결부되어 있을지도 모르기 때문이다.

전화 통화는 뇌에 과도한 부담을 가한다. 그리하여 뇌의 구석구석에서 산소가 소비될 뿐 아니라 더 많은 산소가 요구되는 상황이 펼쳐진다. 뇌는 시각적인 정보의 물결을 차단하기 위해 문자 그대로 공기를 만들어 낸다. MRI 영상은 시각적 자극을 처리하는 작업도 마찬가지로 줄어들었음을 보여 준다. 맥주를 두세 잔 마셨을 때처럼 시야가 좁아져 터널 시야가 된다. 거기에다 전화 통화까지 하면 운전자가 운전에만 집중할 때 볼 수 있는 것의 꼭 절반 정도밖에 보지 못한다. 이런 행동의 결과로 불가피하게 속도가 점점 더 느려지고, 집중력이 떨어져 결국 실수를 범하고야 만다.

전화 통화보다 실수 확률을 현저하게 높이는 것이 있으니, 바로 SMS를 통한 의사소통이다. 하긴, 놀라운 일도 아니다. 영국 교통연구소British Transport Laboratory가 젊은 성인들을 운전 시뮬레이터에 앉힌 다음 SMS를 작성하게 했더니 운전 속도가 자동적으로 느려졌다. 그것은 정신적 과부하와 위험을 통제하고자 하는 광범위한 무의식적 시도에 대한 반응이다. 실험 대상자들은 차선을 유지하는 데 확연한 어려움을 겪었고, 반응 시간도 35퍼센트나 늘어났다. 이는 운전 능력 경계에 이르기까지 알코올을 섭취한 이후나(반응 시간 12퍼센트 증가) 대마초를 흡연한 후보다(반응 시간 21퍼센트 증가) 현저하게 높은 수치다.

당연히 운전을 할 때는 간단하게 휴대전화를 꺼놓을 수도 있다. 현명한 사람이라면 그럴 것이다. 그러나 경험상 우리는 우리 자신이 저지른 실수에 한해서는 비교적 관대한 태도를 취한다. 한 설문조사에서는 자그마치 응답자의 83퍼센트가 운전 중에 휴대전화를 귀에다 대는 행위가 교통안전을 저해하는 '심각한 문제'라고 인정했다. 그러면서도 두 명 중 한 명이 지난 30일 동안 스스로 이런 행동을 한 적이 있다고 시인했다. 이 결과는 실수에 대한 통찰과 행동 준비 태세의 관계에 대해 많은 것을 말해 준다.

이 모든 요소가 한데 결합하면 엄청나게 높은 리스크로 귀결된다. 자동차를 운전하면서 통화를 하면 사고를 일으킬 위험성이 네 배나 높아진다. 오래전부터 이 사안을 집중적으로 다뤄 온 미국 국가안전보장회의National Security Council의 추정에 따르면, 미국에서만 해마다 110만 건의 교통사고가 휴대전화 통화 때문에 일어나고 있으며, 16만 건의 사고가 SMS 대화 때문에 일어난다고 한다.

도로 교통과 휴대전화에 관한 이 연구들은 단지 자동차 운전에 국한하지 않고 그 이상의 흥미를 자아낸다. 우리가 정보를 어떻게 처리하는지, 그리고 그 과정에서 우리가 어떤 실수를 범하는지를 보여 주기 때문이다. 이 연구들에서 도출해 낼 수 있는 몇 가지 중요한 인식을 소개하면 다음과 같다.

- 우리가 거의 자동적으로 처리하는 과제, 예컨대 자동차 운전 같은 과제가 실제로는 뇌에 엄청난 인지적 활동을 요구할 수도 있다.
- 뇌의 용량은 우리가 비교적 쉬운 일로 평가하는 이런 활동들을 수행할 때조차 제한을 받는다. 이와 관련해 연구 책임자 마셀 애덤 저스트는 다음과 같이 경고한다. "점점 더 많아지는 정보를 그냥 간단하게 통과시켜 버리는 것은 불가능한 일이다." 그러나 우리는 뇌가 그 일을 장난치듯이 쉽게 해내기를 바란다.
- 추가로 어떤 과제를 넘겨받을 때면 우리는 무의식적으로 다른 특정한 과제를 위해 확보해 둔 자원을 감소시킨다. 그러나 우리는 그런 사실을 알아차리지 못한다. 그 결과 우리는 우리가 실제로 할 수 있는 것보다 더 많은 것을 해낼 수 있다고 착각하게 된다.
- 널리 퍼져 있는 착각대로, 어쩌면 우리는 대부분 시간에 뇌의

일부분만을 작동시키는 것일지도 모른다. 그러나 아무리 그렇게 한다고 하더라도 다음과 같은 사실이 바뀌는 것은 아니다. 우리가 한 번에 처리할 수 있는 정보의 양은 제한되어 있다. 그것을 늘리는 것은 불가능하다.

- 까다로운 과제를 해결하고자 할 때 우리는 그 일에 온전히 집중해야 한다.

이 중에서도 특히 마지막 인식은 매우 진부하게 느껴지지만, 실제로 이것을 실천에 옮기기는 점점 더 어려워지고 있다.

멀티태스킹은 신화다

지난 2000년 전환기에 이르러 디지털 네트워킹, 상시 접근 가능성, 멀티미디어의 기류가 한데 결합되어 한 가지 정신적인 망상을 만들어 냈다. 그 망상은 인간의 정신이 컴퓨터 테크닉과 디지털 테크닉의 급격한 발전을 혁신적으로 따라잡을 수 있다는 믿음에 근거를 둔다. 모든 중요한 사회적·지적 영역에 걸쳐서 맥락과 줄거리 가닥을 어렵지 않게 따라갈 수 있는 다중작업자multi tasker에 관한 망상이 바로 그것이다. 심지어 〈뉴욕타임스New York Times〉에 실린 한 기고문에서는 훈련을 통해 뇌 속에 있는 가상의 '멀티태스킹 핫스팟Multitasking Hot Spot'을 항상 유연하게 유지하고 그 능력을 한층 더 향상시킬 것을 조언했다. 그러면서 한껏 거만한 어투로 주장한다. "우리는 멀티태스킹 이전의 삶을 거의 상상도 하지 못한다. 오늘날에는 모두가 멀티태스킹을 하고 있다!"

분자생물학자 존 메디나John Medina의 생각은 다르다. 메디나는 《뇌의 법칙Brain Rules》에서 이렇게 단언한다. "멀티태스킹은 하나의 신화에 불과하다." 물론 우리가 껌을 씹으면서 똑바로 걸어가거나 양손으로 피아노를 칠 수 있는 것은 사실이지만, 의식 속에서 다수의 정보를 동시에 처리하는 것은 불가능하다. 메디나는 뇌가 순차적으로 작업을 수행한다고 설명한다. 그러니까 순서에 따라 하나씩 과제를 처리한다는 말이다. 따라서 다중작업자들은 그들 자신이 생각하는 것처럼 동시에 여러 작업을 병행하여 수행하는 것이 아니라, 지속적으로 다양한 과제들 사이를 이리저리 뛰어다닌다. 그 결과 그들은 매사를 처리하는 데 더 많은 시간이 걸린다. 메디나는 하던 작업을 거듭하여 중단하게 되면 결국 그 일을 처리하는 데 50퍼센트의 시간이 더 필요하고, 평균적으로 실수도 50퍼센트 더 늘어난다고 경고한다.

그런데 혹시 이것이 평범한 사람들에게만 해당되는 사실일 뿐, 능숙하게 멀티태스킹을 수행하는 엘리트들과 인터넷이 제공하는 가능성을 총동원하여 그들의 감각을 만족시키는 디지털 원주민

Digital Native들에게는 해당되지 않는다고 생각하는 사람들이 있을지도 모르겠다. 만약 그런 사람들이 있다면 반드시 스탠퍼드 대학교 연구진이 실시한 연구를 가슴 깊이 명심해야 할 것이다. 이 연구에 따르면, 스스로를 탁월한 다중작업자로 간주하는 바로 그런 사람들(《뉴욕타임스》 기고문에 언급된 의미에서 '훈련된' 사람들)이 결국에는 과제를 수행할 때 가장 많은 실수를 범하고 기억력이 가장 나쁜 사람들인 것으로 밝혀졌다. 연구 논문 저자들 중 한 사람인 클리포드 나스Clifford Nass는 미국 공영라디오방송 NPRNational Public Radio과의 인터뷰에서 언제나 수없이 다양한 일을 동시에 수행하는 사람일수록 이런 정보 다발을 처리하는 능력이 유별나게 떨어진다고 밝히면서, 이것이야말로 이 연구가 전해 준 충격적인 인식이라고 말했다. "그들은 느려 터진 다중작업자들이다." 그러면서 그는 이전에 주어진 과제들이 중요성을 상실하면 그 과제들로부터 정보를 걸러내는 능력 또한 어느새 상실해 버리는 것이 이런 현상을 야기하는 원인 중 하나일 것이라고 추정했다. 그런 식으로 일을 하는 사람들은 실수를 저지른다. 그것도 아주 값비싼 실수를 저지른다. 한 금융분석가는 2007년 한 해에만 멀티태스킹으로 미국 국민경제에 초래된 손실이 자그마치 6억 5,000만 달러에 이를 것으로 추정했다.

우리 자신의 인지 수행 능력을 평가할 때 우리는 우리 자신의 한계를 거의 알아차리지 못한다. 이것 또한 멀티태스킹에 관한 연구에서 밝혀진 끔찍한 사실이다. 그 이유는 무엇보다도 우리 자신이 얼마나 많은 것을 제대로 인지하지 못하는지를 우리가 모르고 있기 때문이다. 언뜻 보면 동어반복처럼 들리겠지만, 다음과 같은 사실은 현실에 대한 우리의 태도와 관련하여 매우 중요한 의미를 지니고 있다. 실제로 우리는 우리 주변에서 벌어지고 있는 일의 극히 일부분만을 의식적으로 인지한다. 그러나 우리의 뇌는 마치 우리가 상황을 모두 알고 있는 것처럼 우리를 속인다. 우리 눈 속에 있는 암점blind spot, 그러니까 신경세포들이 다발로 뭉쳐지는 망막에 존재하는 저 지점이 바로 그에 대한 상징이다. 암점에는 광수용체가 존재하지 않는다. 암점은 한쪽 눈으로만 사물을 바라볼 때 약 2미터만 떨어져 있어도 대략 '15×25센티미터' 정도의 구멍이 우리의 시야 한가운데 생겨날 정도로 크다. 그러나 우리는 그 구멍을 전혀 인식하지 못한다. 실력이 형편없는 복원가가 떨어져 나간 이탈리아 프레스코 벽화에 생긴 구멍을 메우는 것처럼 뇌가 온갖 다양한 수단을 동원해 그 구멍을 메우기 때문이다.

부주의 맹시가 지닌 음험한 특징이 바로 이것이다. 우리는 우리 자신의 눈이 멀어 있다는 사실을 전혀 모른다.

이런 맹시는 우리의 직접적인 인지 활동을 크게 저해한다. 그래서 우리가 본 것을(달리 말해 보지 못한 것을) 뇌가 처리하는 과정에서 그런 부주의 맹시는 실수의 원천으로 변모하여 몸집을 불린다. 현실이 기억으로 저장되는 순간, 찰나를 담은 정지된 스냅사진이 역사로 변모한다. 그리고 그것은 시간이 흐르면서 점점 변화 발전한다. 현실과 소망, 그리고 환상을 바탕으로 매우 개인적인 이야기를 만들어 내는 생생한 애니메이션으로 탈바꿈하는 것이다.

그것도 사건이 일어난 지 몇 초 후에 이미 그렇게 된다. 내 자신도 언젠가 그런 체험을 한 적이 있다.

결함투성이 증언

어느 여름 저녁, 알고이 지방에서 있었던 일이다. 사방이 어둑어둑했다. 나는 낡은 흰색 폭스바겐 파사트를 운전하고 있었다. 작은 군청 소재지 초입에 있는 교차로가 나를 향해 점점 다가왔다. 나는 교차로의 교통 상황을 살피려고 오른쪽을 바라보았다. 그때 왼쪽에서 쾅, 시끄러운 소리가 들렸다. 고개를 왼쪽으로 돌렸을 때 옆 문짝이 찌그러진 자동차 한 대가 사거리를 비스듬히 가로질러 나를 향해 미끄러지듯 다가오는 것이 보였다. 그러나 다행스럽게도 그 차는 제때 멈췄다. 그리고 정면이 찌그러진 다른 자동차 한 대가 보였는데, 그 차의 운전자는 같은 순간 가속페달을 힘껏 밟아 끽 하고 타이어 소리를 내면서 도망을 쳤다. 뺑소니였다.

그래도 전혀 문제될 건 없었다. 내가 증인이니까 말이다. 다행히 아무도 다치지 않았다. 나는 경찰서로 차를 몰았다. 순찰차가 사건 현장으로 달려가는 사이에 나는 경찰서에서 내가 본 대로 사고 과정을 상세하게 설명했다. 내가 어디에서 오고 있었는지, 다른 두 대의 차가 어떻게 교차로로 접어들었는지, 그리고 어떻게 사고가 났는지를 설명했다. 나는 만족감에 젖어 집으로 돌아왔다. 그런 상황에서 기꺼이 도움을 주지 않을 사람이 어디 있겠는가. 집에 도착하자마자 경찰이 전화를 걸어왔다. 정말로 내가 묘사한 상황이 확실한지를 묻기 위해서였다. 내가 설명한 대로라면 사고 차량의 왼쪽 문이 찌그러져 있어야 할 텐데, 실제로는 오른쪽 문짝이 찌그러져 있었다.

나의 증언은 가치를 잃었다. 놀랄 일도 아니었다. 사실 나는 사고를 전혀 목격하지 못했다. 나는 연방법원 판사 아르민 나크Armin Nack가 훗날 라디오 인터뷰에서 '굉음 목격자'로 명명한 바 있는 바로 그런 사람이었던 것이다. "그들은 굉음을 듣고서 몸을 돌려 차량이 마지막 위치로 굴러가는 모습을 목격하고는 사고가 어떻게 일어났는지 재구성합니다."

내 경우에는 두 대의 자동차가 정지하기도 전에 이미 재구성 작업이 시작되었다. 내가 인지한 것은 현실이 아니라 현실에 대한 해석(그것은 오류에 매우 취약하다)이었다. 나의 뇌가 번개처럼 빠른 속도로 나의 인지 과정에 존재하는 암점을 채색했다. 이런 과정은 그 나름대로 충분한 의미를 지니고 있다. 상황은 잠정적으로 위협적이었다(시끄러운 소음, 나를 향해 미끄러지면서 다가오는 자동차). 따라서 모르긴 해도 신속하게 결정을 내리는 일이 중요했을 것이다. 가속페달을 밟아야 할까? 브레이크를 밟고 멈춰서야 할까? 차를 계속 몰아야 할까? 아니면 다소 진부한 반응 양식이지만, 도망을 쳐야 할까?

결함투성이 증언에 나는 너무나도 당황했지만(저널리스트인 나는 실제로 내 자신이 훌륭한 관찰자라는 자부심을 가지고 있었다), 그런 진술이 경찰들에게는 전혀 놀라운 일이 아닌 것 같았다. 증인들은 신뢰할 수 없기로 악명이 높다. 또다시 판사 아르민 나크의 말을 빌려서 표현하자면, "증인으로 출두하는 순간만큼은 인간은 생물학적으로 자연적 결함이 있는 구조물이다." 왜냐하면 인간은 감시 카메라와는 반대로, 일어난 일을 기록하는 것이 아니라 그것을 하나의 이야기로 만들기 때문이다. 그리고 이때 중요한 세부사항을 간과하고 소름 끼치는 일을 고안해 내기 때문이다.

증인 입장에서 인간이 범하는 구성의 오류는 오래전부터 잘 알려져 있다. 1901년 12월 4일, 베를린 대학교 법대 강의실에서 이에 관한 최초의 실험이 이루어졌다. 프란츠 폰 리스트Franz von Liszt 교수가 프랑스 법학자에 관한 강의를 끝냈을 때 한 청강생이 자리에서 일어나 지금 막 다룬 내용을 '기독교적 도덕 철학의 관점에서' 다시 한 번 바라볼 것을 제안했다.

옆에 앉아 있던 학생이 그에 반대하면서 잘라 말했다. "그건 전혀 불필요한 일입니다."

"당신에게 물어본 것이 아니니 제발 조용히 좀 하시지."

"정말 무례하군요."

"한마디만 더 해보시지. 그랬다간……."

청강생은 주먹을 불끈 쥐어 보이며 위협을 했다.

그러자 상대가 권총을 꺼내 청강생의 이마에 총구를 들이댔다. 그사이에 법학 교수 리스트가 다가가 공격자의 팔을 내리쳤다. 권총이 가슴 높이에 다다랐을 때 총이 발사되었다. 총에 맞은 사람이 땅에 쓰러졌다. 모든 학생이 지켜보는 앞에서 비정한 살인 사건이 일어났다!

강의실은 경악의 도가니였다.

그런데 그때 교수가 눈짓으로 신호를 보냈다. 모든 것이 그저 연극에 지나지 않았던 것이다.

이 일이 있은 후 나이가 많은 학생들과 판사 시보 15명이 증인으로 소환되었다. 그중 세 명은 사건이 일어난 날 저녁에 그들이 본 것을 기록했고, 아홉 명은 일주일 뒤에, 그리고 나머지 세 명은 5주 뒤에 자신들이 본 것을 기록했다. 결과는 몹시 충격적이었다. 사건 경위를 정확하게 기억할 수 있는 사람이 단 한 사람도 없었다. 초기 증인들은 최소 27퍼센트의 오류 비율을 기록했다. 후기 증인들은 최고 80퍼센트의 오류 비율을 보였다. 여기에서도 마찬가지로 상황을 누락하는 오류뿐만 아니라 덧붙이는 오류도 함께 발생했다. 아무도 말한 적이 없는 문장들이 기록되어 있었다. 그리고 다수의 증인들이 분명하게 둘 중 한 사람이 도망을 갔다고 기억하고 있었다. 그러나 알다시피 그것은 그릇된 기억이다.

오늘날에는 이런 종류의 극단적인 실험을 상상조차 하기 힘들다. 연구 윤리가 아무 관련이 없는 사람들을 과도한 심리적 스트레스에 노출시키는 것을 금하고 있기 때문이다.

그럼에도 그와 유사한 학문적·대중적 실험이 거듭 해 왔다. 예컨대 WDR 방송국의 과학 방송에서도 그런 실험을 한 적이 있다. 그 실험에서는 색깔 인지와 관련된 가상 테스트를 실시할 목적으로 15명의 실험 대상자들을 영화관으로 보냈다. 실험 대상자들이 기다리는 사이에 전날 밤 지갑을 놓고 간 남자가 영화관으로 들어온다. 영화관 매표소 여직원이 그에게 지갑을 건네주자 남자는 돈이 없어졌다고 주장하면서 아주 무례하고 공격적으로 돌변한다. 그러자 마침내 여직원의 동료가 나서서 그 남자를 문밖으로 몰아낸다.

실험 대상자들은 30분이 지난 뒤에야 비로소 싸움을 벌인 사람들이 배우라는 사실을 알게 되었다. 실험 대상자들은 개별적으로 사건 경위에 관한 질문을 받았다. 대부분 실험 대상자들이

다툼의 핵심은 기억해 낼 수 있었지만, 세부적인 사항에 대해서는 많은 오류를 범했다. 몇몇 오류는 매우 심각했다. 다수의 증인들이 그 남자가 영화관 직원을 쓰러뜨렸다고 진술했다. 그러나 그것은 사실이 아니다. 심지어 한 여성 증인은 또 다른 남자가 싸움에 연루되었다고 주장했다. 그것은 완전한 허구다.

이런 오류들만 하더라도 훗날 법정에서 사건 경위를 재구성하는 일을 매우 어렵게 만들기에 충분하지만, 실상은 더욱더 심각했다. 공격을 한 남자의 생김새를 이야기해야 하는 상황에서 그 남자를 제대로 기억할 수 있는 사람이 증인들 중에는 거의 아무도 없었다. 마지막에 WDR 기자들이 각각의 증인들에게 사진을 여섯 장 제시하고 범인을 지목해 줄 것을 요청했다. 모두가 자신있는 태도로 여섯 장의 사진 중 한 장을 가리켰다. 이때 증인의 절반에게는 범인의 모습이 아예 끼어 있지도 않은 사진 세트가 제시되었다.

이런 오류는 인간을 수십 년 동안이나 불행의 늪으로 떨어뜨릴 수도 있다. 버지니아 주 리치먼드에 사는 토머스 헤인즈워스Thomas Haynesworth의 경우처럼 말이다. 이 청년은 1984년에 어머니 심부름으로 빵과 고구마를 사려고 슈퍼마켓으로 향했다. 당시 헤인즈워스가 살던 지역은 히스테릭하고 격앙된 분위기에 물들어 있었다. 연쇄강간범 하나가 지난 4주간에 걸쳐 젊은 여성 다섯 명을 성폭행하는 사건이 일어났기 때문이다. 당시 열여덟 살이었던 헤인즈워스는 그때까지 단 한번도 경찰과 마찰을 일으킨 적이 없었다. 그러나 슈퍼마켓으로 향하던 그를 본 한 여성 증인이 그를 연쇄강간범으로 오해하고 차를 후진시켰다. 경찰이 그를 체포했고, 성폭행 희생자 다섯 명이 용의자 확인 과정에서 그를 범인으로 지목했다. 재판이 열리고 선고가 내려졌다. 그러나 헤인즈워스가 이미 오래전에 교도소로 보내졌는데도 성폭행 사건은 거의 1년 동안 지속되었다. 그는 수년 간에 걸쳐 무죄를 인정받기 위해 투쟁했고, 마침내 법원도 그의 주장에 손을 들어주었다. 체포된 지 27년이 지나서야 비로소 그는 다시 자유의 몸이 되었다.

이것은 수백 건의 사례 가운데 하나일 뿐이다. 미국에서는 거의 매주 부당한 판결을 받은 사람들이 무혐의로 풀려나고 있다. 그 사람들은 평균 11년 동안 무고하게 교도소에 수감되어 있었고, 그중 거의 절반이 결함투성이 증언 때문에 유죄를 선고받았다. 많은 사람들이 주변 사람들의 인지 결함 때문에 값비싼 대가를 치르고 있다.

증언의 결함은 오래전부터 학문적 연구의 대상이 되어 왔다. 스트레스 상황에서 우리는 몇몇 세부 상황에만 몰두하게 되는데, 안타깝게도 그로 말미암아 현실의 더 많은 부분이 감춰져 버린다. 이런 현상은 우리 기억이 지닌 고유한 특징 가운데 하나다. 예를 들어 강도가 칼이나 권총을 꺼내 들었을 때, 우리의 기억 속에서는 대부분 그 무기가 실제보다도 더 크게 남아 있다. 그래서 우리는 결국 강도가 수염이 있었는지 없었는지조차 제대로 기억하지 못하게 된다. 다른 인종의 사람을 구분해야 할 때 우리는 특히 큰 어려움을 겪게 되는데, 법정심리학자 엘리자베스 로프터스Elizabeth Loftus는 그 이유를 다음과 같이 설명한다. "백인이 아시아 사람들을 바라볼 때면 자신과 다르다고 느껴지는 부분, 예컨대 상대적으로 더 가늘고 좁다란 눈 같은 것을 특히 강렬하게 인지하게 된다." 그러나 이것은 나중에 아시아 사람들의 모습이 담긴 여러 장의 사진 가운데 옳은 사람을 찾아내는 데 아무런 도움이 되지 않는다. 이런 사실은 미국에서 백인 증인들과 흑인 용의자들이 신원 확인 오인 사건에 연루되는 경우가 유달리 많은 이유를 설명해 준다.

묻혀 버린 기억

그런데 기억은 단지 신빙성이 없을 뿐 아니라 의도적으로 조작되기도 한다. 엘리자베스 로프터스는 오래전부터 유달리 민감한 연구 분야, 즉 아동 성폭행에 관한 증언 결함을 다루는 데 이름을 떨치고 있다. 1970년대와 80년대를 거치면서 미국을 필두로 하여 훗날 독일에서도 정신분석가들이 매우 정교한 치료 요법을 이용하여 '억압된 기억'을 불러내 오는 일련의 사례들이 있었다. 그 방법은 마치 전염병처럼 퍼져 나갔다. 수백 명의 환자들이 수십 년 전에 그들에게 일어났던 역겨운 아동 성폭행에 관한 기억을 다시 떠올리기 시작했다. 사실 그때까지 그들은 그 기억을 전혀 떠올리지 못하고 살아왔다. 심리치료사들은 이런 현상을 다음과 같이 설명했다. '영혼의 상처를 방지하기 위해 뇌가 해당 기억들을 묻어 버렸다.'

아동 성폭행과 관련해, 입법자들은 그 사안을 진지하게 받아들이지 않는다는 비난을 받고 싶지 않았다. 몇몇 국가는 피해자가 '기억을 다시 떠올린' 뒤 최대 3년까지 가해자를 고발할 수 있도록 소멸시효를 연장했다. 심리학자들은 여교사들을 훈련시킨 다음 유치원에서 페니스 인형을 이용해 현재 그런 일을 당하고 있는 희생자들을 새롭게 찾아내도록 했다. 그러자 수백 건의 아동 성폭행범이 법정에 서게 되었고, 그들 가운데 몇몇은 중형을 선고받았다.

그사이에 그들 가운데 많은 이들이 다시 자유의 몸이 되었다. 그리고 성폭행 희생자들 가운데 몇몇은 그들을 치료했던 심리치료사들을 고소했다. 적지 않은 경우, 의뢰인들에게 과거에 성추행을 당했거나 심지어는 성폭행을 당했을 수도 있다는 생각을 제일 먼저 심어 준 것이 바로 심리치료사들이었기 때문이다.

1,500명 이상의 환자를 치료한 여성 심리치료사가 그녀의 치

료 방법을 털어놓았다. 그녀는 그녀를 찾아온 새로운 환자들에게 이렇게 물었다. "내가 치료하고 있는 많은 사람들이 당신과 같은 문제 때문에 고통 받고 있습니다. 어렸을 때 폭력에 노출되었거나 추행을 당했지요. 혹시 당신도 그런 일을 경험한 적이 있을 수도 있지 않을까요?" 불안, 자살 충동, 성적 장애에 시달리던 환자들은 그 말을 듣고 '묻혀 버린 기억'에 그 책임을 돌렸다. 이어서 이런 기억들은 심리치료사들의 적극적인 조력하에 진행된 고통스러운 치료 모임에서 다시금 빛을 보게 되었다.

그런데 사람들은 도대체 어떻게 (훗날 확인해 본 결과) 전혀 일어난 적이 없는 일을 기억해 낼 수 있는 것일까?

아동심리학자 장 피아제Jean Piaget는 본인의 경험을 토대로 그 이유를 설명했다. 피아제는 아주 어릴 적에 끔찍한 일을 경험했다. 한 남자가 그를 유괴하려고 시도했던 것이다. 그러나 용감한 보모가 나선 덕분에 유괴를 하려던 남자는 도망을 치고 말았다. 피아제는 오랫동안 충격적인 기억을 안고 살아왔다. 자신이 유모차에 앉아 있는 사이에 보모가 얼굴에 찰과상까지 입으면서 필사적으로 유괴범에게 저항하던 모습, 마침내 보모가 경찰을 불러오는 데 성공하던 모습과 망토를 입은 경찰이 흰 곤봉을 휘두르며 범인을 쫓던 모습을 생생하게 기억했다.

그러나 용감하게 아들을 구해 준 데 대한 감사의 표시로 피아제의 부모에게서 시계를 받은 뒤 줄곧 양심의 가책에 시달리던 보모가 13년 뒤에 털어놓은 바에 따르면, 그 모든 일은 결코 일어난 적이 없었다. 보모의 설명이 너무나도 생생했기 때문에 어린 피아제는 그것을 바탕으로 하나의 기억을 만들어 낸 것이다. 기억 연구자 엘리자베스 로프터스는 그런 종류의 기억을 일컬어 '트로이적' 기억이라고 했다. 누군가 다른 사람이 해당 기억을 우리에게 은근슬쩍 끼워 넣었지만 우리 자신은 그런 사실을 전혀 의식하지 못하기 때문이다.

아이들은 특히 그런 일에 취약하다. 따라서 실험에서 검증되고 증명되었듯이, 아이들에게 흥미진진한 이야기를 들려주면서 그들이 언젠가 쇼핑몰에서 길을 잃었고, 겁을 집어먹은 채 몇 분을 기다린 끝에야 비로소 부모들이 그들을 다시 찾아냈다는 기억을 심어 주는 것은 비교적 간단한 일이다. 일단 그런 기억을 심어 주면 그것은 흔히 독특하고 세부적인 사항들로 치장되곤 한다. 누군가의 외투를 부여잡았고, 위를 올려다보았더니 외투 속에 어떤 낯선 남자가 있었다고 확신하는 것이다. 아니면 나중에 엄마가 그들에게 "절대로 다시는 그러지 마!"라는 말을 했다고 확신한다. 정말이지 드라마 같은 일이다. 그러나 실제로는 아무 일도 일어나지 않았다.

끔찍한 트라우마 역시 트로이적 기억의 형태로 우리의 기억 속에 단단히 자리 잡을 수 있다. 언젠가 미국 초등학교에서 저격수가 학교를 습격한 사건이 발생한 적이 있었는데, 나중에 아이들은 자신들이 바닥에 납작 엎드린 사이에 총알이 몸 위로 날아다녔다고 진술했다. 사건이 발생한 시점에 아이들이 학교 주변에 있었던 것은 사실이지만 실제로 학교에 있지는 않았는데도 말이다.

심지어 워싱턴 주 경찰들은 공화당 소속 지역 정치가 폴 잉그럼Paul Ingram을 집요하게 설득해 마침내 그가 사탄 숭배 의식의 일환으로 친딸들을 성폭행했다고 믿게 만드는 데 성공했다. 체포된 잉그럼은 처음에는 모든 것을 부인했다. 이어서 다섯 달 동안 심리학자들과 범죄학자들이 그를 설득했고, 마침내 그는 끔찍한 범죄에 대한 기억을 조금씩 만들어 나갔다.

처음으로 그 고소 사건에 뭔가 근거가 없다는 의구심을 품은 사람은 검사의 의뢰를 받은 심리학자 리처드 오브셰Richard Ofshe였다. 오브셰는 무시무시한 시나리오를 만들어 냈다. 잉그럼이 아들과 딸들에게 자신이 보는 앞에서 섹스를 하라고 강요했다는 것이다. 그는 잉그럼에게 그런 사실을 들이대면서 그것이 딸들의 고소 내용이라고 주장했다(사실 그것은 거짓말이었다). 그는 범죄자 잉그럼에게 이 죄를 용서받기 위해 열심히 '기도할' 것을 요구했다. 채 몇 시간 지나지 않아 잉그럼은 그 장면을 상세하게 묘사해 냈다. 하지만 당사자들의 진술에 따르면 그런 일은 결코 일어난 적이 없었다. 어쩌면 오브셰가 사용한 방법이 너무 무자비하다는 생각이 들 수도 있을 것이다. 그러나 그것은 애초에 잉그럼의 고발 사유가 되었던 범죄를 잉그럼이 저지르지 않았다는 사실에 대한 증거가 되었다.

체험과 상상의 무경계

도대체 어떻게 하면 지어낸 이야기를 진실로, 스스로 경험한 일이라고 믿어 버릴 정도로 가슴 깊이 내면화할 수 있는 것일까? 아이들에게는 이런 일이 쉽게 일어나곤 한다. 그들은 곧잘 꿈을 꾼 것과 경험한 것을 분명하게 구분하지 못한다. 그리고 자기 자신의 생각으로 기억을 장식한다. 우리는 어린아이들의 모습에서 우리가 세상을 받아들이는 방법을 잘 관찰할 수 있다. 어떤 일을 경험했을 때 우리는 모종의 관계를 설정하거나 우리 자신이 보았을 때 그럴듯해 보이는 이야기로 그것을 포장함으로써 경험한 것에 의미를 부여한다. 우리는 어른이 된 뒤에도 그렇게 하는데, 심지어는 너무나 경솔하게도 빈약한 근거를 지침으로 삼기도 한다. 그것도 그런 사실을 전혀 알아차리지 못한 채로 말이다.

마지막으로 한 번 더 아무짝에도 쓸모가 없는 증언으로 돌아가 보자. 엘리자베스 로프터스는 실험 대상자들에게 자동차 사고 영상을 보여 주고 난 다음 사고에 관한 질문을 던졌다. 그 과정에서 아주 조그마한 세부 사항 하나가 어마어마한 차이를 만들어 냈다. 그것은 바로 그 여성 심리학자가 실험 대상자들에게 던진 질문에서 사용한 동사였다. 자동차들이 얼마나 빠른 속도로 "서로 맞부딪혔습니까?"라고 질문을 던지자 실험 대상자들은 속도를 시속 60킬로미터 이상으로 추정했다. 얼마나 빠른 속도로 "충돌하였습니까?"라고 질문하자 답변 속도가 시속 16킬로미터 정도로 느려졌다. 그리고 "굉음을 내며 서로 부딪혔습니까?"라는 질문을 던지자 증인들은 사고 현장에서 (상상의) 유리 파편을 보았다고 보고했다. 그들은 세부 사항이 모두 맞아떨어질 때까지 이야기를 지어냈다.

우리 인간에게는 본인이 직접 받은 진짜 인상을 간접적인 경험과 혼합할 수 있는 능력이 있는데, 그것은 우리 뇌가 보유한 주목할 만한 능력에서 기인한다. 그 능력이란 바로 구체적인 경험을 타인에게 전달하기 위해 사용하는 언어의 추상적인 개념들을 바탕으로 하여 다시금 구체적인 경험을 재구성해 내는 능력이다. 마치 우리가 그 자리에 있었던 것처럼 생생하게 말이다.

문학과 언어의 영향을 연구하는 뇌 연구자들이 최근 그런 사실을 증명하는 매혹적인 연구 결과를 내놓았다. 그들의 연구 결과에 따르면, 훌륭한 소설은 우리 독자들이 감각적인 경험을 할 수 있도록 해준다. 스페인 학자들은 '향수', '커피'라는 단어를 읽을 때면 뇌 속에 있는 후각중추가 활성화된다는 사실을 확인했다. '라벤더', '계피', '비누' 같은 단어를 읽을 때도 마찬가지다.

미국 애틀랜타 주에 있는 에머리 대학교 연구진은 학생들을 뇌 단층촬영 장치 속으로 밀어 넣은 다음 '그 여가수의 음성은 벨벳처럼 부드럽다', '그의 손은 가죽처럼 억세다' 등의 문장을 읽어 주었다. 양쪽 경우 모두 언어 이해를 담당하는 뇌 영역만 활성화된 것이 아니라, 사물을 손에 쥐고 표면 조직을 파악할 때 사용되는 뇌 영역들도 함께 활성화되었다. 그런데 표현은 다르지만 내용은 동일한 문장, 즉 '그 여가수의 목소리는 듣기 좋다', '그 남자의 손은 억세다'라는 문장을 읽어 주었을 때는 이런 반응이 일어나지 않았다.

프랑스에서 이루어진 연구 또한 이를 뒷받침한다. 프랑스 학자들 역시 유사한 실험에서 '존이 물체로 손을 뻗는다', '파블로가 공을 찬다' 같은 문장을 이용해 실험 대상자들의 운동중추를 활성화하는 데 성공했다. 그것도 팔과 발의 운동에 관여하는 영역을 정확하게 겨냥해서 말이다.

영국 태생의 캐나다 심리학자이자 소설가인 키스 오틀리Keith Oatley는 우리의 뇌가 통속문학, 혹은 지어낸 이야기 전체를 현실을 시뮬레이션하듯이 그대로 모사한다는—컴퓨터 프로그램이 시뮬레이션 과정에서 실제 과정을 그대로 모사해 낼 수 있는 것과 마찬가지로—주장을 제기했다.

문학에 관한 한 우리는 두말할 것도 없이 읽은 내용과 스스로 체험한 내용을 분명하게 구분할 수 있다. 카프카의 《변신》에 등장하는 그레고르 잠자처럼 어느 날 아침 불쾌한 꿈에서 깨어났더니 자신이 침대 속에서 한 마리의 끔찍한 갑충으로 변해 있는 일이 실제로 자신에게 일어난 일인지를 스스로 묻는 사람은 아무도 없을 것이다.

그러나 우리의 기억 속에서는 우리가 직접 체험한 것과 누군가가 우리에게 들려준 것, 혹은 사실이라고 믿게 된 것 사이의 경계가 매우 빠른 속도로 사라져 버린다. 예컨대 섬광기억flash bulb memory에서 그런 현상이 나타난다. 섬광기억이란 '결코 지울 수 없는'이라는 고유한 형용사가 따라붙을 정도로 우리의 기억 속에 너무나도 단단하게 새겨진 기억을 말한다. 2001년 9월 11일에 대한 기억이 그렇다. 우리는 이날 뉴스에서 본, 비행기가 뉴욕의 세계무역센터 건물로 날아 들어간 순간을 생생하게 기억한다. 우리가 TV를 켜던 모습과 TV에서 영상이 되풀이되던 광경, 그리고 첫 번째 비행기가 건물에 부딪힌 데 이어 두 번째 비행기가 굉음을 내면서 건물과 충돌하던 광경을 기억한다.

어쨌거나 대부분 사람이 테러가 일어난 지 얼마 지나지 않아서 이렇게 이야기했다. 그리고 당시 대통령이었던 조지 W. 부시George W. Bush 또한 그로부터 몇 주 뒤에 이렇게 말했다. "나는 이 학교를 방문하고 있던 참이었는데, 그때 이 TV가 켜져 있었습니다. 첫 번째 비행기가 굉음을 내면서 건물과 부딪히는 광경을 목격한 나는 무슨 저런 형편없는 파일럿이 다 있냐는 생각을 했습니다. 그러면서 끔찍한 사고가 일어난 것이라고 판단했죠." 그러나 이 이야기에서는 한 가지 중요한 세부 사항이 잘못되어 있다. 첫 번째 비행기가 충돌하는 광경을 담은 영상은 사건이 발생한 다음 날에야 비로소 공개되었다. 부시가 저지른 오류는, 미국에서 흔히 그렇듯이, 음모론의 물결로 귀결되었다.("당연히 부시는 그 광경을 목격했겠지. 모든 것이 그의 정부가 연출한 일이니까.") 그러나 아마도 그것은 전형적인 기억의 오류였을 것이다. 2003년에 실시한 연구에서는 응답자의 73퍼센트가 부시가 저지른 것과 동일한 오류를 범했다.

기억의 7대 죄악

흔해 빠진 실수처럼 보이는 이런 현상은 기억 연구의 근본적인 의문점을 건드린다. 기억은 어떻게 뇌 속에 저장되는가? 노벨상을 받은 에릭 켄들Eric Kandel은 수십 년에 걸친 연구 끝에 단기적인 기억을 장기적인 기억으로 탈바꿈하기 위해서는 우리의 뇌 속에 있는 시냅시스가 단백질을 생산해 내야 한다는 사실을 밝혀냈다. 그러니까 이론에 따르면, 생물학적으로 우리의 기억은 뇌에 삽입된 다음 안정적이고 얼마간 불변의 상태로 자리를 잡는다. 혹은 켄들과 그의 동료들이 말한 것처

럼 '견고해진다.'

하버드 대학교 심리학 교수 대니얼 섁터Daniel Schacter는 또 다른 이론을 제시한다. 섁터는 우리의 기억 과정에 존재하는 결함을 '기억의 7대 죄악'으로 요약했다. 이 일곱 가지 죄악은 정보를 가공하고 저장하는 과정에서 발생하는 실수의 원천이 된다.

- 불안정성: 기억들이 흐려지거나 사라진다.
- 부주의: 정신적인 부재 상태.
- 순간적인 의식 장애 : "그 말이 혀끝에서 맴도는데……"
- 그릇된 배치: 무언가를 기억하지만, 그 기억의 원천을 올바르게 배치할 수 없다.
- 집요함: 뭔가를 잊어버릴 수 없는 상태.
- 피암시성: 무언가를 기억하는 도중에 우리는 해당 기억을 변화시킨다.
- 선입견/편파성: 변화된 가치와 새로운 지식에 의거한 왜곡.

이 일곱 가지 죄악 가운데 특히 마지막 두 가지는 주목할 가치가 있다. '피암시성'은 기억을 불러낼 때마다 우리가 그 기억을 변화시키고—우리의 가치 체계에 끼워 넣거나 우리의 변화된 자아상에 적합하게 바꾸고—끼워 맞춘다는 이론을 기초로 삼는다. 이런 현상은 특히 우리 자신이 그다지 적절하지 않게 행동한 사건에서 나타난다. 이를테면 비겁하게 대결을 피했다거나 완전히 그릇된 평가를 내린 경우가 그렇다. 그처럼 부정적인 자아상은 '인지적 불일치', 즉 실제 거울에 비친 모습과 우리 자신이 추구하는 모습 사이의 불일치를 유발한다.

미국 심리학자 엘리엇 애런슨Elliot Aronson은 이런 불일치가 마치 '허기나 갈증'처럼 우리를 괴롭힌다고 말하면서 우리가 현실을(그리고 우리의 기억을) 편향된 모습으로 왜곡시키는 것도 바로 그런 이유 때문이라고 밝혔다. 심리학자 필립 테틀록Philip Tetlock은 국제정치 전문가들과 그들의 예측을 연구한 결과 대다수 전문가들의 예측이 끔찍할 정도로 빗나가 버릴 뿐 아니라(이에 관해서는 다음 장에서 좀 더 상세하게 설명할 것이다) 훗날 자신들의 오류와 마주하게 되었을 때 그들이 거세게 저항한다는 사실을 밝혀냈다. 그들이 기억하는 한 당연히 그들은 근본적으로 사건을 실제 일어난 그대로 예측했다고 주장한다. 섁터는 이렇게 말한다. "우리는 우리의 기억을 지속적으로 가공한다. 혹은 우리가 현재 알고 있는 내용에 부합할 때까지 기억을 완전히 새롭게 쓴다. 이런 일은 우리의 의도와는 무관하게 일어나며, 우리 자신은 그런 사실을 전혀 의식하지 못한다."

섁터는 자신의 이론을 입증하기 위해 한 가지 극단적인 사례를 제시했다. 홀로코스트 생존자 벤자민 빌코미르스키Benjamin Wilkomirski의 사례였다. 1995년 빌코미르스키는 유대인으로서 라트비아에서 보낸 유년 시절에 대한 회고록을 발간했다. 그저 기억의 '단편'에 불과했는데도(그의 책 제목도 《단편들》이었다) 그가 당한 일은 매우 끔찍했다. 우선 그는 한 남자(아마도 그의 아버지였을 것이다)가 "제복을 입은 사람들의 손에" 살해당하는 장면을 지켜보아야만 했다. 이어서 강제수용소로 보내진 그는 그곳에서 어머니의 죽음을 경험했다. 책이 출판된 후 빌코미르스키는 시대의 증인으로서 학생들 앞에 섰다. 그런 중 1998년 한 기자가 강제수용소 생존자라고 주장하는 그가 사실은 브루노 되세커Bruno Dösseker라는 인물이며, 스위스의 한 후견인 가정에서 제2차 세계대전 시기를 보냈다는 사실을 폭로했다. 색터는 그 남성이 아마도 그릇된 기억의 희생자일 것이라고 추측했다. "되세커/빌코미르스키는 단순히 거짓말쟁이일까? 아마도 아닐 것이다. 그는 지금도 여전히 자기 이야기가 진실이라고 굳게 믿고 있다." 그건 그렇고, 홀로코스트 생존자라고 주장하던 그 남성은 '억압된 기억을' 다시 일깨우는 데 도움이 된다는 치료를 받던 도중에 그 기억들을 '다시 발견해 냈다.'

한 인간이 강제수용소에서 있었던 기억을(혹은 아동학대의 기억을) 통째로 고안해 내고, 모든 의혹에 맞서서 지켜 낼 정도로 그 기억을 깊숙이 내면화하는 것이 과연 가능한 일일까? 거의 상상하기조차 힘든 일이다. 그러나 뇌 연구 분야에서는 이보다 훨씬 더 극단적인 현실 상실 사례들이 널리 알려져 있다. 그리고 학자들은 여기에 매료되어 수십 년 전부터 그런 사례들을 파고들고 있다. 마비 환자들이 본인의 마비를 인식하지 못하고 지속적으로 부인하는 사례들이 대표적인 예다.

한 여성 마비 환자에게 왜 팔을 움직이지 못하느냐고 물었더니 "누군가가 팔을 묶어 두었기 때문"이라는 대답이 돌아왔다. 동일한 증상에 시달리는 또 다른 환자는 다음과 같이 대답했다. "날씨 때문이죠." 흔히 들을 수 있는 설명으로는 다음과 같은 것이 있다. "오늘은 어쩐지 몸이 좀 뻣뻣하네요." 어떤 사람들은 아침 회진을 도는 의사에게 자신이 지금 막 기운을 북돋우는 아침 산책을 마치고 돌아오는 길이라거나 주말에 골프를 쳤다고 이야기한다. 실제로는 몇 달 전부터 병원 신세를 지고 있는데도 말이다.

이런 질병 불각증anosognosia(질병을 인식하지 못하는 증상)의 또 다른 사례로 반신불수가 된 환자 중에 마비된 신체의 반쪽을 아예 인식하지 못하는 경우도 있다. 남성 환자들 가운데는 실제로 얼굴의 건강한 반쪽 면만 면도하는 사람도 있다. 명심하라. 환자들은 충분한 지적 능력을 갖추고 있는데도 이런 장애를 의식하지 못한다. 안톤 증후군Anton-Syndrome은 질병 불각증 사례 중에서도 가장 극단적인 축에 든다. 안톤 증후군 환자들은 눈이 보이지 않는다는 사실을 부인한다. 그들은 의사에게 자신들의 눈앞에 펼쳐진, 실제로는 보이지 않는 세상을 구석구석 상세하게 묘사해 보인다.

이런 장애들은 극단적이고 드문 일일지도 모르지만 학자들은 더 큰 맥락에서 거기에 관심을 가지고 있다. 예로부터 각종 오류와 장애는 숨겨진 과정들이 어떤 식으로 작동하는지를 좀 더 정확하게 이해하는 데 도움이 되어 왔다. 일례로 학자들은 아이들이 언어를 습득할 때 범하는 오류를 분석해 우리가 언어를 체득하는 방법을 이해한다. 질병 불각증은 우리에게 유익한 통찰을 던져 준다. 왜냐하면 그것은 지각적인 결함에 우리가 어떤 식으로 대응하는지, 그리고 얼마나 신속하게 허구를 통해 그 결함을 봉합하는지를 보여 주기 때문이다. 우리는 부수적으로 인지한 과거의 사건을 증인 입장에서 재구성할 때 그것과 동일한 메커니즘을 사용한다. 우리는 우리의 이야기 속에 존재하는 틈을 그럴싸해 보이는 설명들로 채워 넣는다.

모든 질병 불각증 환자들의 중요한 특징은 자신들이 진실을 말한다고 '철석같이'(이것은 다양한 연구 분야에서 활동하는 다수의 학자들이 질병 불각증 환자들을 묘사할 때 사용하는 표현이다) 믿고 있다는 것이다. 처음에는 이런 사실이 너무나도 어이없게 느껴진다. 우리는 우리의 눈을 맹목적으로 신뢰할 수밖에 없도록 운명 지어져 있다. 우리의 지각은 우리 내면세계와 현실의 접점이다.

따라서 우리의 지각이 얼마나 불완전하고 허점투성이인지를 인식하는 것은 매우 중요한 일이다. 지각은 특정한 고리의 출발점이기 때문이다. 체험이 경험으로 바뀌고, 이런 경험을 바탕으로 우리는 우리의 세계상(자아)을 만들어 낸다. 그리고 이런 세계상을 기반으로 우리는 날마다 결정을 내리고, 우리의 인생을 만들어 나간다. 우리는 늘 충분히 심사숙고 한다고 생각한다. 그러나 실제로 우리는 그 과정에서 수많은 착각과 실수를 범한다. 그에 대해서는 다음 장에서 상세하게 살펴볼 것이다.

2장

세상이 자주 우리를 지치게 하는 이유

사고의 나태함 · 충동성

세상은 정보의 홍수로 우리를 압도한다. 엄청나게 많은 정보 가운데 오직 일부만이 우리에게 도달한다. 이미 앞 장에서 설명한 내용이다. 그렇다면 우리는 이처럼 방대한 이미지와 자극을 어떻게 처리할까? 중요한 것과 중요하지 않은 것을 어떻게 구분할까? 해야 할 일과 하지 않을 일을 어떻게 결정할까? 우리는 사고를 하고, 계산을 하고, 우리 자신만의 결론을 도출해 낸다. 그리고 이성의 힘을 빌려 우리 주변에서 일어나는 갖가지 사건에 의미를 부여하려고 시도한다. 그러나 안타깝게도 그 과정에서 우리는 빈번하게 오류를 범하고 만다.

여러분에게 한 사람을 소개하려 한다. 바로 린다다.

30대 초반이고 독신이며 직선적인 스타일에 매우 똑똑한 여성이다. 린다는 대학에서 철학을 전공했다. 대학 시절, 그녀는 사회정의 실현을 지지하고 차별을 반대하는 모임에 적극 가담했다. 당연히 원자력 반대 시위에도 참여했다.

그렇다면 오늘날 그녀는 무엇을 하고 있을까? 둘 중 어느 쪽에 더 가능성이 있을까?

- 린다는 은행원이다.
- 린다는 여성운동에 적극적으로 참여하는 은행원이다.

두 번째 답변이 어쩐지 좀 더 타당해 보인다. 사실 '은행원'이라는 직업은 위에 제시된 인물 묘사에 그다지 어울리지 않기 때문이다. 반면 '여성운동에 적극적으로 참여하는'이라는 추가 조항은 우리가 생각하는 린다의 이미지에 부합한다. 그러나 두 번째 답변은 사실 잘못된 것이다. 왜냐하면 페미니즘 성향을 지닌 모든 은행원이 당연히 은행원 그룹에 포함되기 때문이다. 이 말은 곧 첫 번째 답변이 정답일 가능성이 더 크다는 것을 의미한다. 어쩌면 린다는 이미 오래전에 여성운동에 신물이 나버렸을지도 모른다. 그리고 지금은 그녀가 사족을 못 쓰는 구찌 신발을 구입하는 데 필요한 돈을 벌려고 은행에 다니고 있을 수도 있다. 누가 알겠는가.

첫 번째 답변은 명백하게 논리적이지만, 두 번째 답변은 직관적이다. 심리 테스트를 해본 결과 참여한 사람들의 85퍼센트 이상이 두 번째 답변, 즉 오답을 골랐다.

이런 결과 덕분에 린다는 심리학 연구 분야에서 꽤 유명한 인물이 되었다. 이 실험을 한 사람은 대니얼 카너먼Daniel Kahneman이다. 그는 심리학 연구로 유일하게 노벨상을 받은 인물이다(그는 2002년 노벨경제학상을 수상했다). 카너먼은 압도적으로 오답이 많은 현상을 설명하면서, 두 번째 답변이 린다에 대해 우리가 처음으로 들은 이야기와 일관성이 있다는 것이 문제라고 지적했다. 우리 눈에는 두 번째 대답이 훨씬 더 적절해 보인다. 그런데 우리는 '적절한' 것과 '그럴 법한' 것을 명확하게 구분하지 못한다.

단순하고 무해한 '린다 테스트'는 우리가 현실을 어떻게 처리하는지에 대해 흥미로운 통찰을 선사한다. 우리의 사고와 관련해 지난 수십 년 동안 어느 모로 보나 완전히 빗나간 은유가 통용되어 왔다. 그것은 바로 뇌를 컴퓨터에 비유하는 은유다. 우리는 기억을 '저장'한다고 생각한다. 그리고 어떤 상황을 '분석'할 때의 사고 과정을 일종의 계산 과정으로 상상한다. 그러나 정보를 마이크로 칩에 저장하는 것과 인간의 기억 사이에는 아무런 공통점도 존재하지 않는다. 우리의 기억은 지속적으로 형태가 움직이고, 새롭게 평가되며, 변화하는 자아상에 맞춰 변한다. 우리의 머릿속에 있는 '이미지들'은 현실과 소망, 혹은 악몽으로 이루어진 매우 유약한 구조물이다. 그리고 우리가 내리는 결정은 감정, 충동, 정신적 나태에 따른 축소 및 생략과 어림짐작으로 온통 점철되어 있다.

우리의 머릿속에서 진행되는 일은 논리적인 사고와는 거의 무관하다. 숫자를 다룰 때 이런 사실이 특히 명확하게 드러난다. 이와 관련해 간단한 평가 문제를 하나 내보도록 하겠다.

- 건강검진에서 유방 엑스레이 촬영을 받는 40세 이상의 모든 여성들 가운데 실제로 유방암에 걸린 여성의 비율은 1퍼센트다.
- 유방암의 80퍼센트는 건강검진 과정에서 발견된다.
- 건강한 여성들 중 9.6퍼센트가 유방암으로 오진된다.

당신이 건강검진을 받았고, 검진 결과 의사가 당신이 유방암에 걸린 것으로 진단했다고 가정해 보자. 당신이 실제로 유방암에 걸렸을 가능성은 얼마나 될까?

만약 당신이 '대략 70~80퍼센트'라고 추정한다면, 당신의 생각은 완전히 틀렸다. 어쩌면 의사인데도 이런 추정을 한 사람이 있을지도 모른다. 의사들 중에서도 이 문제를 정확하게 풀 수 있는 사람은 고작해야 일곱 명 중 한 명에 불과하기 때문이다. 소수점과 퍼센티지, 자연수가 혼합된 수치를 대할 때면 우리들 중 대부분은 완전히 나가떨어져 버린다. 반면 퍼센티지 대신 완전한 숫자를 대할 때면 정답을 찾기가 조금 더 수월해진다.

- 10,000명의 여성 가운데 9,900명이 건강하다.
- 100명이 유방암에 걸렸다.
- 그중 80명은 건강검진 중에 암을 발견한다.
- 950명의 건강한 여성이 유방암으로 오진된다.
- 이 말은 1,030명의 여성이 유방암 진단을 받지만, 실제로 병

에 걸린 사람은 그 중 80명에 불과하다는 것을 의미한다. 이 것은 전체의 7.8퍼센트에 해당하는 수치다.

그러므로 의사가 당신이 유방암에 걸린 것 같다고 말했을 때, 이 진단이 틀릴 확률이 맞을 확률보다 13배나 더 높다.

이 예는 단순히 조기 진단을 하기 위해 유방 엑스레이 촬영을 하는 행동이 지닌 의미에 대해 의문을 제기할 뿐 아니라(어쨌거나 960명의 여성이 질병에 걸리지도 않았는데 죽을 만큼 놀라게 된다), 환자들을 정확하게 진단해 낼 수 있는 의사들의 보편적인 능력에도 의문을 제기한다. 많은 의사들이 '70~80퍼센트'라는 추정치를 제시하는 것은 예문에 이 숫자가 미리 언급되었다는 사실과도 관계가 있다("유방암의 80퍼센트는 건강검진 과정에서 발견된다."). 이 숫자는 이미 우리에게 익숙한 숫자다. 그래서 가능성의 범위 안에 자리를 잡게 된다. 요컨대, 우리는 이 숫자에 의해 교란을 당하는 것이다.

그러나 이 예는 무엇보다도 우리의 직관만으로는 가능성을 정확하게 평가할 수 없다는 사실을 분명하게 보여 준다.

혹시 로토를 구매하는가? 만약 그렇다면 당연히 당신도 잭팟이 터질 가능성이 매우 낮다는 것을 잘 알고 있을 것이다. 얼마나 가능성이 낮을까? 수치로 표현하면 다음과 같다. 1/139,000,000.

그렇지만 당신은 이 숫자에 크게 개의치 않을 것이다. 당신이 독일에 살고 있고, 오늘 로토 복권 한 장을 구입했다고 가정해 보자. 이런 경우 내일 추첨을 하여 잭팟이 터질 확률보다 내일 당장 죽을 확률이 2,500배나 더 높다. 그러나 이 자리에서 상황을 그렇게까지 정확하게 설명하고 싶은 생각은 전혀 없다.

각종 학술 서적들을 들여다보면 우리가 숫자를 얼마나 거칠게 뒤섞어 놓는지를 보여 주는 예들로 가득 차 있다. 그런 서적에서 우리는 한데 뒤범벅된 그 숫자들을 명확하게 구분할 줄 알아야 한다. 2002년에 실시된 한 심리학 실험에서는 실험 대상자들에게 공항 안전 장비에 투자하여 특정한 숫자의 인명을 구하는 것이 가능하다면, 과연 투자를 할 만한 가치가 있는지를 질문했다. 실험 대상자들은 그들의 동의 의사를 0~20단계로 나누어 표명할 수 있었다. 실험 대상자들 중 일부에게는 이 장비가 150명의 생명을 구할 수 있다고 말했고, 다른 사람들에게는 '150명 중 98퍼센트'를 구할 수 있다는 표현을 사용했다. 전자의 동의 의사는 10.4단계, 후자는 13.6단계로 나타났다. 150명 중 98퍼센트라면 147명일 뿐인데도 말이다.

이것은 완전히 비합리적이지만, 바로 그런 이유로 지극히 인간적인 결과다. '150명의 생명'은 수백만 명에 이르는 비행기 탑승객을 감안한다면 많지도, 적지도 않은 숫자다. 그러나 '98퍼센트'라는 수치는 최상의 상태, '거의 완벽한' 상태라는 느낌을 전달한다. 그런 이유로 우리는 150명보다는 98퍼센트라고 이야기했을 때 더 많은 돈을 지불할 자세를 갖추게 된다.

계산 문제를 하나 더 내보도록 하겠다. 아래의 숫자를 곱하면 대략 얼마나 될까?

$$9 \times 8 \times 7 \times 6 \times 5 \times 4 \times 3 \times 2 \times 1 = ?$$

혹은 문제를 달리 내어 보면 이렇다.

$$\times 2 \times 3 \times 4 \times 5 \times 6 \times 7 \times 8 \times 9 = ?$$

당연히 두 문제 모두 답은 같다. 이 과제와 관련해서는 두 가지 사실이 흥미롭다. 첫째, 거의 모든 사람이 결과를 엄청나게 낮게 추정한다는 것이다. 둘째, 아랫줄에 대한 추정치가 윗줄에 대한 추정치보다 현저하게 낮다는 것이다. '9'로 시작하는 줄은 평균 추정치가 4,200이었지만, '1'로 시작하는 줄은 평균 추정치가 500에 불과했다.

실제 정답은 362,880이다.

이 계산 과제는 매우 진부해 보일 수도 있다. 그리고 궁극적으로 시간과 종이, 연필만 있다면 우리 모두가 정답을 찾을 수도 있다. 그러나 이 예는 일상생활에서 날마다 마주치게 되는 수많은 일들을 우리가 어떤 식으로 처리하는지, 그 방법을 비유적으로 보여 준다. 즉석에서 손쉽게 해결하기에는 너무 복잡한 문제와 맞닥뜨리게 되었을 때 우리는 우리의 감정에 의지한다.

양날의 칼, 휴리스틱

심리학자들은 이런 정신적인 축약 현상을 가리켜 '휴리스틱Heuristic(발견적 방법론)'이라고 부른다. 그리고 실제로 이 방법이 인생을 살아가는 데 도움이 되는 경우도 아주 많다. 엄청난 정보 더미 속에서 신속한 결정을 내려야 할 때면 언제나 이 방법이 도움이 된다. 이를테면 낯선 도시의 지하철에서 내렸는데 출구가 어디에 있는지 모를 때가 그렇다. 이런 경우 로봇이라면 틀림없이 미리 계산해 둔 모형에 따라 문이나 표지판을 찾을 때까지 역에 있는 모든 통로와 벽을 샅샅이 뒤질 것이다. 반면 우리 인간은 우리가 즐겨하는 행동을 한다. 바로 안정감을 얻을 수 있기 때문이다. 우리는 출구를 향해 몰려가는 군중을 뒤쫓아 간다.

휴리스틱은 전형적으로 인간적인 방법론이다. 그것은 컴퓨터와 우리를 근본적으로 구분해 주는 그 무엇이다. 컴퓨터는 동원할 수 있는 모든 정보를 바탕으로 올바른 해결책을 계산해 내기 위해 고안되었다. 이런 알고리듬은 정확하고, 합리적이고, 정교하고, 오류가 없다. 반면 우리 인간은 살아가는 내내 최적의 절충안(타협안)을 모색한다. 우리는 에너지 소모가 많은 두뇌 작업을 최소화하되, 그럼에도 불구하고 가능한 한 근사한 목표에 도달하려고 시도한다. 알고리듬은 명료하고 변경이 불가능한 반면, 휴리스틱은 부드럽고, 유연하고, 창조적이고, 서투르고, 효율적이지만 실수투성이다.

휴리스틱은 위에서 언급한 예들이 보여 주는 것처럼 숫자가 문제가 될 때 우리를 특히 취약하게 만든다. 숫자를 다루면서 속수무책의 상황에 봉착하게 되었을 때(우리는 자주 그런 상황을 맞는다), 우리는 기댈 곳을 찾아 헤맨다. 그리고 그 과정에서 우연히 주어진 숫자를 지침으로 삼는다. 룰렛을 이용한 한 편의 실험이 이런 상황에서 우리가 얼마나 어처구니없고 비합리적으로 행동하는지를 분명하게 보여 준다. 당신이 어떤 실험에 참여했다고 상상해 보자. 연구자가 룰렛을 돌리면 65와 15, 둘 중 한 가지 숫자가 나온다. 숫자가 나온 다음 연구자가 당신에게 첫 번째 질문으로 국제연합기구UNO, United Nations Organization에 가입한 아프리카 국가의 수가 해당 숫자보다 높은지 아니면 낮은지를 묻는다. 마지막으로 그는 당신에게 UNO에 가입한 아프리카 국가 수가 얼마나 될지 추정해 볼 것을 부탁한다.

1974년 실시한 이 실험에서 답변은 명확했다. 룰렛을 돌렸을 때 '15'가 나온 사람들은 UNO에 가입한 아프리카 국가 수를 25

개국으로 추정했다. 그리고 룰렛을 돌렸을 때 '65'가 나온 사람들이 추정한 수치는 평균 45개국이었다. 모든 참가자들이 지켜보는 가운데 순전히 우연에 의거하여 기본 숫자가 선택되었는데도 이런 결과가 나왔다. 룰렛보다도 더 크게 우연에 기대는 것이 과연 있을 수 있을까?

여기서 우리가 범하는 사고 오류의 밑바탕에 깔려 있는 것을 '닻 휴리스틱Anchor Heuristic'이라고 부른다. 바로 우리가 우연히 주어진 숫자를 평가를 위한 기준점으로 삼기 때문이다. 얼마 전 미국 행동경제학자 댄 애리얼리Dan Ariely가 그 실험을 다시 했다. 그는 학생들에게 경매 입찰가를 제시해 줄 것을 부탁했다. 판매 물품은 무선 마우스와 무선 키보드였다. 우선 학생들은 그들의 사회보장번호 중 마지막 두 자리 숫자를 적고, 경매 물품을 구입하는 데 이 허구의 가격을 치를 용의가 있는지 말해야 했다. 이어서 그들은 진짜 자신들이 생각하는 입찰가를 적어 넣었다.

실험 결과는 충격적이었다. 사회보장번호에 적힌 전적으로 우연한 숫자가 물품의 실제 가치보다 명백하게 훨씬 더 중요한 역할을 하는 것으로 나타났다. 사회보장번호의 마지막 두 자리 숫자가 가장 높은 범위에 있는 학생들은 무선 키보드 가격으로 평균 56달러를 제시했다. 그것은 해당 숫자가 가장 낮은 범위에 있는 학생들이 제시한 것보다(16달러) 세 배나(!) 높은 가격이었다. 컴퓨터 마우스 가격에서 나타난 격차도 엄청나기는 마찬가지였다. 여기에서는 입찰가의 범위가 8달러에서 26달러에 걸쳐 있었다. 이때도 역시 학생들이 먼저 기입한 사회보장번호에 따라 결과가 좌우되었다.

그 후 에리얼리는 연수 교육을 받기 위해 MIT를 방문하고 있던 77명의 경제 전문가들(!)을 대상으로 같은 실험을 반복했다. 그들은 벨기에 초콜릿을 제공받았다. 사실 그것은 진짜 가치를 쉽게 평가할 수 있는 물건이다. 그러나 여기에서도 같은 결과가 나왔다. 사회보장번호 끝자리 숫자가 높은 사람들이 끝자리 숫자가 낮은 사람들보다 최대 세 배 더 높은 가격을 지불할 용의가 있었다.

이 실험에서 밝혀진 황당한 사실은 첫째, 우리 자신이 절대적으로 이성적으로 행동한다고 믿는 순간에도 우리는 너무나도 쉽게 외부의 영향을 받는다는 점이다. 실험 대상자들은 결정을 내리면 그 대가로 반드시 돈을 지불해야 한다는 사실을 잘 알고 있었는데도 비합리적인 입찰가를 제시하는 경향을 보였다. 또 한 가지 황당한 사실은 우리가 이런 약점을 거의 의식하지 못한다는 점이다. 당연한 말이지만 거의 모든 실험 대상자들이 사회보장번호의 영향을 받는다는 의혹을 단호하게 거부했다. 그들이 주장하기로는, 자신들은 전적으로 상품의 가치만을 고려했다고 한다!

실제로 우리는 늘 이런 사고의 오류에 빠져든다. 예컨대 스마

트폰 제작자들은 가격 책정을 위해 '닻 휴리스틱'을 이용한다. 가장 비싼 전화기의 가격이 899유로라면, 중간 가격으로는 789유로가 적당하게 느껴진다(그리고 '가장 크기가 작은 제품'은 679유로면 '저렴'하게 느껴진다). 실제로는 세 가격 모두 제작자가 50퍼센트의 이익을 볼 수 있도록(그리고 그 결과 우리가 지나치게 많은 돈을 지불하도록) 책정되어 있는데도 말이다. 그렇다면 우리는 왜 그것을 알아차리지 못하는 것일까? 문제는 가장 간단한 계산 과제가 주어졌을 때조차 우리가 계산을 하기보다는 직관적으로 어림짐작을 한다는 데 있다. 한 가지 예를 살펴보자.

- 야구방망이와 야구공을 모두 합한 가격이 1.10유로다.
- 야구방망이가 야구공보다 정확하게 1유로 더 비싸다.
- 야구공 가격은 얼마일까?

대부분의 사람들은 환호성을 지르면서 곧장 "10센트!"라고 대답하겠지만, 그것은 당연히 틀린 답이다. 그렇다. 야구방망이는 1.05유로다. 여기에 야구공 가격인 0.5유로를 더하면 1.10유로가 된다.

이 예 또한 그 밖의 다른 예들과 더불어 노벨상을 받은 심리학자 대니얼 카너먼에서 유래했다. 카너먼은 지금은 고인이 된 동료 에이머스 트버스키Amos Tversky와 함께 반세기 전부터 우리의 사고 오류를 체계적으로 연구하기 시작했다. 그 때문에 카너먼은 동료 학자들에게 무시를 당했다. "나는 바보들의 심리학에는 관심이 없다네." 파티에서 어느 저명한 미국 철학자가 그에게 이렇게 말하고는 몸을 돌려 저쪽으로 가버렸다. 그러나 카너먼은 조금도 동요하지 않았다. 그의 실험들은 오늘날 특정한 한 가지 연구 방향 전체를 떠받치는 기초가 되었다. 그사이에 심리학자들은 스무 개가 넘는 '휴리스틱과 편향성heuristics and biases'을 밝혀내 정의했다. 그중 일부는 예컨대 통제망상처럼 단순한 것들이다. 통제망상에 사로잡힌 사람들은 실제로 자신의 통제권에서 한참이나 벗어나 있는 일들을 통제할 수 있다고 믿게 된다. 주사위 놀이를 할 때 필요한 숫자가 높으면 높을수록 주사위 통을 흔드는 강도도 더욱더 격렬해진다. 물론 우리는 그런 행동이 아무런 도움이 되지 않는다는 것을 잘 알고 있다. 그럼에도 우리는 그렇게 행동한다.

몇몇 휴리스틱은 마음에 드는 자아상을 유지하기 위한 목적으로 사용된다. 예컨대 '자존감 함양에 유리한 쪽으로 상황을 왜곡하는 행위'가 그렇다. 이런 왜곡 행위의 결과로서 우리는 흔히 성공은 우리 자신의 능력 덕으로 돌리고, 실패는 불운한 주변 환경 탓으로 돌린다. 이것은 다시금 '과신 편향'의 원인이 될 수도 있다. 미국 고등학생의 70퍼센트가 자기 자신을 평균 이상으로 똑똑하다고 생각하는데, 통계학적으로 보았을 때 이것은 거의 불가능한 비율이다. 상대적으로 똑똑한 것으로 증명된 사람들 또한 이런 오만함에서 결코 안전하지 않다. 오히려 그 반대다. 한 연구에서 전체 대학교수들 중 94퍼센트(!)가 본인의 연구가 '평균 이상'으로 훌륭하다고 답변했다.

'나는 내가 아무것도 모른다는 사실을 잘 알고 있다'라는 인식은 이미 한물가 버린 것 같다.

모든 휴리스틱과 편향성이 공통적으로 지니고 있는 특징이 있다. 휴식 상태에 있는 사고 기관을 가능한 한 깨우지 않으려고 하는 우리의 자연스러운 경향을 지원해 준다는 것이다. 예컨대 '가용성 휴리스틱'은 머릿속에 쉽게 떠오르는 모든 것에 우선권을 부여한다. 부부들을 따로 떨어뜨려 놓고 집안일 가운데 얼마나 많은 부분을 본인이 떠맡고 있느냐고 물어보면, 답변의 합은 언제나 100퍼센트를 웃돈다. 우리는 우리 자신이 담당하는 부분을 더 많이 기억하는 경향이 있고, 그런 이유로 그 부분을 실제보다 더 높이 평가한다. 타인과 장시간 토론을 한 뒤에도 우리는 다른 어떤 것보다 우리 자신이 말한 부분을 더 많이 기억한다.

이런 휴리스틱은 복잡한 문제와 맞닥뜨렸을 때 신속한 판단을 내리도록 유도하는 경향이 있다. 심지어는 확보할 수 있는 정보가 극히 미미한 상황에서도 그렇게 한다. 신문에서 낭미충이 독일 전역에 퍼져 있다는 기사를 읽고 나면 사람들은 대부분 다시는 숲에서 딸기를 따지 않으려고 한다. 실제로 낭미충에 감염될

가능성은 거의 0에 가깝다. 또 비행기를 타고 가면서 난기류를 만났을 때 왠지 모를 불안감을 느끼게 되는 것도 가용성 휴리스틱 때문이다. 이런 상황에서는 누구나 비행기 추락 사고 장면을 눈앞에 떠올리기 마련이다. 원칙적으로 비행기가 추락할 가능성이 극도로 낮다는 것을 우리 모두가 잘 알고 있는데도 말이다.

시스템 1과 시스템 2

휴리스틱의 토대가 되는 메커니즘은 우리 인간들의 사고와 행동 구조에 뿌리를 내리고 있다. 대니얼 카너먼은 이와 관련해 인간이 내리는 결정의 차원을 두 가지로 구분하고, 각각 '시스템 1'과 '시스템 2'로 명명했다. 시스템 1은 직관, 신속한 결단, 무의식적 요소를 대변한다. 요컨대 이것은 휴리스틱을 바탕으로 작업을 하는 차원이다. 시스템 2는 명확하고 합리적인 사고, '이성, 자기통제, 지성'을 의미한다. 〈슈피겔Spigel〉지와의 인터뷰에서 카너먼은 이렇게 말했다.

"나는 시스템 2에 속하는 사람입니다. 그러니까 스스로 결정을 내린다고 믿는 사람입니다. 그러나 실제로는 시스템 1의 영향력이 지대합니다. 그런데 우리는 그런 사실을 알아차리지 못합니다."

이 두 가지 시스템은 성격이 완전히 다른 쌍둥이와도 같다. 상대방의 손목에 착 달라붙어 늘 서로의 행동을 방해하는 그런 쌍둥이 말이다. 시스템 1은 재빠르고, 순전히 직관적이고, 언제든 활용할 수 있다. 그것은 주의가 산만하며, 매사에 참견을 하고 나선다. 그러나 실제로 알고 있는 것은 별로 없다. 누군가를 처음 만났을 때 그 사람과 첫 마디를 주고받기도 전에 이미 우리는 그에 대해 특정한 이미지를 만들어 낸다.

시스템 2는 결정을 내려야 하는 상황에서 천성적으로 굼뜨게 행동한다. 일단 (야구방망이와 야구공의 예에서처럼) 작동을 시작하기까지 많은 노력과 힘이 필요하다. 시스템 2의 작업 방식은 아주 신중하고 조심스럽다. 그런 만큼 매우 분석적이지만 안타깝게도 그것은 쉽게 한눈을 팔곤 한다. 그리고 작업을 하는 과정에서 툭하면 방해를 받는다. 직관적인 시스템 1이 늘 끼어들어 참견을 하기 때문이다. 한 독일 연구팀이 경력 15년 이상의 판사들을 대상으로 심리 실험을 했다. 일단 그들은 판사들에게 상점에서 절도 행각을 벌인 한 여성 절도범에 관한 이야기를 들려주었다. 이어서 판사들에게 주사위를 던지게 하고 주사위 숫자보다 형량을 높게 매길 것인지 아니면 낮게 매길 것인지를 결정하도록 했다. 마지막으로, 판사들은—당연히 주사위 따위에는 전혀 영향을 받지 않은 상태에서—실제 형량을 확정해야 했다.

우리는 그 결과를 충분히 짐작할 수 있다. 주사위를 던졌을 때 높은 숫자가 나온 판사들이 그렇지 않은 판사들보다 거의 두 배

가까이 높은 형량을 선고했다.

두 시스템은 우리가 그것들을 올바르게 도입하기만 하면 탁월한 협력 작업을 할 수 있다. 안타까운 점은 우리가 그렇게 하지 않고 있다는 것이다. 하긴 언제나 의식적으로 두 가지 시스템을 적절하게 활용할 능력이 없는 것도 사실이다. 게다가 이 두 시스템은 외부의 영향에 극도로 취약하다. 예컨대 우리는 단순한 연필 하나를 이용해 무게중심을 한쪽 시스템에서 다른 한쪽 시스템으로 옮길 수도 있다. 이를테면 연필을 발가락 사이에 비스듬하게 끼우고 있으면 저절로 웃음이 나는데, 이때는 즉흥적인 시스템 1이 활성화되는 경향이 있다. 반면 연필을 지푸라기처럼 입술 사이에 끼우고 있을 때면 대개 이마를 찌푸리게 되는데, 이럴 때 우리는 좀 더 분석적인 사고를 하기 시작한다.

시스템 1을 끔찍하게 혹사하는 문제, 그럼에도 불구하고 시스

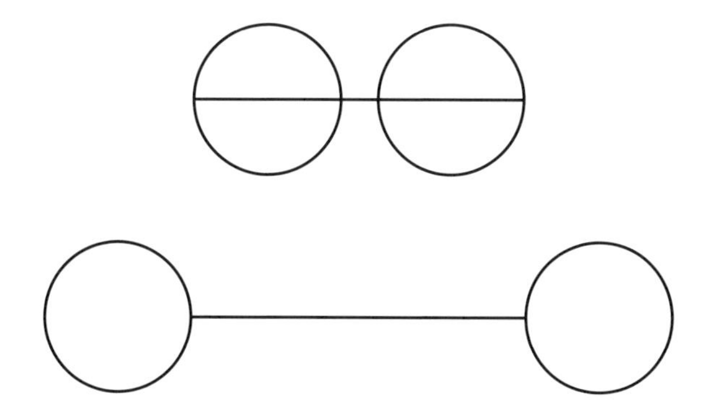

템 1이 자신의 권리를 집요하게 고집하는 문제를 다뤄야 할 때는 상황이 아주 까다로워진다. 예컨대 착시 현상을 불러일으키는 일련의 그림들을 다룰 때가 그렇다(99쪽 그림).

우리는 대부분 어린 시절에 이미 아래에 제시된 트릭을 접한 적이 있다. 그리고 그 이후로 아래에 제시된 두 선의 길이가 동일하다는 사실을 잘 알고 있다. 그럼에도 우리는 그런 사실을 받아들이는 데 여전히 어려움을 겪고 있다. 시스템 1이 헛소리라고 칭얼대면서 끊임없이 참견을 하기 때문이다.

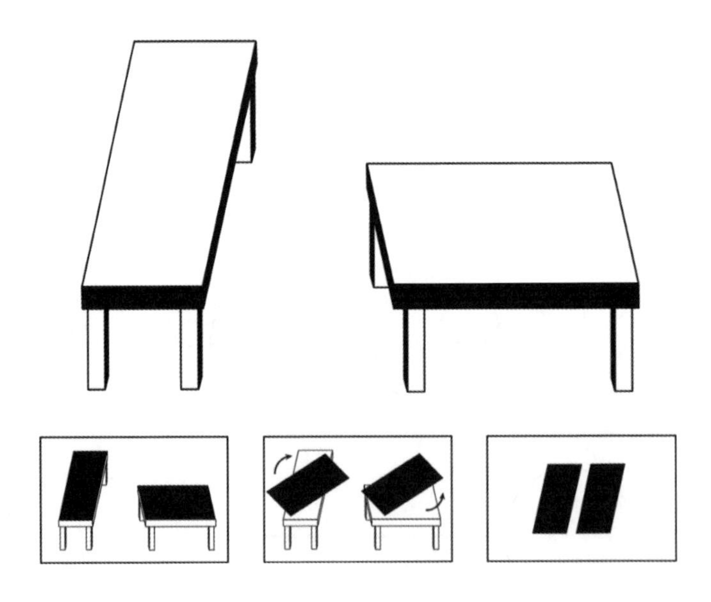

셰퍼드의 테이블Shepard's Table 실험에서 대부분 사람들은 테이블 상판을 잘라 나란히 놓아본 뒤에야 비로소 두 판의 길이가 실제로 동일하다는 사실을 믿게 된다(100쪽 그림).

심지어는 잘라 낸 테이블 상판을 나란히 놓았을 때조차 시스템 1은 목청 높여 외친다. 절대! 그럴 리! 없어!

'염소 찾기 문제' 또한 두뇌 훈련을 요하는 과제 중 하나인데, 사실 우리의 뇌는 그런 종류의 훈련을 별로 좋아하지 않는다. 가상 게임 쇼에 출연한 한 참가자가 세 개의 문과 마주하게 된다. 두 개의 문 뒤에는 염소가 서 있고, 나머지 세 번째 문 뒤에는 자동차(상품)가 놓여 있다. 게임 규칙은 다음과 같다.

- 지원자가 문을 열지 않고, 문 한 곳을 지명한다.
- 이어서 사회자가 문을 연다. 문 뒤에는 염소가 서 있다.
- 지원자는 그다음으로 어떤 문을 열어야 할지 결정을 해야 한다.

간단하다. 그렇지 않은가? 그런데 지원자가 A문을 가리켰는데, 사회자가 B문을 열었고, 문 뒤에는 염소가 서 있다고 가정해 보자. 이런 상황에서 지원자는 어떻게 해야 할까?

- 계속 A문을 고수해야 할까?

- C문으로 바꿔야 할까?
- 아니면 양쪽 모두 확률이 동일하기 때문에 어느 쪽을 선택하건 상관이 없을까?

우리는 자연적으로 세 번째 답변으로 기울어지는 경향이 있다. 확률이 50 대 50처럼 느껴지기 때문이다. 그러나 실제로는 지원자가 다른 문으로 갈아탔을 때 자동차를 얻을 수 있는 기회가 두 배로 높아진다. 이때도 마찬가지로 우리는 모든 가능성을 복잡하고 세심하게 계산해 보고 난 뒤에야, 그리고 고도로 복잡한 사고 과정을 거쳐 직관적인 시스템 1을 차단한 뒤에야 비로소 이런 사실을 이해하게 된다.

능력에 대한 망상

이런 복잡한 사고 과제는 우리에게 겸손을 가르쳐 준다. 아주 간단한 예들만으로도 이미 우리는 지적 한계에 봉착하기 때문이다. 이런 예들은 우리가 범하는 오류를 통해 우리의 사고 구조를 보여 준다. 지금으로부터 족히 30년 전에 미국에서 가장 명성 높은 대학 가운데 한 곳에서 벌어진 흥미로운 경기처럼 말이다.

그것은 출발부터가 불공평한 경기였다. 한쪽에는 연구실에서 키운 라투스 노르베기쿠스Rattus norvegicus, 그러니까 회색 털에 눈이 작고 꼬리에 털이 없는 야만적인 시궁쥐 12마리가 기다리고 있었다. 그리고 다른 한쪽에는 호모사피엔스사피엔스가 대기하고 있었다. 그것도 아무나가 아니라 최고 중의 최고만 선별해 놓은 집단, 바로 엘리트 대학인 예일 대학 학생들이었다.

그들에게 주어진 과제는 단순했지만, 그렇다고 해서 누구나 훌륭하게 해낼 수 있는 과제는 아니었다.

T 자형의 미로를 만들고, 쥐를 T 자의 아래쪽 끝에 앉힌다. T 자의 양쪽 팔에는 먹이 창을 설치한다. 이런 상황에서 사람과 쥐는 다음번 먹이가 어디에서 나올지 예언을 해야 한다. 그러나 먹이는 양쪽 모두 똑같은 비율로 나오지 않는다. 왼쪽에서 먹이가 나오는 경우는 60퍼센트, 그리고 오른쪽에서 나오는 경우는 고작 40퍼센트에 불과하다. 쥐들은 금세 상황을 이해하고 시종일관 왼쪽으로 달려간다. 그리하여 그들은 결국 거의 60퍼센트에 근접하는 성공 확률을 기록한다.

반면 예일 대학 학생들의 성적은 변변치 못하다. 쥐들은 40퍼센트의 패배 가능성을 감수하는 전략을 펼쳤지만, 우리 인간은 패배를 증오한다. 학생들은 패배 가능성을 감수하는 대신 먹이 기계의 책략을 알아내려고 시도한다. 동일한 리듬으로 먹이가 배출되었는가? 왼쪽, 오른쪽, 왼쪽, 왼쪽? 그렇다면 다음번은 어느 쪽일까?

그들은 우연에 바탕을 둔 기계의 알고리듬 속에서 신적인 질서를 헛되이 찾아 헤맨다. 그 결과 그들의 성공 확률은 고작해야 52퍼센트에 그치고 만다.

이 실험은 우리에게 진지한 질문을 던진다. 왜 학생들은 실험 구조를 꿰뚫어 볼 수 없었는가? 왜 그들은 인간의 직관이 우연 앞에서 무력하다는 사실을 깨닫지 못했는가? 그리고 바로 그런 이유로 이 문제에 대한 의미 있는 해결책이 오직 하나밖에 없다는 사실을 왜 알아차리지 못했는가? 쥐들은 별 어려움 없이 찾은 통찰을 왜 그들은 찾지 못했는가?

바로 휴리스틱 때문이다. 학생들은 일련의 사고 오류에 속아 넘어갔다. 이를테면 도박사의 오류 같은 것에 속아 넘어간 것이다. 도박사의 오류란 주사위 게임을 할 때 세 번 연속 6이 나온 다음 이어서 네 번째에도 6이 나올 확률은 극도로 낮을 것이라는 믿음을 말한다(주사위를 던질 때마다 6이 나올 확률은 6분의 1로 언제나 동일하다). 또한 그들은 통제망상, 요컨대 본인들의 능력으로 실험 구조를 완전히 파악할 수 있을 것이라는 망상에 지배당하고 있었다. 그리고 무엇보다도 그들은 변상증變像症, Pareidolie의 지배를 당하고 있었는데, 이것은 모든 대상에서 특정한 계획, 모형, 이미지를 끊임없이 찾아 헤매다 못해 심지어는 우연 속에서도 그런 것들을 찾아내려고 시도하는 뇌의 성향을 말한다. 이것은 우리로 하여금 머나먼 혹성에 우연히 배열된 돌무더기 속에서 '화성의 얼굴'을 찾아내도록 하는 것과 동일한 사고 모형이다(아포페니아). 그 밖에도 이 실험은 다음과 같은 사실을 보여 주었다. 로봇에게 질문을 던졌을 때 돌아오는 로봇의 대답이 순전히 우연의 산물임을 잘 알고 있으면서도 우리는 로봇에게 인간적인 특징을 부여하는 경향이 있다. 그것도 로봇의 대답이 예측 불허일수록 더욱더(!) 그렇다. 예측이 불가능한 답변은 우리의 호기심을 자극하는 동시에 로봇을 아주 고집 세고 완고한 존재로 보이게 한다. 실제로는 아무 특징도 없는 양철통에 불과하다. 예일 대학 학생들 또한 이와 동일한 사고의 오류에 속아 넘어갔다.

예일 대학의 쥐 실험을 지켜본 사람들 가운데는 젊은 심리학자 필립 테틀록도 끼어 있었다. 그는 또 다른 의문에 사로잡혔다. 이렇게 간단한 실험에서도 허탕을 쳐버린다면, 과연 복잡한 맥락에서 우리가 내놓는 예언은 얼마만큼이나 가치가 있을까?

이 의문은 테틀록을 잠시도 가만히 내버려 두지 않았다. 1980년대 중반에 그는 대규모 실험에 착수했다. 그는 284명의 전문가들—정치학자, 경제학자, 언론인, 컨설턴트 등—에게 세계정세에 관한 질문을 던졌다. 남아프리카공화국의 인종차별 정책이 과연 평화적으로 끝을 맺게 될 것인가? 소련에서 미하일 세르게예비치 고르바초프에 반대하는 쿠데타가 일어날 것인가? 퀘벡 주가 캐나다에서 분리되어 나갈 것인가?

테틀록은 20여 년에 걸쳐 이런 구체적인 질문들을 던지고 총 8만 2,361건의 예측을 수집했다. 그것을 분석한 결과는 그야말로 충격적이었다. 결론부터 말하자면, 전문가들의 예측은 크게 빗나갔다. 그들의 예측이 적중한 비율은 통계 평균치보다도 낮았다. 테틀록의 표현을 빌리면, 원숭이가 다트를 던져 표적을 적중시킬 확률이 차라리 더 높다. 하필이면 최고의 명성을 날리고 있던 전문가들이 가장 나쁜 성적을 기록했다. 결과는 언제나 같았다. 예컨대 수백 명의 근동 지방 전문가들 가운데서 '아랍의 봄'을 예견한 사람은 아무도 없었다. 그리고 아랍의 봄이 한창 진행되던 와중에도 1년 뒤에 각국의 상황이 얼마나 황폐해질지 그 누구도 예측하지 못했다.

훗날 테틀록이 전문가들에게 그들이 한 예측에 관해 질문을 던지자 전문가들은 대부분 원칙적으로 보자면 정확하게 옳은 진단을 내렸다고 주장했다. 실제로는 예측이 크게 빗나가 버렸는데도 말이다. 그들은 예측과 현실 사이의 모순을 이미 오래전에 기억의 왜곡을 통해 극복했다. 이런 '사후 판단 편향hindsight bias'은 우리의 긍정적 자아상을 유지하는 데 도움이 된다. 그러나 안타깝게도 그것은 실수를 바탕으로 교훈을 얻고자 하는 의욕을 떨어뜨리기도 한다.

전문가들의 오류는 드넓은(그리고 예민한) 정치적 사건의 영역에만 한정되어 있지 않다. 국제 주식시장과 금융시장에서 그들이 범하는 오류는 한층 더 심각하고 값비싼 결과를 초래한다. 주식시장과 금융시장에서 활동하는 중개인들은 그 자체로서 매우 기이한 상황에 봉착해 있다. 모든 시장 참여자들이 대체로 동일한 정보를 보유하고 있다. 이런 상황에서 전문가인 그들은 주식이나 선물거래 증권의 가치를 어느 정도 신뢰도 있게 평가할 수 있어야 한다. 그럼에도 불구하고 그곳에서는 매일같이 수백만 건의 거래가 이루어지며, 이때 일반적으로 모든 거래 당사자들이 자신들에게 이익이 되는 거래를 했다고 생각한다.

이미 말했듯이, 우리는 모두 우리 자신의 능력을 평균 이상으로 평가한다.

막대한 자산을 보유한 고객들에게 컨설팅을 하는 투자은행에 강사로 초빙된 대니얼 카너먼은 컨설턴트들의 데이터와 은행 데이터 분석에 착수해 몇 년간 그들이 이룩한 '성과'를 비교했다. 카너먼이 《생각에 관한 생각Thinking Fast and Slow》에서 밝힌 바에 따르면, 그 결과는 충격적이었다. 그것은 필립 테틀록이 밝혀낸 내용보다 조금도 나을 바가 없었다. 컨설턴트들의 전문적인 지식과 그들이 추천한 내용의 유효성 사이의 상관관계는 0에 가까웠다. 주식중개인들은 어마어마한 양의 정보를 소화하고 고강도의 스트레스를 감내하면서 처절할 정도로 일을 한다. 이 모든 노력에도 그들은 한 가지 결정적인 질문에 대한 답변을 제시하지 못한다. '어떤 주식의 가격이 지나치게 높게, 혹은 낮게 평가되어 있습니까?' 카너먼은 금융 산업에 팽배해 있는 전문가 문화 전체가 '능력에 대한 망상'에 바탕을 두고 있다고 결론지었다. 대성공을 거둔 주식중개인이라고? 그것은 우연히 찾아온 행운일 뿐이다. 수년에 이르는 시간을 거치면서 그들의 실적은 동료들의 평균에 점점 더 가까워진다.

카너먼이 투자은행 임원들에게 이런 인식을 조심스럽게 전달하자 그들은 냉담한 반응을 보였다. 카너먼은 다음과 같이 경고했다. "여러분은 직원들의 행운을 마치 그들의 능력인 것처럼 치켜세웁니다." 그러나 간부들은 전혀 아랑곳하지 않았다. 그들은 직원들의 실적이 '등락을 거듭한다'는 것은 이미 잘 알려진 사실이라고 잘라 말했다. 카너먼은 월스트리트 임원들이 자신들의 활동이 가치를 창출하는 활동이라고 확신하고 있으며, 업계 전체가 존재하지도 않는 능력을 비싼 값에 팔아 치우는 데 기초하고 있다는 사실 또한 이때 중요한 역할을 차지한다고 단언했다. 이 경우는 인지적인 망상과 사업 모델이 한데 뒤섞여 있는 경우다.

신뢰할 수 없는 나

주식 시장은 휴리스틱으로 인해 많은 돈을 잃어버릴 기회를 다양하게 제공한다. 가장 흔하게 발생하는 오류 가운데 하나는 수익성이 높은 주식을 성급하게 매각해 버리고, 그것을 대신하여 손실을 내는 주식을 지나치게 장기간 보유하는 행위다. 주식 거래에서 어쩌다 한 번 행운을 맛보면 우리는 그것을 우리 자신의 뛰어난 능력 덕분으로 간주하고 높은 위험도 불사한다. 다른 사람들이 주식을 팔아 치울 때면 우리는 두려움에 사로잡힌다. 그리고 어떤 주식이 상승에 상승을 거듭하면, 우리는 그 주식이 떨어지는 것을 불가능한 일로 간주한다. 적어도 그 주식이 실제로 떨어질 때까지는 그렇게 생각한다.

전문가들 역시 거듭하여 똑같은 함정에 걸려든다. 금융시장에서는 이미 오래전부터 더는 기준이 존재하지 않는 차원에서 계산이 이루어지고 있는데, 이것 또한 이런 현상이 나타나는 데 대한 한 가지 이유가 된다. 실수 연구자들은 금융시장의 이러한 특징을 가리켜 '중간 차원의 세계'라는 개념을 사용한다. 우리는 초와 년, 밀리미터와 킬로미터, 그램과 톤 단위를 직관적으로 파악할 수 있다. 반면 그 위 혹은 그 아래의 개념, 이를테면 지질학적 연대, 광년, 분자 무게 등에 대해서는 기껏해야 이론적으로밖에 이해하지 못한다. 컴퓨터의 입장에서 보면 그것은 쉼표 전후로 이어지는 몇 개의 0을 의미할 뿐이다. 그러나 우리 인간에게 그것은 구체적인 것에서 추상적인 것으로 넘어가는 문턱, 그러니까 우리의 직관을 더는 신뢰할 수 없는 세계로 넘어가는 문턱을 의미한다.

금융시장은 오래전부터 우리의 상상력을 훌쩍 뛰어넘는 차원에서 움직이고 있다. 비교적 적은 금액이라고 할 수 있는 10억 유로만 하더라도 실제로 그 금액을 10개의 나무 받침대 위에 쌓아 올리려고 하면 각각의 나무 받침대 위에다 100유로짜리 지폐를 몇 미터 높이로 쌓아야 한다. 우리는 그런 식으로 높이 쌓아 올려진 돈 무더기를 눈으로 직접 본 적이 없다. '구조 낙하산'에 대한 우리의 고통 한계치가 점점 더 높아지는 것도 바로 그런 이유 때문이다. 우리는 닻 휴리스틱, 즉 학생들로 하여금 본인의 사회보장번호에 의거하여 경매 입찰가를 책정하도록 유도했던 바로 그 정신적 축약 현상을 충실하게 따르고 있다.

독일 출신 실수 연구자 울리히 프라이Ulrich Frey는 이렇게 말했다. "문제는 우리가 생물학적으로 지정되지 않은 과제에 우리의 인지 메커니즘을 도입하고 있다는 것이다." 그는 우리가 휴리스틱을 진화 법칙에 의거하여 발전시켜 왔다고 주장한다. "우리 인간은 정확성을 추구하는 것이 아니라 단순함과 신속함을 추구한다."

상호 간의 결합 관계가 점점 더 늘어나는 오늘날의 세계에서, 그리고 상호작용의 양상이 간단해지기는커녕 점점 더 다양해지는 요즘 세상에서 이것은 별로 달갑지 않은 인식이다. 가능한 한 많은 정보를 평가하고 분류하는 것이 무엇보다도 중요한 지금 정신적 축약 현상은 치명적으로 그릇된 결정을 초래한다. 우리 자신이 피상적으로밖에 이해하지 못하는 어떤 복잡한 시스템을 다룰 때 그것은 특히 위험한 결과를 초래할 수 있다. 예컨대 해초가 온실효과를 일으키는 골칫덩어리가 되었을 때를 가정해 보자. 바다에서 일어날 수 있는 그 모든 일들을 깡그리 무시해 버리고는, 해초류가 CO_2를 소비한다는 오직 한 가지 작용 메커니즘만을 염두에 두고 바다에 거름을 준다면? 그것은 체스 초보자가 바로 다음 순간 자신의 여왕이 희생된다는 사실을 알아차리지 못한 채 환호성을 지르면서 상대의 여왕을 제거해 버리는 것과 같은 행동이다.

미래를 내다보려고 시도할 때면, 예컨대 주식 매입 시기를 가늠하거나 영국이 유럽연합에서 탈퇴할 것인지 여부와 만약 탈퇴한다면 그 시기가 언제쯤이 될 것인지를 추정할 때면 복잡성이 기하급수적으로 높아진다. 모든 예측을 뒤엎어 버릴 수 있는 예상치 못했던 사건들—폭군 암살, 선전포고, 스캔들 폭로—이 매일같이 발생할 수 있기 때문이다. 실수 연구자 프라이는 미래에 대한 예측은 우리의 뇌 용량을 '10의 제곱' 단위로 혹사한다고 경고한다.

스트레스와 의지력의 반비례

그러나 우리는 돈을 잃는다고 하더라도 그

런 행동양식을 좀처럼 떨쳐내 버리지 못한다. 문제가 복잡하면 복잡할수록 우리의 해결 전략은 더욱더 직관적으로 변모한다. 진화가 우리에게 가르쳐 준 것도 바로 그것이다. 휴리스틱은 역사가 길다. 우리는 신속한 대응이 배고픔과 음식 섭취를 결정하는 사바나에서 그것을 발전시켰다. 프라이는 "모든 현대 대도시에서 뱀이나 거미에 대한 공포감을 유발할 수는 있지만, 그보다 훨씬 더 위험한 자동차에 대한 공포감은 유발할 수 없다"고 하면서, 그런 사실에서도 까마득히 오래전에 사라져 버린 사바나의 삶이 오늘날에도 여전히 우리를 강하게 특징짓고 있다는 것을 알아차릴 수 있다고 주장한다. 명백하게 우리 인간은 주식시장이나 고속도로에서 일어나는 몇몇 실패 사례들 때문에 유구한 역사를 자랑하는 우리의 휴리스틱을 포기할 생각이 없어 보인다. "수렵 채취 생활을 영위하면서 살아온 세월이 400만 년인 데 비해 현대 과학의 역사는 고작해야 400년밖에 되지 않았다."

과학과 일상생활이 서로 만나는 지점에서 휴리스틱은 축복이 될 수도 있지만, 생명을 위협하는 결과를 초래할 수도 있다. 병원 응급실에서 근무하는 경험이 풍부한 의사들에게 소수의 증상에 의거하여 신속한 진단을 내릴 수 있느냐고 물어보았다. 그들은 물밀듯이 밀려들어 오는 환자들을 '죽을 만큼 아픈' 부류와 '그래도 아직 조금은 더 기다릴 수 있는' 부류로 나눠야만 하는 입장이다. 만약 그들이 일차적으로 모든 환자들을 대상으로 하여

(진단 컴퓨터처럼) 광범위한 데이터를 수집한다면, 아마도 환자의 절반은 치료가 시작되기도 전에 사망하고 말 것이다. 훌륭한 의사들은 휴리스틱에 입각해 이런 상황에 대응한다. 그들은 환자들에게 몇 가지 질문을 던지면서 신속하게 가장 중요한 데이터를 수집한다. 그들은 목소리와 호흡의 울림을 듣고 피부 색을 관찰하고 환자의 자세를 확인한다. 이렇게 해서 그들은 전체적인 인상을 종합한 다음 결정을 내린다.

그러나 바로 이런 경험이 의사들에게(그리고 환자들에게) 치명적인 재앙이 될 수도 있다. 독감이 유행하고 있는 시기에 (60대 초반의) 여성 환자가 의사를 찾아가면 의사는 그녀가 독감에 감염되었다고 진단하기 십상이다. 사실은 아스피린 과다 복용으로 약물중독에 시달리고 있는 것인데도 말이다(독감에 걸릴까 두려운 마음에 아스피린을 지나치게 많이 복용한 것이 문제였다). 또 다른 의사는 구릿빛 피부에 운동으로 다져진 몸매를 자랑하는 40대 중반의 남성 환자가 가슴 통증을 호소하며 찾아오자 ("아마도 근육이 과도하게 늘어났을 것"이라고 하면서) 통증이 남아 있는 상태로 그를 집으로 돌려보냈다. 다음날 그 남자는 심근경색으로 병원에 실려 왔고, 다행히도 살아남았다. 이 두 가지 경우는 실제로 병원에서 일어났던 일로, 가용성 휴리스틱과 대표성 휴리스틱representative heuristic에 따른 오류를 보여 주는 전형적인 사례다. 첫 번째 경우에서 의사는 대부분의 환자들이 독감에 시달리고 있었기 때문에 쉽게 독감으로 진단을 내려 버렸다. 두 번째 경우에서는 인생의 전성기를 누리고 있는, 운동으로 다져진 건강한 남성이라는 환자의 첫인상이 실제로 그가 걸린 질병과 전혀 맞아떨어지지 않았다.

이런 종류의 오진 비율이 얼마나 높은지는 아무도 모른다. 20세기에 작성된 오래된 통계자료들에 따르면 그 비율은 대략 15퍼센트 정도다. 그러나 심리학자 팻 크로스커리Pat Croskerry가 위의 사례들을 근거로 하여 계산해 낸 비율은 그보다 훨씬 더 높다. 의사이기도 한 크로스커리는 오래전부터 의사들의 사고방식을 연구해 왔다. 그의 연구에 따르면, 의사들은 대부분 환자를 만난 지 채 몇 분도 지나지 않아 두세 가지 진단명으로 선택의 폭을 좁히는 것으로 나타났다.

일단 우리의 직관이 첫 번째 선택을 하고 나면, 이 선택을 취소하기가 매우 어려워진다. 우리 자신의 생각을 반박할 반대 증거를 찾는 일이 어렵다는 것 또한 전형적인 사고의 함정에 해당한다. 이것은 명료한 사고를 저해하는 결정적인 취약점으로 작용한다. 이런 경우 오류를 발견하고, 그것을 교훈으로 삼아 가르침을 얻기가 힘들어지기 때문이다. 이에 대해 과학철학자 카를 포퍼Karl Popper는 유명한 사례를 들었다. 모든 백조가 흰색이라고 생각하고 있으면, 흰 백조를 볼 때마다 이 이론이 재차 입증되는 것을 확인하게 된다. 그러나 1,000마리의 백조가 있더라도 그것은 사실을 입증하는 증거로서는 아무 가치가 없다. 모든 백조가 흰색이라는 사실을 정말로 확인하고자 한다면 이 이론을 반박할 흑조를 찾아야만 한다.

그러나 문제는 우리에게 반박을 할 의지가 없다는 것이다. 반박할 근거를 찾기는커녕 오히려 우리가 옳다는 사실을 증명해 줄 근거를 찾아 헤맨다.

이와 관련해 우리가 어떤 방식으로 오류를 범하게 되는지를 보여 주는 한 가지 사고 과제를 제시해 보겠다.

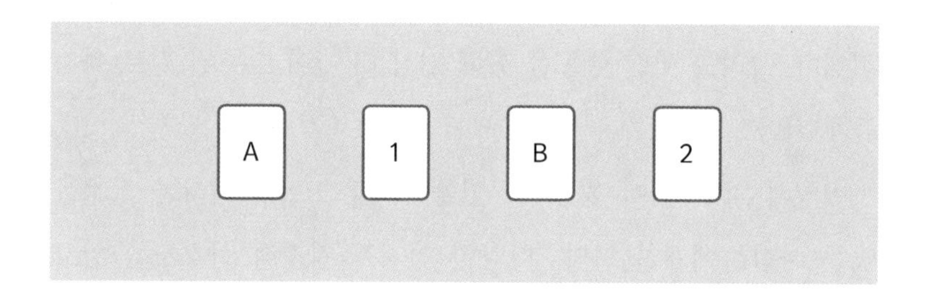

- 숫자와 알파벳이 적혀 있는 네 장의 카드가 탁자 위에 놓여 있다.
- 'A'가 적혀 있는 모든 카드의 뒷면에는 숫자 '1'이 적혀 있다.
- 이것이 사실인지 알아보려면 어떤 카드를 뒤집어야 할까?

당연히 우리는 카드 'A'로 손을 뻗는다. 그리고 이것은 정답이기도 하다. 이어서 우리는 본능적으로 카드 '1'로 손을 뻗는데, 이것은 잘못된 행동이다. 우리가 이렇게 하는 것은 또 다른 증거를 찾으려는 마음에서다. 그러나 이 이론이 옳다는 것을 입증하는 데 결정적으로 중요한 역할을 하는 것은 카드 '2'다. 만약 이 카드의 뒷면에 'A'가 적혀 있다면, 이론은 반박당하게 된다.

그러나 우리는 우리가 현실의 한 부분으로 받아들인 무언가를 반박하는 것을 싫어한다. 그것도 아주 지독히 싫어한다. 그리하여 우리는 뇌 사진이 보여주듯이, 우리의 이론을 반박하는 정보를 뇌 속에서 '오류!'로 표시하고 축출해 버린다. 우리는 그런 정보를 받아들이는 대신 우리의 믿음을 뒷받침해 줄 증거를 찾아 헤맨다. 그리고 이런 행동을 통해 점점 더 깊이 그릇된 길로 빠져들게 된다.

어떻게 하면 이에 맞설 수 있을까? 팻 크로스커리는 결정을 앞둔 사람들에게 본인의 "다양한 인지적·감정적 선호도를 알고 있어야" 한다고 충고한다. 그는 훌륭한 의사는 직관적이고 분석적인 과정을 그때그때의 상황에 적절하게 적용할 줄 안다고 말한다. 그러나 무엇보다도 중요한 것은 비판적으로 사고하는 법을 훈련하여 오류를 제때 인식하고 실수의 원천을 확인하는 것이라고 한다. 이 말은 곧 시스템 2, 즉 명료하게 사고하는 합리적인 자아를 항상 경계 모드로 유지하는 것을 의미한다. 그러나 응급실 의사들은 이렇게 하기가 특히 어렵다. 하루 중에 내려야 하는 결정이 많으면 많을수록 우리의 판단력과 더불어 불쾌한 결정을 내리는 능력이 점점 더 약해지기 때문이다. 최근의 연구가 보여 주고 있듯이, 여기에서도 우리는 딜레마에 봉착하게 된다. 비록 우리 자신은 느끼지 못하지만, 스트레스 때문에 올바른 결정을 내리는 능력이 크게 떨어지기 때문이다. 이때 문제의 핵심은 우리 자신의 의지력이 점점 더 줄어든다는 데 있다.

마시멜로 테스트

의지력 연구의 역사는 간단한 실험 한 편과 함께 시작되었다. '트리니다드에 살고 있는 흑인 토박이들은 향락을 추구하는 성향이 강한 반면, 인도에서 이주해 온 사람들은 탐욕적인 성향이 강하다?' 1955년 카리브 해에 있는 이 섬으로 여행을 떠난 성격심리학자 월터 미셸Walter Mischel은 두 인종이 대략적인 고정관념을 통해 서로를 특징짓고 있다는 사실을 확인했다. 훗날 미셸은 〈뉴요커The New Yorker〉지에서 다음과 같이 밝혔다. "동인도 사람들은 아프리카 사람들을 바라볼 때 오직 순간을 위해서 살 뿐 결코 미래를 계획하지 않는 충동적인 향락주의자들로 간주했다. 아프리카 사람들은 또 그들 나름대로 인도 사람들이 인생을 제대로 이해하지 못하고, 돈을 매트리스 안에다 처박아 놓기만 한다며 비판의 목소리를 높였다." 미셸은 이런 선입견이 일리가 있는 것인지, 만약 그렇다면 그것이 사람들의 삶에 어떤 영향을 미치는지 알아내고 싶었다.

1938년에 부모님과 함께 미국 브루클린으로 도피해 온 오스트리아 출신의 유대인 미셸은 고정관념의 근원을 규명하고자 했다. 그는 두 인종 어린이들을 각각 선택의 기로에 세웠다. 지금 즉시 작은 초콜릿 조각을 얻든지 아니면 잠시 기다렸다가 더 큰 조각을 얻든지, 둘 중 하나를 선택하게 한 것이다. 결과는 복합적이었다. 인종적인 차이는 거의 찾아볼 수 없었다. 그 대신 아버지 없이 자란 아이들일수록 초콜릿 받기를 뒤로 미루는 경향이 낮았다. 그것은 더 많은 초콜릿을 주겠다는 실험 책임자의 약속을 그들이 무조건 신뢰하지 못했기 때문이기도 했다.

미국으로 돌아온 미셸은 스탠퍼드 대학에서 학생들을 가르쳤는데, 때마침 그 대학은 대학 부설 유치원을 마련해 둔 참이었다. 유치원에는 한쪽 면이 거울로 만들어진 관찰 공간이 있었다. 그 거울은 미셸에게 실험의 영감을 제공했다. 그는 아이들을 하나씩 따로 그 방으로 불러 접시가 놓인 탁자 앞에 앉혔다. 접시에는 마시멜로가 놓여 있었다. 미셸은 아이들에게 자신이 지금 방을 나갈 것이며, 그들이 종을 울리면 다시 돌아오겠다고 했다. 그리고 자신이 돌아오면 마시멜로를 먹어도 좋다고 말했다. 그러나 종을 울리지 않고 계속 기다리면, 마지막에 자신이 다시 방으로 돌아와 마시멜로를 하나 더 주겠다고 말했다.

그는 그렇게 말하고는 아이들을 혼자 방에 두고 나왔다.

유튜브에 등록된 재미난 비디오들을 보면, 요즘 아이들이 그런 상황에 어떻게 대응하는지 관찰할 수 있다. 기다리는 시간을 견뎌 내기 위해서 어떤 아이들은 누가 봐도 확연하게 자기 자신과 싸움을 벌이는가 하면, 어떤 아이들은 냉정하고 침착하게 행동한다. 또 어떤 아이들은 마시멜로 조각을 아주 조금 떼어먹기도 한다. 개중에는 조금도 주저하지 않고 달콤한 마시멜로를 입속으로 밀어 넣는 아이들도 있다. 언제 받을지 모르는 두 번째 마시멜로를 기다리기보다는 곧장 먹을 수 있는 마시멜로 하나가 더 좋은 것이다.

미셸은 몇 년 동안 유치원생들을 대상으로 거듭 실험을 했다. 욕망의 대상은 조금씩 바뀌었지만(소금과자, 초콜릿 사탕 등), 그의 실험은 마시멜로 테스트로 널리 알려졌다.

미셸의 세 딸도 대학 부설 유치원에 다녔다. 세월이 흘러 미셸은 저녁을 먹으면서 지나가는 말로 딸들에게 유치원 친구들이 어떻게 지내고 있는지 물어보았다. 그 결과 어린 시절에 두 번째 마시멜로를 기다릴 줄 알았던 아이들과 즉시 마시멜로에 손을 뻗었던 아이들 사이에 명백한 차이가 존재한다는 사실을 확인했다.

1980년대 초에 이르러, 그사이에 10대로 성장한 아이들을 다시 연구실로 부른 미셸은 다음과 같은 사실을 확인했다. 보상을 뒤로 연기할 줄 아는 능력과 아이들의 학교 성적 사이에는 놀랍도록 명백한 상관관계가 있었다. 보상을 뒤로 미룰 줄 알았던 아이들은 학교 성적이 확연하게 우수했다. 현재 '마시멜로 아이들'은 모두 마흔 살이 넘었다. 최근 연구에서 밝혀진 바에 따르면, 실험실에서 테스트를 한 결과 절도 있게 행동한 아이들은 지금까지도 자기통제 능력이 더 뛰어나고, 직업적으로도 더 성공적이고, 스트레스 저항력도 더 뛰어나며, 자의식도 더 강한 것으로 나타났다.

미셸은 반쯤은 호기심에서, 그리고 반쯤은 우연의 도움으로 제 기능을 발휘하는 몇 안 되는 성격 테스트 중 한 가지를 발견했다.

미셸은 아이들이 얼마나 큰 차이를 보이는지 설명하기 위해 한 가지 모델을 고안했다. '뜨거운hot' 시스템과 '차가운cold' 시스템으로 구분되는 그 모델은 대니얼 카너먼의 시스템 1, 시스템 2와 얼마간 겹친다. 차가운 시스템은 계산적이고, 합리적이고, 침착한 반면 뜨거운 시스템은 충동적이고, 감정적으로 반응한다. 즉시 마시멜로에 손을 뻗친 아이들은 명백하게 뜨거운 시스템이 차가운 시스템을 압도했던 경우다.

미셸의 실험 결과에 따르면, 자기통제는 인생에서 가장 중요한 성공 요인 가운데 하나다. 그것은 32년에 걸쳐 1,000명을 대상으로 추적 연구를 실시한 뉴질랜드의 연구에서도 입증된 사실이다. 그 연구의 결과는 다음과 같다. 자기통제 경향이 약한 사람들은 수입이 상대적으로 적고, 저축한 돈도 더 적었으며, 알코올과 마약 문제로 씨름하는 경우가 많고, 혼자 사는 경우가 더 많고, 법과 마찰을 빚는 경우가 네 배나 더 많았다.

지난 세월 심리학은 자기통제 문제에 중점적으로 매달려 왔다. 우리 성인들의 내면에서도 뜨거움과 차가움이 항상 서로 다툼을 벌이고 있다. 아마도 마시멜로 때문에 그렇게 하지는 않겠지만, 지금 당장 기분 좋게 와인을 한 잔 즐길 것인지 아니면 계속 일을 할 것인지, 계속 과제에 매달릴 것인지 아니면 페이스북에서 재빨리 친구들을 찾아볼 것인지, 다이어트를 계속할 것인지 아니면 중단할 것인지 등의 문제에서는 그러할 것이다.

이런 과제를 처리하는 데 결정적으로 중요한 요소는 바로 우리의 의지력이다. 장기간에 걸친 연구들이 보여 주고 있듯이, 기본적인 의지력 비축량은 천성적으로 개개인마다 다르게 분포되어 있지만, 그럼에도 불구하고 그것을 의식적·경제적으로 다루는 것은 충분히 그럴 만한 가치가 있는 일이다.

과거에 이루어진 매혹적인 연구들에서 알 수 있듯이, 의지력은 다른 무엇보다도 근육에 비교할 수 있다. 근육을 단련하면 더욱더 강해지지만, 지나치게 혹사하면 무기력해져 버린다. 그렇게 되면 차가운 시스템이 주도권을 잃고, 뜨거운 시스템이 통제권을 넘겨받는다. 그 결과 우리는 비합리적인 결정을 내리기 시작한다. 심리학은 이런 상태를 가리켜 '자아 고갈Ego-depletion'이라는 극단적인 개념으로 정의한다. 그리고 이것은 치명적인 결과를 초래한다.

의지력은 고갈되고

세 남성이 각기 다른 날짜에 이스라엘 가석방심의위원회 자리에 섰다. 한 남성은 이스라엘 사람이었고, 둘은 아랍인이었다. 세 사람 모두 형기의 3분의 2를 복역한 상태였다. 그들은 집행유예로 풀려날 수 있지만, 단 한 사람만이 석방되었다. 왜 그랬을까?

이스라엘 벤구리온 대학과 미국 스탠퍼드 대학 연구진이 공동으로 1,100건이 넘는 가석방심의위원회 결정을 상세하게 검토했다. 이때 그들은 모든 가능성을 고려했다. 범죄의 심각성이 가석방 결정에서 모종의 역할을 차지하는가? 형량과 나이, 거주지 혹은 인종적 요소가 어떤 역할을 수행하는가? 결과는 어이가 없었다. 유대인인지 아랍인인지, 아니면 팔레스타인 사람인지는 결정적 요인이 아니었다. 결정적인 요인은 가석방 결정을 내리는 시기가 아침인지 점심인지, 아니면 저녁인지였다. 아침에 위원회에 출두한 수감자의 70퍼센트가 석방되었다. 그러나 저녁에 출두한 수감자들은 고작 10퍼센트만 석방되었다.

사회심리학자 로이 F. 바우마이스터Roy F. Baumeister는 저녁 가석방 비율이 그처럼 낮은 이유는 아마도 가석방위원회에 소속된 위원들—판사, 사회봉사요원, 범죄학자 각 한 명—의 의지력이 모두 소진되어 버렸기 때문일 것으로 추측한다. 그리고 그것이 '결정 고갈'로 귀결되었을 것이라고 주장한다. 모든 결정에는 정신적 에너지가 필요한데, 이런 에너지 원천이 고갈될 위기에 놓이면 우리는 좀 더 쉬운 대안을 선택하게 된다. 가석방위원들에게 좀 더 쉬운 대안이란 바로 가석방을 거부하는 것이다. 그럼 위험을 감수하지 않아도 되기 때문이다. 그리고 수감자들은 다시 감방으로 돌아가게 된다.

바우마이스터는 일련의 실험을 통해 의지력 고갈을 연구했다. 그의 실험 대상자들은 예컨대 눈물샘을 자극하는 영화를 보면서 감정을 내색하지 않으려고 노력해야 한다거나 갓 구운 크래커를 거부해야만 했다. 사실 두 가지 모두 비교적 쉽게 해낼 수 있는 일이다. 그러나 실험 대상자들은 그에 이어서 자제력을 요구하는 또 다른 과제들—악력 단련 기구 누르기나 기하학적 퍼즐 맞추기—을 수행해야 했다. 이런 상황에서 그들은 대조군보다 저조한 성적을 기록했다.

이보다 한층 더 놀라운 사실은 이런 효과가 단지 자제력을 요하는 과제에서만 나타나는 것이 아니며, 지극히 일상적인 결정 역시 우리의 의지력을 갉아먹는다는 점이다. 바우마이스터는 간단한 선택 과제를 연달아 제시하면서 실험 대상자들을 몰아댔다. 이 실험에서 그들은 각각 두 가지 물건—연필 아니면 초, 초 아니면 티셔츠—중 어느 하나를 선택해야 했다. 마지막으로 그들은 얼음물에 손을 담가야 했는데, 이는 고전적인 자기통제 실험이다. 머리는 '견뎌 내!'라고 말하고, 감정은 '기분 나쁠 정도로 손이 차가워!'라고 말한다. 얼음물에 손을 담그기 전에 일련의 선택 과제를 통해 시달림을 당한 사람들은 고작해야 28초밖에 견디지 못했다. 반면 대조군은 67초를 버텼다.

얼마 전까지만 하더라도 '의지력'은 정숙하고 청교도적인 19세기에 탄생한 개념으로 여겨졌다. 그러나 그사이에 미국심리학회APA, American Psychological Association가 의지력에 대한 입문서를 새로 발행했다.

독일에서는 아직 의지력과 관련된 심리학적 개념이 널리 알려지지 않았다. 그러나 정작 자동차 구매자들의 예를 바탕으로 결정 고갈이 어떤 작용을 하는지를 보여 준 것은 독일 연구자들이었다. 새로운 자동차를 선택할 때 기나긴 선택 과정 내내 구매자들에게 복잡한 질문—색깔, 색조, 금속성 따위에 대한 질문—을 쏟아부으면, 마지막에 가서 그들은 진짜 제대로 된 결정을 내릴 힘을 잃어버린다. 그리하여 그들은 판매자가 추천하는 것을 순순히 받아들인다. 그 결과 평균 1,500유로를 더 지출하게 된다.

뇌 연구자들도 이 주제를 다룬 뒤 다음과 같은 사실을 확인했다. 우리의 의지력이 줄어들면 우리의 생각도 바뀐다. 측좌핵Nucleus accumbens의 활동이 증가하고, 편도의 활동이 감소한다. 뇌 연구자들의 추정에 따르면, 구체적으로 이것은 보상중추를 활성화하고 자기통제를 폐쇄한다는 것을 의미한다. 이때 일반적인 육체적 피로는 아무런 역할도 하지 않는다. 24시간 동안 잠을 자지 않은 실험 대상자들이 충분한 휴식을 취한 사람들보다 결코 성적이 떨어지지 않았다. 그사이에 결정의 어려움을 유발하는 요인을 설명하는 이론이 제시되기도 했다. 뇌 속의 당분 결핍이 바로 그것이다. 그런데 설탕으로 단 맛을 낸 레모네이드로는 당분 결핍을 해소할 수 있지만, 인공감미료로 단맛을 낸 레모네이드로는 그럴 수가 없다.

사회심리학자 로이 바우마이스터는 광범위한 사회적 결과물의 원인을 의지력 고갈에서 찾는다. 우리는 최대한의 개인적 자유를 인생의 목표로 삼는다. 그러나 그러려면 엄청나게 많은 결정을 내려야만 한다. 스마트폰 하나만 하더라도 우리를 늘 선택의 기로에 세운다. 인터넷 검색과 메일 검색, 페이스북에 올라온 글을 읽는 것 가운데 어떤 것을 할 것인지 선택하게 하는 것이다. 다른 곳에서 더 절박하게 필요로 하는 에너지를 이런 일을 하느라 소모해 버린다면 어떻게 될까? 아침을 먹을 때부터 이미 네 가지 시리얼 가운데 하나를 선택하느라 에너지를 소모해 버린다면, 그리하여 일과 중에 오류를 범하게 된다면 어떻게 될 것인가?

다이어트를 하는 사람들에게 의지력 고갈 문제는 전형적인 진퇴양난의 상황을 연출한다. 다이어트를 계속하고자 하는 사람들에게는 지속적인 자기통제가 필요하다. 음식 섭취의 유혹에 계속

해서 저항을 해야만 하기 때문이다. 그것은 결과적으로 뇌 속에 비축된 당분을 갉아먹는 작용을 한다. 그런데 당분 비축량이 줄어들면 의지력도 함께 낮아진다. 이와 동시에 '뜨거운' 시스템이 통제권을 넘겨받을 위험성이 커진다. 너무나 모순적으로 들리겠지만, 다이어트를 지속하고자 하는 사람이라면 뇌에 당분을 공급하기 위해 반드시 음식물을 충분히 섭취해야만 한다.

가난에 허덕이는 사람들은 의지력 고갈이 만들어 낸 함정에 쉽게 걸려든다. 인도의 한 실험에서는 비누를 살 것인지 말 것인지를 결정해야 하는 상황에 내몰린 사람들이 결정 고갈의 명백한 징후를 드러냈다. 물건을 구매할 때 돈이 충분한지를 늘 계산해야만 하는 사람들은 결국 슈퍼마켓이 던지는 갖가지 유혹에 저항할 힘을 충분히 갖추지 못하게 된다. 그 결과 필요하지 않거나 본인의 능력으로는 감당할 수 없는 물건을 구매하게 된다.

결정을 최소화해야 하는 이유

왜 우리는 실수를 저지르는가? 무엇보다도 우리가 실수의 원천을 제대로 알지 못하기 때문이다. 빈번하게 모습을 드러내는 사고의 함정과 정신적 축약 성향을 알고 있는 사람은 인간의 직관이 단순히 경험에만 기대지 않고 인간의 진화 단계에도 근거를 두고 있다는 것을 알고 있다. 우리 인간은 순간적으로 머릿속에 떠오르는 것을 선호하고, 납득할 수 있는 명백한 것과 그럴싸한 것을 쉽게 혼동한다. 이런 사실을 알고 있으면 오류에 빠져드는 것을 자체적으로 방지할 수 있다. 우리는 휴리스틱과 의지력에 관한 지식에서 다음과 같은 교훈을 얻을 수 있다. 본인의 하루 일과를 체계화하면 자의적인 결정을 줄일 수 있고 자제력을 좀 더 오랫동안 유지할 수 있다. 중대한 결정을 앞둔 사람이라면 우리 인간이 복잡한 시스템과 대면했을 때 간단한 결론으로 치우치는 경향이 있다는 것을 반드시 인지하고 있어야 한다.

3장

완벽주의가 병적인 상태로 치달을 때

생산적 혹은 파괴적

"선은 최선의 적이다!" 프랑스 철학자 볼테르가 남긴 이 말은 어느새 업적 사회의 신조가 되어 버렸다. 과연 그럴까? 완벽을 향한 노력은 인류에게 바흐의 푸가 음악과 애플의 아이폰 소프트웨어 iOS를 선사했다. 그러나 이 두 가지 모두 본연의 목적을 이루지는 못했다. 전자는 오랫동안 '수학'이라고 조롱당하면서(일간 〈디차이트Die Zeit〉는 최근에 그의 음악을 "피아노 위의 수학 퍼즐"이라고 기술했다) 생전에 바흐에게 경제적 실패를 안겨 주었다. 후자는 수십억 달러의 돈을 벌어들였지만 여전히 결함투성이다. 완벽을 향한 추구는 인간들에게 강력한 추진력이 되어 줄 수도 있지만, 다른 한편으로는 인간들을 파괴해 버릴 수도 있다. 완벽주의가 생산적인 영향을 미치느냐 아니면 파괴적인 영향을 미치느냐는 무엇보다도 우리가 완벽주의의 반대, 즉 실수를 어떻게 다루느냐에 달려 있다.

제리 사인펠트Jerry Seinfeld와 베르나르 루아조Bernard Loiseau는 아마 단 한 번도 서로를 만난 적이 없을 것이다. 하지만 두 사람은 각자의 성공에 필수적인 요인으로 작용했던 한 가지 성격상의 특징을 공유하고 있다. 두 사람 모두 완벽을 추구한다. 그러나 그들이 완벽을 추구하는 방법과 방식은 전혀 다르다. 언뜻 보기에 그들에게 중요한 것은 오직 완벽한 위트, 완벽한 저녁 식사밖에 없을 것 같지만, 실제로 그들에게 그것은 생사가 달린 중요한 일이었다. 그리고 둘 중 한 사람만이 행복한 결말을 맞이했다.

자신의 이름을 딴 TV 시리즈에 등장하는 코미디언 제리 사인펠트에게, 분주하게 오가는 한 사람의 배우만 보이는 것은 아니다. 그의 조롱 섞인 미소와 느긋한 행동거지, 무엇보다 그가 구사하는 경멸조의 익살과 작은 간계는 중요한 것도 없고 엄숙함도 모르는 한 인간을 연상시킨다. 그 TV 시리즈는 뉴욕에 거주하는 독신 남녀 네 사람의 삶과 불행을 중심으로 전개된다. 네 사람은 거의 언제나 같은 이유로 사랑에 실패하고 마는데, 종잡을 수 없는 그들의 성격은 대도시 삶의 광기와 고독을 반영하고 있다. 네 배우는 대부분의 시간을 아파트와 커피숍에서 보내는데, 그곳에서 그들은 삶 그 자체와 그들 자신의 결점을 분석한다. 1990년대에 이 시리즈는 미국의 언론 매체에서 허무주의적이고, 자아도취적이고, 진부하고, 기존의 가치를 부인하는 레이건 시대의 연장선으로 비판받았다. 한 비평가는 경멸조로 코를 찡그리면서 이 시리즈에는 "아무 내용도 없다"고 말했다.

그러나 누가 뭐래도 '사인펠트'는 그 무언가를 가지고 있었다. 그 시리즈물은 정말로 웃겼다. 9부작으로 이루어진 180편의 에피소드는 처음 방영된 지 20년이 지난 뒤에도 끝없이 되풀이하여 전파를 타고 있을 정도로 재미있다. 그 시리즈는 어마어마한 부를 안겨 주었다. 사인펠트는 방대한 종류의 포르셰를 가지고 있고(그의 말로는 '수십 대'에 이른다고 한다), 〈포브스Forbes〉는 그의 재산을 8억 달러로 추정했다. 그것은 일개 유머 작가로서는 상상할 수 없을 정도로 많은 금액이며, 이자 수익만으로도 얼마나 풍족하게 살아갈 수 있을지 계산조차 하지 못할 정도로 어마어마한 금액이다(이자율을 5퍼센트로 적용했을 때 날마다 10만 9,589달러의 이자가 발생한다). 사실상 사인펠트는 이미 오래전부터 더는 일을 할 필요가 없었다. 만약 하려고만 든다면 또다시 수백만 달러짜리 계약서를 쓰고 함께 일할 TV 채널을 충분히 찾고도 남았을 것이다.

그러나 사인펠트는 여러 해 전부터 곧잘 예고 없이 미국 전역을 돌면서 연극 무대에 희극배우로 출연하고 있다. 그것은 그의 직업이 제시하는 가장 혹독한 시험대다. 연극 무대에 오르는 희극배우들은 안전망과 이중 바닥, 그리고 별로 재미없는 농담을 삭제해 버릴 수 있는 TV 편집 작업이 배제된 상태로 작업을 한다. 사인펠트 본인은 라이브 무대 출연을 가리켜 "눈에 눈가리개를 하고 입에는 담배를 문 채로 벽에 기대 서 있는 상태에서 어느 때고 총알이 너를 향해 발사될 수 있는 순간"으로 묘사했다.

더는 사람들을 제대로 못 웃길 수도 있다는 위험을 늘 감수하면서 홀을 가득 메운 사람들에게 즐거움을 선사하기 위해, 매주 두 번씩 홀로 무대에 올라 익살을 부리는 백만장자는 그리 흔치 않다. 사인펠트는 왜 이런 수고를 마다하지 않는 것일까?

좀 더 나아지기 위해서다. 사인펠트는 언제나 완벽한 위트를 추구한다. 그리고 그것은 결코 진부하고 뻔한 모험이 아니다. 어쨌거나 사인펠트에게는 그렇다.

사인펠트는 〈뉴욕타임스〉 기자에게 자신에게 중요한 것은 자신의 위트를 듣고 웃어 줄 한 사람이 아니라, 그것을 이해하고 제대로 웃을 사람이라고 말했다. 그는 마치 지각판의 움직임을 분석하는 캘리포니아 대학의 지질학자처럼 홀에서 터져 나오는 웃음소리를 분석한다. 분위기가 어디로 흘러가고 있는가? 청중들이 여전히 내 익살에 집중하고 있는가, 아니면 그저 예의상 웃고 있는 것인가? 혹시 내가 칼자루를 놓쳐버렸는가? 그뿐 아니라 사인펠트는 웃음을 터뜨리는 사람들이 모두 다 똑같아서는 안 된다고 요구한다. 쇼가 진행되는 동안 모든 관객은 농구팀 선수들처럼 제각각 특정한 과제를 부여받는다. 어떤 선수는 직접 공격에 나서고, 어떤 선수는 빠른 스피드를 활용하고, 또 어떤 선수는 전략적으로 영리하게 행동한다. "모든 선수들이 훌륭하게 자신의 역할을 해낼 때, 우리는 승리를 거둘 수 있다."

이따금 사인펠트는 익살맞은 촌극 한 편을 완성하기 위해 몇 년에 걸쳐 작업을 하기도 한다. 그는 자신의 아이디어를 메모장에 직접 적은 다음 그것을 계속 수정하며, 섬세하게 가다듬는다. 그는 비속어와 욕설을 사용하지 않는다(그에게는 그런 말들이 유발하는 웃음이 지나치게 천박한 싸구려처럼 느껴진다). 그리고 유행에도 신경을 쓰지 않는다. 그는 반쯤 농담조로 말한다. "나는 옛 가치를 대변하는 사람이다."

사인펠트는 자신이 만든 익살극의 핵심을 설명하려 하면서 그의 고풍스런 포르셰 문이 닫힐 때 나는 소리를 예로 든다. 쾅! 그 소리는 정밀함과 완벽함을 대변한다. 동료들은 사인펠트를 '극도로 정교한 수공업자'라고 부른다. 바로 여기에서 시대를 초월하는 아이디어가 생성된다. 이를테면 처음 연애를 시작할 때 남성들은 빵빵하게 부풀어 오른 헬륨 풍선처럼 계속해서 위로 올라가려고 한다. 여성들은 그런 남성들을 놓치지 않기 위해 그들을 꽉 붙들어 두어야만 한다. 그러나 시간이 지나면 풍선은 힘을 잃고 결국 잔뜩 쪼그라든 채 구석에 처박힌다. 이때 풍선은 혼자서는 도저히 땅에서 솟아오를 수 없을 정도로 쇠약해져 있다. 이것을 과연 코미디라고 해야 할까, 아니면 시라고 해야 할까?

사인펠트는 〈뉴욕타임스〉 기자에게 평생 '우울증으로 빠져드는 기분'을 느끼면서 살아왔다고 고백했다. 그런데 결정적으로 중요한 사실은 그가 자신의 무대 작업을 결코 정신적·예술적 작업으로 간주하지 않는다는 점이다. "내가 중요하게 생각하는 것은 깊은 감정적 공허함을 채우는 것이 아니다." 그는 자기 자신을 스포츠 선수, 예컨대 손가락 끝에 공을 올려놓고 돌리는 농구 선수에 비유하기를 좋아한다. "나는 여기에서 어려운 경기를 펼치고 있다. 만약 당신이 어려운 경기를 훌륭하게 장악하고 있는 사람을 보고 싶다면 나를 찾아오면 된다."

스타 셰프의 죽음

스타 요리사 베르나르 루아조에게 추진력을 제공한 것도 완벽에 대한 욕구였다. 그러나 그는 자신이 출전한 경기에서 인정사정 보지 않고 강경한 자세로 일관해야 했다.

루아조는 자수성가한 사람이다. 그는 열다섯 살이 되던 해에 주방 보조원으로 트로와그로 형제의 레스토랑에서 일을 하기 시작했다. 피에르 트로와그로Pierre Troisgros와 장 트로와그로Jean Troisgros는 제2차 세계대전 후에 폴 보퀴즈Paul Bocuse와 함께 누벨 퀴진Nouvelle Cusine을 탄생시킨 인물들이다. 거칠 것이 없었던 그 청년들은 전통 프랑스 요리의 중후함과 까다로움을 내던져 버렸다. 그들은 모든 재료를 버터에 볶아 생크림을 끼얹는 대신 그것들을 물에 삶고, 양을 줄이고, 조리 시간을 단축했다.

매우 흥미진진한 시절이었다. 그때까지만 해도 화덕 앞에 서 있는 직원에 불과했던 요리사들이 점차 자의식을 갖게 되었다. 그들은 주방을 떠나 손님들을 맞이했다. 스타가 되었고 자신만의 얼굴을 갖게 되었다. 그것은 해방을 의미하기도 했지만, 동시에 책임을 의미하기도 했다. 그들은 전통을 타파하는 혁명가들이었다. 그런데 그들이 내놓는 것 속에 정말로 뭔가 알맹이 같은 것이 있기나 했을까? 어느 순간 갑자기 요리사와 그들의 아이디어에 모든 것이 걸려 있는 상황이 펼쳐졌다.

쿠데타는 성공을 거뒀다. 〈미슐랭가이드Guide Michelin〉가 트로와그로 형제의 레스토랑에 별 세 개를 주자 레스토랑은 단번에 프랑스 상류층 인사들로 가득 찼다. 누벨 퀴진은 당당하게 스타로 등극했다. 그리고 주방 보조 루아조는 대담하고도 치명적인 결심을 하기에 이른다. "언젠가는 나도 별 세 개를 받고 말 것이다."

1974년에 수석 요리사가 된 그는 '라코트도르La Côte d'Or'를 인수했다. 그것은 프랑스 부르고뉴 지방에서도 오지에 있는 낡은 시골집이었다. 그는 경쟁자들과 차별화를 꾀하기 위해 다른 사람들보다 더 철저하게 새로운 요리법을 실행에 옮겼다. 그는 물을 재료로 소스를 만들었고, 계란 노른자와 생크림을 주방에서 추방했다. 그것은 모든 요리의 맛을 극도로 순수한 단계로 올려놓으려는 시도였다. 그는 자신의 요리를 '본질의 요리'라고 명명했는데, 악의적인 비평가들은 그것을 가리켜 '물 요리'라고 조롱했다. 루아조는 요리와 맛의 근원을 찾는 여정에 올랐고, 그것은 정신적인 성배를 찾는 과정과도 같았다. 그가 중요하게 여겼던 것은 굶주린 입을 재빠르게 만족시키는 것이 아니라, 모든 요리에서 그것만의 순수하고 고유한 맛을 끌어내는 것이었다.

〈미슐랭가이드〉 시식자들은 그의 대담한 도전을 치하했다. 1977년에 그는 첫 번째 미슐랭 별을 받았다. 이어서 1981년에 두 번째 별을, 그리고 1991년에 세 번째 별을 받았다. 유럽을 통틀어서 별 세 개를 받은 요리사는 고작해야 24명밖에 되지 않는다. 그로부터 4년 뒤 루아조는 프랑스 대통령 프랑수아 미테랑François Mitterrand에게 레종 도뇌르 훈장을 받았다. 보잘것없었던 주방 보조 소년이 뛰어난 프랑스 요리사들 가운데서도 단연 최고의 자리에 올라선 것이었다. 이제 루아조는 프랑스에서 가장 유명한 요리사가 되었다. 그의 레스토랑은 두 자릿수의 매출액 성장률을 기록했다. 그러나 그 이후 루아조는 서서히, 멈출 수 없이 깊은 우울증의 늪에 빠져들었다.

분명 수석 요리사들에게 끝없이 가해지는 고도의 압박이 한몫을 했을 것이다. 별을 받은 레스토랑의 주방은 세계에서 스트레스를 가장 많이 받는 일자리 가운데 하나로 손꼽힌다. 몇 달간의 예약이 미리 끝난 라코트도르에서, 25명의 직원들은 매일 저녁 가득찬 좌석 120개를 위해 서비스해야만 한다. 끔찍할 정도로 지독한 시간 압박을 받는 데다 실수는 거의 용납되지 않는다. 풀코스 메뉴에 수백 유로를 지불하는 고객들은 요리에 압도당하고 싶어 한다. 반면 음식 값은 비쌌지만 레스토랑 수익은 보잘것없다. 많은 직원이 필요해 눈이 핑핑 돌 정도로 고정비용이 올라가기 때문이다. 고객 한 사람이 라코트도르를 찾을 때마다 수석 요리사는 그 고객이 첫 번째 와인을 주문하기도 전에 이미 75달러의 비용을 지불해야 한다.

제리 사인펠트가 연극 무대를 총살 집행대 앞에 서 있는 것에 비유했다면, 별을 받은 레스토랑 주방은 첨탑 사이에 매달린 줄 위에서 곡예를 벌이는 것에 비유할 수 있다. 어떤 요리사를 막론하고 한 발만 삐끗하면 낭떠러지 아래로 떨어져 버린다.

스트레스가 루아조를 갉아먹기 시작했다. 그는 주방 직원들에게 거듭하여 "여러분은 최고야!"라고 외쳤지만, 의구심이 지속적으로 그를 괴롭혔다. 그는 〈뉴요커〉에서 음식 평론가로 활동하는 지인에게 반은 농담 삼아, 또 반은 걱정스럽게 이렇게 되묻곤 했다. "내가 최고야, 그렇지 않나?" 어떤 손님이 접시를 다 비우지 않을 때면 그는 즉시 당황하기 시작했다. 그럴 때면 레스토랑 매니저가 그를 붙잡고 음식은 전혀 흠잡을 데가 없었노라고, 그 손님은 그저 디저트를 먹기 위해 음식을 조금 남긴 것뿐이라고 확신을 주어야 했다. 그는 접시에 소스를 뿌릴 때 그 모양이 완벽하지 않으면 음식을 접시째로 쓰레기통에 던져 버렸다. 주변에서 쏟아지는 그 모든 인정과 〈미슐랭가이드〉의 별, 그리고 레종 도뇌르 훈장에도 불구하고 그는 전혀 확신을 얻지 못하는 듯했다. 실상은 오히려 그 반대였다. 루아조는 정상의 자리를 차지하기 위해 너무나도 치열하게 싸웠고, 그 결과 그 자리에서 추락하는 것을 어떤 것보다도 두려워했다.

그의 불안감이 근거가 전혀 없었던 것은 아니었다. 지속적인 혁신을 목표로 내세웠던 누벨 퀴진도 세월이 흐르면서 혁신보다 안정을 추구하며 자리를 잡았다. 거칠 것 없는 청년이었던 루아조 또한 본인만의 미덕을 지키는 사람이 되었다. 요식 업계에서는 이제 다른 사람들이 세간의 주목을 끌었다. 카탈루냐 출신의 페랑 아드리아Ferran Adrià가 주방을 화학 실험실로 바꿔 놓았다. 그는 채소로 거품을 만들고, 올리브유를 주사기에 담아 빵 속으로 주입하고, 속은 부드럽고 껍질은 딱딱한 작은 구슬 모양의 음식인 '토마토 구슬'을 만들었다. 이런 '분자 요리'는 '본질의 요리'가 추구하는 감각적인 감성과는 전혀 관계가 없다. 그것은 하이테크 제품이자 고도로 대중적인 제품이다. 아드리아의 레스토랑 엘 불리El Bulli에서 한 번 식사를 하려면 여러 시간이 소요되는데, 이때 35가지 이상의 코스 요리가 제공된다. 멜론 캐비어, 돼지고기 지방으로 만들어진 극도로 얇은 막에 담긴 조갯살 무스, 소금 용기 속에 들어 있는 향기 나는 인공 안개 등등.

루아조는 분자 요리를 거부했지만, 그의 불안감은 점점 더 커져만 갔다. 고객들은 라코트도르의 음식이 여전히 탁월하기는 하지만 더는 놀랍지 않다고 수군거리기 시작했다. 마침내 루아조가 세 번째 별을 박탈당할 수도 있다는 소문이 퍼져 나가기 시작했다. 미식 잡지 〈고미요Gault-Millau〉는 루아조의 레스토랑 점수를 (20점 만점에) 19점에서 17점으로 낮췄다. 2003년 2월 24일, 베르나르 루아조는 점심시간 동안 레스토랑에서 그의 주특기 가운데 하나이자 메뉴판에 267달러라는 가격이 적혀 있는 송로를 가미한 영계 요리를 조리했다. 그 후 그는 집으로 돌아가 엽총을 꺼내 입에 총을 물고 자살했다.

현재 그의 아내가 레스토랑을 경영하고 있는데, 오늘날까지도 별 세 개를 확고하게 유지하고 있다.

기능장애 완벽주의자

제리 사인펠트는 가지고 있지만, 베르나르 루아조는 갖지 못했던 것은 무엇일까? 두 사람 모두 완벽을 추구했고, 두 사람 모두 성공을 거뒀다. 그러나 살아남은 이는 한 사람뿐이다. 중요한 차이점은 외부의 압력이다. 사인펠트는 스스로 자신이 출연할 무대를 물색한다. 분명 힘든 일일 것이다. 하지만 근사한 시간을 가진 뒤에는 그런 피로감도 모두 사라진다. 반면 루아조는 극도의 스트레스에 시달리면서 저녁마다 밤늦도록 주방에 서 있었다.

결정적으로 중요한 요소는 바로 자아 인식이다. 루아조는 늘 쫓기는 듯한 느낌을 받았다. 그는 계속해서 최정상의 자리를 지켰지만, 영혼의 눈으로는 이미 자신이 추락하는 모습을 보았다. 그는 죽기 직전에 자신의 멘토인 폴 보퀴즈에게 다음과 같은 편지를 보냈다. "만약 세 번째 별을 잃는다면, 나는 죽어버릴 겁니다." 그는 아마도 패배를 감당하지 못했을 것이다.

즉흥 무대가 절반의 성공에 그치고 나면 모르긴 해도 사인펠트 역시 만족하지 못할 것이다. 그러나 그는 타이밍과 독창성이라는 측면에서 자신과 겨룰 수 있는 희극배우가 거의 없다는 사실을 잘 알고 있다. 맨해튼 무대에 출연한 뒤 분장실로 돌아온 그는 몇 가지 개그가 허탕을 쳤고, 아직 작업이 조금 더 필요하지만 그래도 아무렇지도 않다고 말했다. "여기서 한 것은 그저 연습에 불과합니다." 관객들은 그 무대가 완벽하지 않았다는 느낌을 전혀 받지 못했다. 자기 자신의 실수와 약점을(설령 그것이 본인의 생각에 불과하다고 하더라도) 대하는 이런 태도와 방식이 베르나르 루아조와 제리 사인펠트의 가장 중요한 차이점이다.

최고의 위트를 추구하느냐는 질문에 사인펠트는 머리를 가로저으면서 이렇게 말했다. "내게는 완벽한 위트가 몇 가지 있습니다. 다만 그것을 발전시키는 데 시간이 아주 오래 걸릴 뿐이지요."

심리학자들은 이 두 가지 성격을 '기능적' 완벽주의자와 '기능장애' 완벽주의자로 구분한다. 전자는 본인의 노력을 생산적으로 활용할 수 있는 반면, 후자는 스스로 제기한 요구에 언젠가는 좌절하고 만다. 기능장애 완벽주의자들을 위협하는 인생 최대의 위험은 바로 자기 자신에게서 비롯된다. 루아조도 결코 예외가 아니었다. 마흔다섯 살의 스타 외과 의사 알렉산더 리딩Alexander Reading은 영국에서 가장 성공한 외과 의사였다. 여러 차례 상을 받기도 했던 그는 인공 고관절 이식과 관련된 새로운 지식을 얻기 위해 연구를 이끌고 있었다. 그러나 2011년 6월, 수술한 건이 실패로 돌아가자 그는 집으로 돌아가 90만 유로짜리 대저택의 차고에서 목을 맸다. 다음 날 아침 부인이 숨진 그를 발견했다. 동료들 사이에서 그는 완벽주의자로 통했다. 그는 자기 자신의 실수를 도저히 참아 낼 수 없었다.

골키퍼 로베르트 엔케Robert Enke, 작가 어니스트 헤밍웨이Ernest Hemingway. 이들처럼 자기 자신이 제기한 요구에 좌절하여 감행하는 자살 사건은 직업과 생활 환경을 가리지 않고 광범위하게 일어난다. 실비아 플라스Sylvia Plath는 전후에 가장 큰 성공을 거둔 젊은 여성 작가다. 대학을 최우등으로 졸업한 그녀는 풀브라이트 장학금을 받아 영국으로 이주했다. 1962년과 1963년 사이의 겨울에 그녀는 창의력이 가장 왕성한 창작 시기를 경험하면서 큰 성공을 맛보았다. 그녀의 첫 번째 장편소설이 출판되었던 것이다. 매일 아침 어린 두 자녀가 잠에서 깨어나기 전인 새벽 4시부터 7시 사이에 그녀는 훗날 '아리엘Ariel'이라는 제목으로 출판되어 그녀를 세계적으로 유명한 작가로 만들어 준 시들을 써 내려갔다. 그러나 그녀는 그 같은 명성을 누리지는 못했다. 1963년 2월 11일, 그녀는 수면제를 먹고 가스 밸브를 열어 놓은 채 머리를 오븐 속에 밀어 넣었다. 두 아이는 옆방에서 잠을 자고 있었다.

얼마 전부터 완벽주의와 우울증, 자살 위험성 증가 사이에 밀접한 관계가 있다는 사실이 다양한 연구를 통해 증명되었다. 그럼에도 불구하고 작가 플라스와 헤밍웨이, 골키퍼 엔케, 외과의사 리딩, 스타 요리사 루아조는 다소 비전형적인 경우라고 할 수 있다. 대부분의 기능장애 완벽주의자는 결코 정상에 오르지 못한다. 20년이 넘도록 이 주제를 연구하고 있는 캐나다 심리학자 폴 휴잇은 "완벽주의자들이 슈퍼스타가 되는 것은 매우 드문 경우"라고 말했다. 휴잇은 전형적인 예로 특정한 과목에서 무조건 A⁺를 받아야 한다고 마음먹었던 대학생의 경우를 소개했다. 그 대학생은 열심히 공부해 목표를 이뤘지만, 그 후에 이전보다 더 의기소침해졌다. 그는 자신이 정말로 뛰어나다면 노력을 덜 해도 A⁺를 받을 수 있었을 것이라는 말로 그 이유를 설명했다. 이런 사고는 완벽주의자들에게는 전형적이다. 그들이 알고 있는 것은 오직 절대적인 진실뿐이다. 백 퍼센트 완벽하게 성공하지 못하면 백 퍼센트 실패한 것이나 다름없다. 그것은 궁극적으로 자기 파괴적인 생각이다. 왜냐하면 이런 생각은 안간힘을 쓰면서 노력하는 사람들에게 결코 마음의 평화를 허용하지 않을 뿐 아니라 상당히 주목할 만한 성공조차 결코 용인하지 않기 때문이다.

그것은 마치 네 번이나 오스카 상을 받았을 뿐 아니라 전 세계의 다른 모든 주요 영화상을 휩쓴 스타 감독이 40년에 걸친 작품 활동 끝에 이렇게 말하는 것과 같다. "누구도 내 영화를 기억하지 못하게 될 것이다. 비록 상을 몇 개 받기는 했지만, 내게 중요한 것은 그런 것이 아니다. 단 한 편이라도 정말로 훌륭한 영화를 만드는 것, 나는 수십 년간 작업을 했으면서도 그 일을 해내지 못했다." 우디 앨런Woody Allen은 이렇게 결론지었다.

부유한 가정의 아이들

완벽주의의 원인은 적어도 부분적으로는 유전적 요소에서 비롯한다. 쌍둥이 연구가 이런 의혹에 불을 지핀다. 일란성 쌍둥이들은 완벽주의에 관한 심리 테스트에서 매우 유사한 결과를 보인다. 거의 비슷한 교육을 받으면서 성장했지만 유전자가 동일하지는 않은 이란성 쌍둥이보다 훨씬 더 유사하다. 그럼에도 불구하고 심리학자들은 가정교육이 완벽주의적인 경향이 형성되는 데 결정적인 역할을 한다는 데 의견을 같이한다. 완벽주의 성향을 파악하기 위한 표준 설문지를 들여다보면 35문항 중 아홉 문항이 부모의 기대와 비판 성향을 묻는 질문이다. 이를테면 다음과 같다. "나는 부모님의 요구를 만족하게 해드렸다는 느낌을 단 한 번도 가져 본 적이 없다." "어릴 적에 내가 해야 할 일을 완벽하게 하지 못하면 벌을 받았다." "부모님은 단 한 번도 내 실수를 이해하려 하지 않았다."

폴 휴잇과 동료 고든 플렛Gordon Flett은 설문지를 이용해 대략 세 가지 유형의 완벽주의를 파악하고 다음과 같이 정의했다.

- 자기 중심적 완벽주의. 자기 자신에게 매우 높은 수준을 요구하고 본인의 실수나 무능함에 절망하는 사람들. 몇몇 연구자들은 식이장애(거식증, 식욕부진)와 이런 형태의 완벽주의 사이에 모종의 관계가 있다고 추정한다. 강박적인 음식 거부는 완벽을 향해 강박적으로 노력을 기울이는 패턴에 완전히 들어맞는다. 목표는 명확하지만, 그것을 손에 넣는 것은 불가능하다(늘 조금 부족하다).
- 타인 중심적 완벽주의. 배우자, 자녀, 동료, 혹은 일상생활을 하면서 만나는 사람들에게 극도로 높은 요구를 제시하는 사람들. 일반적으로 이런 사람들은 타인의 실수에 대한 인내심이 거의 없다. 추가로 주문한 베개가 방에 비치되어 있지 않다는 이유로 호텔 로비에서 일대 연극 장면을 연출하는 사람들이 바로 이런 사람들이다. 타인 중심적 완벽주의자들은 흔히 타인과 관계를 맺는 데 어려움을 겪는다. 누구도 그들을 만족시킬 수 없기 때문이다.
- 사회 중심적 완벽주의. 타인이 제시하는 극도로 높은 수준의 요구를 자신이 반드시 충족시켜 줘야 한다고 믿는 사람들. 이런 사람들은 실수를 범하지 않을 때에 한해서만 타인에게 받아들여지고 인정받을 수 있다고 생각한다. 그들은 특별히 미묘한 상황에 봉착해 있다. 완벽주의를 연구하는 고든 플렛은 다음과 같이 말했다. "그들은 무언가를 훌륭하게 해내면 해

냈수록 요구 수준이 더 높아지는 듯한 느낌을 받는다. 그런 감정은 결국 무기력감과 절망감으로 귀결된다."

이런 성향은 아주 어린 아이들에게서도 나타난다. 플렛은 네 살배기와 다섯 살배기 아이들 30명을 연구실로 데려와 간단한 질문("네가 완벽한 사람이면 어떤 생각이 들 것 같니?")을 통해 그들의 완벽주의 성향을 측정하려 했다. 이어서 그는 아이들에게 컴퓨터로 과제를 내주었다. 그러나 컴퓨터는 절대로 과제를 해결할 수 없도록 조작되어 있었다. 모든 아이들이 좌절했다. 그중에서도 특히 완벽주의 성향을 가진 아이들은 스트레스와 불안 징후를 훨씬 더 또렷하게 드러냈다.

특권층 가정이라고 해서 무조건 그런 불안감에 대한 보호막을 쳐주는 것은 아니다. 오히려 그 반대다. 뉴욕 컬럼비아 대학의 여류 심리학자 수니야 S. 루사Suniya S. Luthar는 오랫동안 빈곤 가정이나 부모가 정신 질환을 앓고 있는 가정에서 성장한 아이들을 연구했다. 몇 년 전에 그녀는 보호받는 안전한 거주 지역에 살고 있는 아이들, 즉 폭력 범죄와 결핍 상태를 그저 저녁 뉴스거리 정도로만 알고 있는 아이들에게로 관심을 돌렸다.

루사는 연구논문 〈부유한 가정의 아이들〉에서 빈곤 지역 출신 아이들을 '위험에 노출되어 있는' 아이들로, 또 안전한 거주 지역 출신의 아이들을 전반적으로 '위험에 덜 노출되어 있는' 아이들로 분류하는 행동을 경고했다. 실제로 부유한 가정의 아이들은 7학년에 접어들면서 이미 마약 소비와 관련해 위험한 징후를 나타냈는데, 심지어는 쇠락한 도심 지역에 거주하는 아이들보다 그 정도가 훨씬 더 심각했다. 한 가지 차이점이 있다면, 부유한 가정의 아이들은 마약 남용과 불안 및 우울증이 빈번하게 상관관계를 이루고 있었다는 것이다. 루사는 그것이 부유한 아이들이 마약을 자가 치료 약품으로 사용하고 있다는 사실을 암시하는 것이라고 생각했다. 이런 형태의 마약 소비는 특히 위험하다. 시험 단계를 넘어서서도 계속 지속되다가 흔히 중독으로 이어지기 때문이다. 불안감과 마약 소비를 유발하는 가장 중요한 원인은 뛰어난 성과에 대한 지속적인 압력이다. 능력이 뛰어난 부모의 풍요에서 비롯한 무관심과 이런 압력이 만나면 특히 심각한 결과가 초래된다. 실패에 대한 두려움은 부모 스스로가 이미 강도 높은 성공 압박에 시달리면서 이웃과 경쟁을 벌이는 지역, 그리고 아이들에게 이런 압력을 고스란히 전달하는 지역에서 명백하게 증가하는 양상을 보인다. 아들딸의 성공은 많은 부모들에게 가장 중요한 신분의 상징이다. 그리고 실패는 가장 큰 재앙이다.(루사는 그 원인을 독일어로 표현했다. "남의 불행을 고소해하는schadenfreude 소수의 부유한 사람들의 행태에 대한 두려움.") 이런 식으로 완벽주의는 가정을 통해 세대를 거쳐 상속된다. 부모가 완벽주의로 고통을 받으면, 자녀들 또한 완벽주의에 시달린다.

설령 부모가 자녀의 문제를 인지한다고 하더라도 그들은 사회적인 낙인에 대한 두려움 때문에 자녀가 반항적으로 돌변하거나 심각하게 병이 들어야(그리하여 부모에게 정말로 심각한 문제가 되었을 때에야) 비로소 전문적인 도움의 손길을 모색한다. 그리고 교육심리학자들은 문제를 조기에 인식했다 하더라도 부유한 부모들에게 말하기를 두려워한다. 자칫 그런 부모들에게 위협을 당하거나 고발을 당할지도 모른다는 두려움 때문이다. 또 미국 작가 조너선 프랜즌Jonathan Franzen이 그의 사회소설에서 아주 정확하고도 너무나 심술궂게 묘사한 지역에서는 시기심에 가득 찬 이웃들이 서로를 몰래 엿보면서 어떤 아이가 첫 번째로 좌절하는지 가만히 지켜본다. "1970년대까지 심리학은 빈곤층 아이들에게 거의 신경을 쓰지 않았다." 루사는 논문의 말미에서 다음과 같이 결론지었다. "이제는 지금까지 학문 분야에서 거의 나타나지 않았던 또 다른 청소년 집단의 부주의함을 교정하는 것이 중요하다. 그들은 바로 부유한 가정의 아이들이다."

완벽주의자를 위협하는 사회

비록 독일의 사회적 격차가 미국보다 작다고는 하지만, 자의 혹은 타의에 의한 성공 강박관념은 오래전부터 이곳에서도 문제가 되고 있다. 독일의 완벽주의 전문가 크리스티네 알트슈퇴터글라이히Christine Altstötter-Gleich는 무엇보다도 대학생들 사이에서 뚜렷하게 나타나는 이런 성향을 근심 어린 눈길로 바라본다. "고등학교에서 가장 우수한 학생들이었던 그들은 어마어마한 포부를 안고 있었다. 그러다 대학에 들어온 그들은 갑자기 평균밖에 되지 않는 자기 자신을 발견하게 된다. 몇몇 학생들은 이런 상황을 도저히 받아들이지 못한다." 대학생 심리상담소 소장인 그녀는 학업 과정의 가속화가 학생들에게 크게 심호흡을 할 기회조차 주지 않는다며 개탄한다. "불완전함을 수용할 수 있는 여지가 더는 존재하지 않는다."

요즘 대학생들은 시간을 정확하게 조정하여 3년 안에 모든 것을 끝내려고 한다. 해외 연수, 실습, 최고 학점, 흠집 없는 이력서. 그것도 원래 수많은 청년들이 다양한 것을 시험해 봐야 할 시기에 이 모든 것을 해내야만 하는 것이다. 이런저런 가능성을 시험하다 보면 자칫 좌절을 맛볼 수도 있다. 그러나 새롭게 시작하기에는 시간이 없다. 그녀는 〈슈피겔〉지와의 인터뷰에서 이렇게 말했다. "이처럼 극단적인 분주함은 새로운 현상이다."

특히 젊은 여성들에 대한 압력이 증가하고 있다. 남성들보다도 여성들이 더 심하게 성공에 대한 기대에 짓눌리고 있다. 이제 많은 대학에서 여성들이 남성들의 수를 앞선다. 학문적 경쟁에 매력 경쟁이 가세한다. 이런 현상은 각종 캐스팅 쇼가 부추기는 과

장된 신체 이상형을 통해 한층 더 뜨겁게 가열되고 있다. 사실 이런 신체 이상형을 충족할 수 있는 것은 톱 모델 혹은 슈퍼 모델들뿐일 것이다. 수백 명의 참가자들 가운데 마지막까지 남는 사람은 단 한 명뿐이다. 그리고 그것을 지켜보는 수백만 명의 여성들은 자신들이 너무 부족한 것 같다는 느낌을 받는다. 〈사이콜로지투데이〉는 대학들이 이미 오래전부터 "식이장애를 키우는 인큐베이터" 역할을 하고 있다고 비판했다.

실제로 완벽주의자들이 증가하고 있는 것인지(아니면 그저 민감한 주제이다 보니 그런 진단이 증가하고 있는 것인지)를 입증하기란 불가능하다. 어쨌거나 그 현상이 널리 확산되어 있는 것만큼은 틀림없는 사실이다. 알트슈퇴터글라이히는 적어도 10명 중 한 명은 인생을 살아가는 동안 우울증과 씨름을 하고, 우울증에 걸린 사람들 가운데 3분의 2에게서는 완벽주의가 큰 역할을 한다고 추정한다.

확실한 사실은 세계가 수많은 개별 영역으로 쪼개지면서 인간들에게 제기되는 요구 수준이 날로 높아지고 이를 통해 인간들의 삶이 더욱더 복잡해졌다는 것이다. 알트슈퇴터글라이히는 이렇게 말했다. "오늘날 우리는 수많은 노골적인 이상형들을 마주하고 있다. 우리는 완전무결함을 이상형으로 선전한다. 그와 동시에 우리는 더 빠르고, 더 높고, 더 먼 것이 언제나 '더 나은 것'을 의미하기도 하는 업적 사회에 살고 있다." 한편으로 그는 이런 사실 자체는 문제가 되지 않는다고 말했다. "개선을 위한 노력은 우리를 발전시키는 원동력이다." 현대 인간들은 수많은 영역에 걸쳐 위로 올라가기 위해 필사적으로 노력한다. 그러나 그들 중 다수가 이처럼 많은, 아니 지나치게 많은 영역에 제대로 대응하지 못한다. 이상적인 체중은 어느 정도이며, 이상적인 체질량지수는 또 얼마인가? 내 앞에 놓인 접시에 담긴 음식의 칼로리는 얼마나 될까? 친구들에게 완벽한 에스프레소를 대접할 수 있는 사람은 누구인가? 이메일 하나에 오타가 몇 개나 있는가?

이 시대는 완벽주의자들을 위협하는 실수의 함정으로 가득 차 있다. 기업에서 완벽주의자들은 한동안 기업의 품질 기준을 높은 수준으로 유지해 주는 모범적인 직원으로 간주된다. '우리는 경쟁 업체보다 모든 것을 더 훌륭하게 해내고 있어!' 기능적 완벽주의자들은 실제로 동료들을 자극해 더 높은 성과를 올리도록 유도할 수 있다. 그러나 기능장애 완벽주의자들은 조직을 폭파해 버린다. 그들은 프로젝트를 계획하는 데 지나치게 많은 시간을 쏟아붓고, 강박적으로 모든 단계를 통제하고, 아무도 믿지 못하기 때문에 다른 사람에게 업무를 위임하지도 못한다. 완벽주의자들은 천성적으로 우유부단한 사람들이다. 그들에게 어떤 프로젝트를 완수한다는 것은 아마도 결함을 받아들인다는 것을 의미할 것이다. 완벽함은 언제나 미래의 산물이다. 아직 끝나지 않은 것은—언젠가는—완전무결해질 수 있기 때문이다. 그들은 며칠 밤을 지새우면서 세부 사항을 가다듬는다. 어떤 사람들은 그런 까닭에 회사의 짐으로 전락한다. 폴 휴잇은 강박관념 때문에 직장을 잃은 상당수의 완벽주의자들을 연구한 적이 있다. “이 사람들은 기업에서 그냥 조용히 밀려난 사람들이 아니다. 그들은 해고를 당했다. 이렇게 말이다. ‘자네는 해고야!’” 그뿐 아니라 휴잇은 노숙인들 사이에서도 완벽주의자들을 발견했다.

모든 것을 제대로 해야만 한다는 지속적인 압력은 육체적으로도 사람들을 괴롭힌다. 그 결과 불면증, 만성피로, 심장부정맥, 고혈압 등이 발병한다. 또 스트레스 호르몬은 감염 위험성을 높인다. 무엇보다도 스트레스는 뇌를 괴롭힌다. 자기통제와 경험을 처리하는 데 중요한 역할을 하는 전두엽은 스트레스에 극도로 민감하게 반응한다. 스트레스를 받는 사람들은 그렇지 않은 사람들보다 더 충동적으로 행동하고, 능률도 떨어지고, 실수도 더 많이 저지른다. 이런 상황은 스트레스를 다시금 증폭해 공황 상태를 유발할 수도 있다. 아마도 당사자는 자신에게 문제가 있다는 것을 알고 있을 것이다. 그러나 심리치료사를 찾아가는 것을 가로막는 심리적 장벽이 극복할 수 없을 만큼 높다.

많은 사람들이 완벽주의가 감정적인 문제라는 것을 인식하지 못한다. 그들은 일에 대한 자신들의 열정을 실수, 두려움, 강박관념이 빚어낸 감정적 연쇄반응으로 간주하는 것이 아니라, 논리적이고 의식적으로 내린 결정이라고 판단한다. 한편으로 완벽주의자들에게는 도움을 모색하려는 시도 자체가 자신이 패자라는 사실에 대한 최종적인 고백을 의미한다. 이것 또한 완벽주의의 게임 방식이다. 다른 사람들 앞에서 완벽한 모습을 보여 주려고 하는 시도, 즉 자신의 약점을 지속적으로 감추려고 하는 시도.

과도한 결벽주의가 그렇듯이, 그것은 면역 체계가 본인의 신체에 저항하도록 하는 결과를 초래한다. 그리하여 과도한 완벽주의는 번아웃burnout 증후군으로 이어질 수 있다. 실수를 보완하여 그것을 삶에 유익한 방향으로 전환할 수 있는 능력을 잃으면 이런 일이 일어난다. 알트슈퇴터글라이히는 "번아웃 환자들치고 완벽 추구를 자기 질병의 원인으로 거론하지 않는 사람이 거의 없다"고 말했다. "일단 이렇게 되면 흔히 자동차에 난 흠집 하나, 혹은 키우던 개가 죽어 버리는 사건 등 사소한 일 하나만으로도 붕괴를 유발하기에 충분하다." 이럴 때 완벽주의자들은 너무나도 큰 압력에 시달리는 나머지 그대로 무너져 내린다. 그 순간 세상 전체가 갑자기 우지끈 소리를 내면서 함께 무너져 내린다.

나는 헤맨다,
고로 존재한다

그렇다면 어떻게 해야 할까? 완벽주의는 쉽게 '치료'되지 않는다(그 영역에 대한 30년간의 연구에도 불구하고 완벽주의는 아직까지 단 한 번도 '질병'으로 분명하게 정의되지 않았다). 무엇보다도 완벽주의적인 성향이 고도로 안정적이고 끈질긴 것으로 입증되었기 때문이다. 완전무결함을 추구하는 강박적인 성향 때문에 우울증에 빠졌다가 이 우울증을 성공적으로 치료한 사람들조차 치료가 끝났을 때 완벽주의적인 특징은 그대로 남아있다. 완벽주의 연구가 크리스티네 알트슈퇴터글라이히의 말에 따르면, 완전무결함을 향한 욕구에서 근본적으로 문제가 되는 것은 "모든 종류의 가벼운 신경성 인격장애가 그렇듯이" 감정적인 불안정이다. 일반적으로 완벽함에 대한 욕구를 지닌 사람들은 열등감에 시달린다.

이 같은 인식은 무엇보다도 자녀를 키우는 부모들에게 매우 중요한 사실을 알려 준다. 자녀가 기능적 완벽주의자가 될 것인지, 아니면 기능장애 완벽주의자가 될 것인지는 어디까지나 부모의 손에 달려 있다. 알트슈퇴터글라이히는 "수준 높은 요구 자체는 전혀 부정적인 것이 아니다"라고 강조한다. 해낼 수 있을 것이라고 감히 생각하지 못했던 높은 목표를 아이들에게 제시하고 그것을 달성할 수 있게 해주면 아이의 자의식을 강화할 수 있다. 그녀는 "수준 높은 요구와 감정적인 냉혹함이 만나면 상황이 심각해진다"고 경고한다. 이런 부모들은 애정을 거의 보여 주지 않는다. 그들은 엄격한 태도를 취하면서 자녀들에게 많은 것을 요구하고, 실수를 용납하는 관대함을 보여 주지 않는다. "아이들은 부모의 인정을 갈망하고, 성과를 통해 부모의 관심을 받으려 한다." 부모가 관심과 애정을 갈망하는 아이들의 소망을 거부하면, "무기력감이 퍼져 나간다." 아이들의 마음속에서는 자신들이 부모의 기대를 충족하지 못할 것이라는 감정이 자라난다. "그들은 높은 기준을 설정하지만 그와 동시에 자신들이 그 기준에 도달할 수 있을지 의구심을 갖는다. 그리고 혹시 실수를 할지도 모른다는 생각에 결과를 두려워한다."

궁극적으로 완벽에 대한 욕구의 저변에는 무리에서 추방되는 것에 대한 두려움이 자리 잡고 있다. 사회적 존재인 인간에게 그것은 혹독한 벌이다. 이따금 우리는 우리를 둘러싼 사회적 환경 속에서 고립되지 않기 위해, 오직 그 이유 하나만으로 마음속 가장 깊은 곳에 자리 잡고 있는 신념을 배신할 준비가 되어 있다. 미국 여성 사회학자 브린 브라운Brené Brown은 이런 불안감에서 완전무결함에 대한 욕구가 비롯한다고 생각한다. 그녀는 다음과 같이 말했다. "완벽함이 우리 눈에 매력적으로 보이는 것은 오직 한 가지 이유 때문이다. 우리는 완벽함이 우리를 보호해 줄 수 있을 것이라고 믿는다. 우리는 완벽하게 살아가고, 완벽한 겉모습을 갖추고, 완벽하게 행동하면 잘못과 치욕과 불명예를 방지할 수 있을 것이라고 생각한다." 그 어떤 잘못도 저지르지 않는 사람은 공격의 대상이 될 수 없고, 문제시될 수도 없다. 또 그런 사람은 스스로를 문제시해서도 안 된다. 브라운은 다음과 같이 말했다. "완벽주의는 우리가 질질 끌면서 걸치고 다니는 20톤짜리 갑옷이다. 우리는 완벽주의가 우리를 보호해 줄 것이라고 믿지만, 사실상 그것은 우리가 자유롭게 움직이는 것을 방해한다."

어쨌거나 완벽함은 결코 우리가 고대하는 방어막이 되어 주지 못한다고 브라운은 경고했다. "스스로를 무언가에 완벽하게 적응시킨다고 해서 본인이 그것의 일부가 되었다는 것을 의미하지는 않는다." 그녀는 전 세계를 아우르는 아이디어 포털인 TED 강연에서 이렇게 경고했다. 늘 타인이 기대하는 것, 혹은 기대한다고 느껴지는 것에만 순응하는 삶을 살다 보면 결국 가짜 삶을 살게 된다. 이런 노력이 품고 있는 아이러니는 우리가 다른 사람들의 완벽주의를 결코 긍정적인 시선으로 바라보지 않는다는 점이다. 오히려 그 반대다. "대부분 우리의 감탄을 자아내는 사람들은 순응하지 않고, 적응하지 않고, 복종하지 않는 바로 그런 사람들이다." 음악가나 창작인들이 그렇다. "우리는 진실한 사람들에게 끌린다. 우리는 그들의 진정성을 사랑한다. 근본적으로 우리는 인생이 온통 오류와 결함투성이라는 것을 잘 알고 있다."

이처럼 완벽하지 않은 사람들에게서 고유하게 찾아볼 수 있는 성격적인 특징이 하나 있다. 그것은 바로 상처에 취약하다는 것이다. 그들은 감정적인 위험성과 불확실성에 스스로를 내맡기는 능력을 지니고 있다. "나는 12년 전부터 상처에 대한 취약성을 연구해 왔다. 그러는 사이 상처에 대한 취약성이 용기의 강도를 나타내는 가장 정확한 척도라고 믿게 되었다. 상처에 대한 취약성은 혁신과 창의성, 변화를 위한 전제 조건이다." 브린 브라운은 가장 뛰어난 사상가들과 그들의 새로운 아이디어를 진열해 놓은 TED 포털이 궁극적으로 좌절의 총회라고 말했다. "이곳이 이토록 특별한 이유는 바로 여기는 좌절을 두려워하는 사람이 거의 아무도 없기 때문이다. 이곳에서 저 위 연단에 오르는 사람들은 이미 모두 한 번쯤 좌절을 겪어 본 사람들이다."

그렇다면 좌절은 과연 성공의 전제 조건일까? 확실한 사실은 우리가 다른 사람들의 인생 여정을 바라볼 때 성공에는 주목하면서도 성공으로 이르는 과정에는 눈길을 주지 않는 경향이 있다는 것이다. 과학자들은 몇 년에 걸친 실험 끝에 결과물을 내놓는다. 그러나 실패로 돌아간 그 모든 실험과 생각의 오류를 다루는 저널은 단 하나도 없다. 그러나 오류와 실수는 마지막에 가서 전체적인 성공을 확정하는 획기적인 해결책, 저 찬란한 깨달음의 순간으로 향하는 길에서 없어서는 안 될 계단 역할을 한다.

아마도 좌절 그 자체가 이런 획기적인 성공의 전제 조건은 아닐 것이다. 그러나 좌절을 감수할 각오와 용기는 분명 성공의 전제 조건이다. 오류를 범할 가능성은 혁신의 전제 조건이기도 하다. 혁신은 언제나 가장자리에서 일어난다. 가능한 것의 경계, 인간 지식의 가장자리에서 일어나는 것이다. 그런 곳에서는 당연히 완벽함이 불가능하다. 왜냐하면 지평선 저 너머에서 우리를 기다리고 있는 것이 무엇인지 그 누구도 알 수 없기 때문이다. 혁신에 관한 한 우리는 모두 아마추어다. 설령 우리가 극도로 꼼꼼한 계획을 세우고 위험으로 돌진한다고 하더라도, 미지의 세계로 향하는 경계를 넘어섰다고 하더라도, 우리가 내딛는 한 걸음 한 걸음이 모두 잘못된 발걸음이 될 수도 있다.

그 어떤 것도 확실하지 않을 때, 모든 것이 가능하다. 이런 이유로 완벽주의는 단순한 심리적 장애 이상을 의미한다. 완전무결함에 대한 요구는 궁극적으로 하나의 태도, 전체주의적인 충동이기도 하다. 무결점을 요구하는 사람들은 본인이 절대적인 진실을 소유하고 있다고 생각한다. 그들은 그 어떤 변칙이나 일탈도 허용하지 않는다. 모든 것이 지속적으로 흘러가는 것이 인생의 특징이라고 한다면, 완전무결함은 죽음을 의미한다. 완벽한 것은 이제 변화할 수도 없고, 더는 발전할 수도 없다. 그것은 생명이 없는 그리스 대리석상과도 같다.

완벽주의에 대한 고찰은 실수에 의식적으로 대처하는 일이 얼마나 중요한지를 보여 준다. 베를린 출신 철학자 베른트 구겐베르거Bernd Guggenberger는 자유는 오직 "실수를 너그럽게 허용하는" 환경에서만 자라날 수 있다고 경고했다. 실수가 허용될 때에 한해서 인간은 자유로울 수 있고, 진정 인간으로 존재할 수 있다. 실수는 인간의 척도다. 나는 헤맨다, 고로 나는 존재한다!

4장

기계를 다룰 때 맞닥뜨리는 딜레마

잠복성 실수를 조심하라

인간의 지각이 부리는 간계는 사바나에서 생활할 때부터 이미 극복해야 할 도전이었다. 그러나 우리가 적응해 살아가고 있는 세계는 키가 큰 수풀 속에서 사냥꾼과 먹잇감을 예의 주시하는 것 이상을 우리에게 요구한다. 예컨대 대재앙을 몰고 올 수도 있는 연쇄반응을 정교하게 억제하기 위해서 원자력발전소 제어실로 향할 때, 혹은 대서양을 가로질러 수백 톤에 달하는 강철과 알루미늄을 음속으로 몰고 갈 때가 그러하다. 기술을 다룰 때 발생하는 실수는 학습경험이라는 유희적인 측면을 상실한다. 이때 발생하는 실수는 치명적인 위협으로 돌변한다.

2009년 5월 31일, 브라질 상파울루의 어느 온화한 저녁. 오후 6시 30분쯤 갈레앙 국제공항에서 에어프랑스 항공기 447편 탑승객들이 게이트로 향했다. 그들이 타고 갈 파리행 비행기는 탑승 준비가 끝나 있었다. 216명의 승객들은 비행기에 몸을 실었다. 승객 대다수가 프랑스 사람들과 브라질 사람들이었다. 그중에는 브라질의 마지막 황제 페드로 2세의 후예도 끼어 있었다. 오후 7시 10분에 쉰여덟 살인 기장 마르크 뒤부아Marc Dubois가 시동을 걸었고, 7시 29분에 에어버스 330은 활주로를 박차고 이륙했다. 그 비행기는 햇수로 4년 된 비행기였다. 지금까지 이 기종이 심각한 사고를 일으킨 적은 단 한 번도 없었다. 적어도 이날 밤까지는 그랬다.

현지 시간으로 밤 11시가 되기 직전, 승무원들이 브라질 관제탑에 무선으로 작별을 고했다. 이제 파일럿들은 독립적으로 행동해야 했다. 그들은 탁 트인 대서양 위를 날고 있었다. 이 지역에는 밤사이 심한 뇌우가 쏟아진다는 예보가 있었다. 파일럿들은 성 엘모의 불Elmo's fire을 목격했다. 그것은 뇌우 가까운 곳에서 발생하는 다채로운 색깔을 띤 기이한 가스 방전 현상으로, 북극광과 형태가 비슷하다. 사실 걱정할 이유는 전혀 없었다. 현대 여객기는 악천후도 너끈히 이겨 낼 수 있기 때문이다. 그럼에도 다른 세 대의 여객기 파일럿들은, 안전에 만전을 기하기 위해 이날 밤 그 뇌우 전선을 피해 가기로 결정했다. 그러나 마르크 뒤부아는 그렇게 해야 할 이유를 명백하게 찾지 못했던 듯하다.

밤 11시 2분쯤 기장은 두 부기장 가운데 나이가 어린 사람에게 조종간을 넘기고 객실로 돌아갔다. 악천후에도 불구하고 그는 자신이 조종실을 지키고 있을 필요가 없다고 생각했다. 에어버스 330은 세계에서 가장 안전한 비행기로 손꼽히는 기종이다. 그 비행기는 전자 장비를 이용해 운항할 뿐 아니라, 인간의 결함이나 기술적 결함으로 생기는 위험을 최소한으로 줄여 주는 내장 컴퓨터가 장착되어 있었다. 컴퓨터 소프트웨어는 지난 수십 년간의 실수 경험이 만들어 낸 결과물이다. 과거에 비행기 운항 과정에서 발생한 모든 오류와 실수가 소프트웨어 개발 과정으로 흘러들었다. 미래에는 그런 실수를 배제하기 위해서였다. 그렇게 과거의 실수를 교훈 삼아 가르침을 얻기는 했지만, 이날 밤에 일어나게 될 실수는 미처 예견하지 못했다. 객실 뒤쪽에서는 승무원들이 밤을 보낼 준비를 하고 있었다.

이제 2,900시간의 비행 경력을 갖춘 서른두 살의 피에르세드릭 보닌Pierre-Cédríc Bonin이 에어버스를 조종하고 있었다. 비행기가 뇌우 전선에 가까이 접근하자 두 부기장은 왼쪽으로 비껴 가기로 결정했다. 구름이 매우 높이 솟아 있어 고도를 높일 수가 없었기 때문이다. 기온은 영하 40도로 이례적으로 따뜻했지만, 이미 그 고도에서 공기는 매우 희박했다. 습기가 맺혀 비행기에 얼음 결정체가 달라붙었다. 파일럿들은 얼음 제거 장치를 가동했다.

11시 10분에 조종실에 경고음이 울려 퍼졌다. 비행기 첨단에 장착된 세 개의 피토 정압관이 원인이었다. 원형의 얇은 관 안에는 좁은 구멍이 있는데, 그곳을 통해서 공기가 앞으로 흘러 들어온다. 흘러 들어오는 공기의 압력을 바탕으로 비행기 속도가 산출된다. 그런데 지금 피토 정압관이 얼어붙어 더는 속도 정보를 받지 못하게 된 것 같았다. 파일럿들은 어쩔 수 없이 그 장치를 꺼야 했고, 이제 대기 속도계가 없는 상태로 비행을 해야만 했다. 그러나 추진력을 변화시키지 않고 비행기를 동일한 고도로 유지하기만 하면 속도는 일정하게 유지될 수 있었다.

그것은 보닌도 원래부터 알고 있던 사실이었다. 그는 다비드 호베르투David Roberto에게 자기가 조종하겠다고 말했다. 6,500시간의 비행 경력을 보유한 호베르투는 사실 보닌보다 경험이 풍부한 파일럿이었다. 보닌은 오른손에 있던 조종간을 뒤쪽으로 당겼다. 비행기는 살짝 위로 솟는 듯하더니 계속해서 위로 올라갔다.

정확히 무엇 때문에 그 젊은 부기장이 그런 행동을 하게 되었는지는 그 후로도 영영 밝혀지지 않았다. 어쩌면 뇌운 속에서 위험을 감지하고 그것을 피하려고 한 것인지도 모른다. 확실한 사실은 비행기를 '본능적으로' 조종하기에는 보닌의 경험이 너무 부족했다는 것이다. 그는 그런 상황을 단 한 번도 경험해 본 적이 없었다. 평소에 그는 출발을 하거나 착륙을 할 때만 수동으로 비행기를 조종했다. 그리고 위험이 닥쳤을 때 제일 먼저 고도를 높이는 것은 충분히 의미 있는 행동이다. 그러나 고도가 높은 상황에서 그것은 치명적인 일이다.

보닌이 에어버스 고도를 높이자 속도가 떨어지기 시작했다. 고도가 높은 곳에서는 실수가 거의 허용되지 않는다. 공기가 희박한 상황에서는 보조 날개의 양력이 감소하고, 엔진의 추진력도 감소한다. 승객을 가득 실은 에어버스 330은 무게가 240톤에 이른다. 비행을 할 때 가장 위험한 것은 실속stall(속도를 잃는 것)이다. 비행기 속도가 너무 느려지면 보조 날개는 단번에 더는 양력을 발생시키지 못하게 된다. 그렇게 되면 비행기가 급강하하고, 조종이 불가능해진다.

내장 컴퓨터는 이런 상황을 방지하기 위해 프로그래밍되어 있다. 컴퓨터는 두 파일럿에게 비행기가 프로그래밍된 비행고도를 이탈했음을 알렸다. 이어서 곧장 실속을 알리는 경고음이 조종실을 가득 채웠다. 기계음이 "실속! 실속!" 하며 부르짖었고, 그 뒤를 이어 찢어지는 듯한 날카로운 소음이 들려왔다. 기계음도, 소음도 도저히 그냥 들어 넘기기 힘들 만큼 끔찍하게 신경을 긁어댔다. 경고는 너무나도 명백했다. 그것은 모든 파일럿에게 악몽과도 같은 일이었다. 그러나 두 사람의 부조종사는 아직까지도 무슨 일이 일어나고 있는지 명확하게 파악하지 못했다.

"무슨 일이지?" 호베르투가 외쳤다.

"속도계가…… 속도계가 없어!" 보닌이 대답했다.

실속을 경고하는 목소리가 다시 날카롭게 울려대기 시작했다. 얼음 제거 장치가 효과를 발휘해 속도계가 다시 작동하기 시작하자 파일럿들은 그들의 비행 속도가 고속도로를 달리는 자동차보다 조금도 빠르지 않다는 것을 분명히 알게 되었다. 반드시 유지해야 하는 속도의 5분의 1 정도에 불과했다. 어쨌거나 비행기는 마침내 완전히 정상적으로 작동하기 시작했다. 이제 에어버스의 기수를 내리고 몇 천 피트만 하강하면 속도와 안정성을 되찾을 수 있을 것이다. 그렇게만 되면 마치 아무 일도 없었던 것처럼 계속해서 비행을 할 수 있을 것이다. 프랑스 출신의 파일럿이자 작가인 장피에르 오텔리Jean-Pierre Otelli는 훗날 에어프랑스 447편 조종실 대화를 재구성하여 출판했는데, 그는 비행 시뮬레이터 속에서 별로 어렵지 않게 당시 비행 상황을 통제할 수 있었다.

그러나 보닌은 완전히 패닉 상태에 빠져 있었다. 어쩌면 그는 이미 명료한 사고를 할 수 있는 상태가 아니었을지도 모르겠다. 극단적으로 불안한 상황에 놓였을 때 나타나는 인간의 반응 양식에 관한 책을 집필한 뉴욕 출신의 과학작가 제프 와이즈Jeff Wise는 그 사고를 세밀하게 분석한 뒤 아마도 보닌이 '브레인 프리즈brain freeze' 현상을 겪었을 것이라고 추측했다. 그것은 이성적인 사고가 차단되고 무의식이 통제권을 장악한 상태를 말한다.

보닌은 조종간을 움켜잡고 온 힘을 다해 뒤로 끌어당겼다. 그것은 두 사람의 조종사를 기이한 상황으로 몰고갔다. 비행기 기수가 마치 위로 올라갈 것처럼 위쪽을 향한 상태에서 엔진이 최대 출력으로 돌아가고 있었지만, 비행기는 가을 낙엽처럼 40도 각도 아래로 떨어져 내렸다.

승객들은 자신들이 위험에 처해 있다는 사실을 짐작조차 하지 못했다. 보통 때보다 뭔가 편안하지 않은 것은 확실했지만, 아무도 그들에게 비상 상황에 관해 알려 주지 않았다.

보닌과 호베르투는 기장을 불렀다. "도대체 무슨 짓을 하고 있는 거야?" 뒤부아가 조종실로 들어오면서 소리쳤다. "비행기를 통제할 수가 없습니다!" 실속 경고가 쉴 새 없이 울리는 가운데 보닌이 소리쳤다. "모든 방법을 시도해 보았습니다." 호베르투는 이렇게 덧붙인 뒤 불안한 목소리로 물었다. "이제 어떻게 하죠?"

뒤부아가 대답했다. "글쎄, 나도 모르겠네."

비행기는 돌덩이처럼 아래로 떨어지고 있었다.

"위로 올라가, 올라가, 올라가라고!" 호베르투가 소리쳤다.

그러자 보닌이 대답했다. "지금까지 내내 그렇게 하고 있잖아!"

그제야 기장 뒤부아가 상황을 파악했다. "안 돼, 아니야, 아니라고. 올라가면 안 돼, 안 된다고!"

호베르투가 조종간을 넘겨받아 다급하게 기수를 내렸지만, 비행기는 대서양 상공 불과 몇 백 미터 위로 곤두박질쳤다. 더 많은 경고음이 귀청을 찢을 듯이 날카로운 소리를 내질렀다. 그것은 바로 추락 경고였다.

"빌어먹을, 추락하고 있잖아. 이럴 수는 없어!" 보닌은 이렇게 외치고는 마지막으로 방향타를 위로 끌어당겼다.

5초 후 승객 216명 전원과 스튜어디스 아홉 명, 그리고 조종사 세 명은 죽음을 맞이했다.

인간일까, 기계일까

완벽한 기능을 갖춘 최신 공법 비행기가 까닭 없이 하늘에서 추락했다. 파일럿 세 명과 내장 컴퓨터가 있었지만 추락을 막지는 못했다. 에어프랑스 447편은 우리가 기술을 다루는 방법에 대해 근본적인 질문을 던진다. 여러 해 전부터 항공 산업 내부에서는 자동화 시스템이 어느 정도까지 조종실을 안전하게 만드는지, 그리고 얼마만큼의 통제권을 파일럿의 손에 남겨 두어야 할 것인지를 둘러싸고 격렬한 논쟁이 벌어지고 있다.

어쩌면 에어프랑스 447편 파일럿들은 안전 불감증에 빠져 있었을지도 모르겠다. 1만 1,000시간의 비행 경험을 갖춘 기장 뒤부아는 셋 중에서 가장 경험이 풍부했지만, 그는 비행기 전방에 형성된 뇌우 전선을 전혀 위협적으로 생각하지 않고 잠자리에 들었다. 그는 젊고 경험이 부족한 두 명의 부기장에게 비행기 조종을 맡길 정도로 닥쳐온 위험을 대수롭지 않게 여겼다. 당시 쉰여덟 살이었던 뒤부아는 단 한 번도 비행기를 그처럼 치명적인 상황으로 몰고 간 적이 없었다. 그는 실제로 비행기를 타고 비행 훈련을 받았다. 당시에는 파일럿들이 비행기를 직접 조종하는 경우가 더 많았고, 추락 사고도 훨씬 더 빈번하게 발생했다. 그 후 새롭게 도입된 조종실 자동화 시스템은 불길한 날에도 다른 평범한 날들과 마찬가지로 전 세계에서 9만 3,000대의 비행기가 심각한 문제없이 이착륙을 하고, 수백만 명의 승객이 안전하게 그들의 목적지에 도착하는 데 크게 기여했다.

피에르세드릭 보닌이 저지른 비행 실수는 아주 기본적인 것이었다. 경비행기 조종사조차 그런 실수는 저지르지 않을 것이다. 단발 엔진 비행기를 실속이 발생할 정도로 높은 지점까지 몰고 갈 경우 기체가 심하게 흔들리게 되는데, 파일럿은 그것을 통해 추락 위험을 알아차리게 된다. 그러나 보닌이 몰던 에어버스는 수많은 안전장치를 갖춘 완전 자동식 비행기였다. 그래서 그는 본인이 비행기를 추락시킬 수 있다는 생각은 아예 하지도 못했을 것이다. "이럴 수는 없어!"

불행을 가져온 장본인은 바로 얼어붙은 피토 정압관이었다. 에어버스는 원래 이런 유형의 문제점을 가지고 있는 것으로 알려져 있었다(다행히도 그사이에 모든 장비가 교체되었다). 그러나 비교적 사소한 축에 드는 이런 문제에 대한 대응 방식은 명백하게 파일럿의 실수였다. 사실 설계자들은 할 수 있는 조치를 모두 취했다. 그들은 경고 메시지를 통해 비행기 승무원들에게 상황에 대한 정보를 빠짐없이 제공했다. 그런데 과연 에어버스 설계자들은 그처럼 기본적인 비행 실수를 예견할 수 있었을까? 그리고 그런 상황까지 모두 미리 대비해 두어야 했던 것일까? 불행이 찾아왔을 때 비행기는 수동 모드였다. 그렇다면 조종사가 심각한 실수를 저질렀을 때 내장 컴퓨터가 그것을 감지하고 조종사의 손에서 조종간을 강제로 빼앗아 올 수 있도록 되어 있어야 했을까?

228명의 생사가 달린 상황이라면, 과연 조종실에서 누가 최종 결정권을 쥐고 있어야 하는 것일까? 인간일까, 아니면 기계일까?

전 세계적으로 군사행동을 할 때 유인 비행체를 투입하는 경우는 어느새 예외가 되었다. 대부분 원격조종 무인정찰기가 투입되어 하늘을 날아다니면서 정보를 수집하고 폭탄을 목표물에 투하한다. 파키스탄 와지리스탄 지역에서 알카에다 조직원들을 추격하는 무인정찰기의 '조종사들'은 미국 중서부 어딘가에 설치된 컨테이너 사무실에 앉아 있다. 혹시 그 같은 조종 시스템을 도입했더라면 에어프랑스 447편을 구할 수 있었을까? 제프 와이즈는 심리학 잡지 〈사이콜로지투데이Psychology Today〉에 기고한 글에서 이렇게 밝혔다. "조종실 안에 있는 단 한 사람의 인간에게 전적으로 의지해야 한다는 생각은 다분히 감상적인 생각일지도 모른다. 그리고 어쩌면 그런 생각이 우리를 곤혹스러운 상황으로 내모는 것인지도 모른다."

정말로 그럴까?

마찬가지로 유명세를 탄 유나이티드 에어라인 항공기 1549편 탑승객 150명은 분명히 생각이 다를 것이다. 2009년 1월 15일, 에어버스 320이 뉴욕 라가디아LGA, La Guardia 공항에서 이륙했다. 이 비행기도 정기 여객기였다. 그러나 출발 직후 뉴욕 브롱크스 지역 상공을 지나갈 때 비행기는 캐나다 기러기 떼를 만나 그 무리 속으로 들어가게 되었다. 새 떼와 부딪히면서 양쪽 엔진이 망가져 버렸다.

70톤짜리 제트기가 순식간에 세일플레인sailplane(상승기류로 뜨는 아주 가벼운 글라이더—옮긴이)으로 바뀌어 수백만 명이 거주하는 도시 위에 떠 있었다. 조종실은 스위스 이민자의 후손인 쉰여덟 살의(에어프랑스 조종사의 나이와 똑같았다) 체슬리 버넷 슐렌버거 3세Chesley Burnett Sullenberger III가 맡았다. 1만 9,000시간의 비행 경력을 보유한 슐렌버거는 뛰어난 전투기 조종사로, 전투 투입을 대비해 훈련을 받은 적이 있었다. 그는 극단적인 상황에서 여러 차례 비행기를 조종한 경험이 있으며, 고문 자격으로 비행기 사고를 조사한 적도 있었다. 그러나 다가올 몇 분 동안 벌어질 일에 대해서는 전혀 훈련이 되어 있지 않았다. 그런 상황을 대비한 행동 지침 같은 것은 존재하지 않았다.

슐렌버거는 우선 무선으로 라가디아 공항에 회항을 허가해 달라고 요청했다. 관제소에서 비어 있는 활주로를 마련해 두었다고 전해 왔을 때 슐렌버거는 어쩌면 라가디아 공항까지 가지 못할 수도 있다고 대답했다. 고도도 매우 낮았고(기러기 떼와 부딪힐 당시 고도가 채 1,000미터도 되지 않았다), 속도도 거의 붙지 않은 상태였다. 그는 조종실 창밖으로 보이는 뉴저지 테테보로 공항에 문의했다. 규모가 작은 공항이었다. 관제소에서 1번 활주로로 착륙할 것을 허가하자 슐렌버거는 짤막하게 대답했다. "불가능하다." 관제소에서 어떻게 할 작정이냐고 묻자 슐렌버거가 말했다. "우리는 허드슨 강에 착륙할 것이다."

그의 결정에서 주목할 만한 점은 단지 항로 변경만이 아니었다. 에어버스 320은 조지워싱턴 다리에서 채 300미터도 떨어지지 않은 지점에 떠 있었다. 허드슨 강의 한쪽에는 높은 빌딩이 솟아 있었고, 다른 한쪽에는 거주 지역이 펼쳐져 있었다. 에어버스는 정확하게 그 사이에 떠 있었다. 관제탑과 짤막하게 교신을 할 때 슐렌버거가 보여 준 침착함 역시 주목할 만했다. 그가 말을 하던 그 순간 그의 행동에 155명의 목숨이 달려 있었다. 결코 실수가 용납되지 않는 상황이었다. 그뿐만이 아니었다. 그는 거의 불가능에 가까운 일을 기필코 해내야만 했다. 수상 비상착륙은 거의 언제나 치명적인 결과를 초래했다. 기체가 갈라져 버렸기 때문이다. 혹시 생존자가 있다고 하더라도 기껏해야 일부일 뿐이었다. 그러나 슐렌버거의 목소리에서는 당황한 기색을 전혀 찾아볼 수 없었다.

슐렌버거는 승객들에게 충돌에 대비해야 한다고 말했다. 그런 다음 그는 에어버스가 마치 수상비행기인 것처럼 부드럽게 허드슨 강에 착륙했다. 승객들은 침착하게 비행기 날개로 올라가 그 광경을 보고 서둘러 다가온 여객선으로 옮겨 탔다. 그 후 비행기는 서서히 물속으로 가라앉았다. 모든 승객이 구조되었고, 중상을 입은 사람은 아무도 없었다.

슐렌버거는 모든 승객을 구한 뒤 마지막으로 비행기를 떠났다. 그는 영웅이었다. 그는 비상착륙을 무사히 해냈다. 그 어떤 컴퓨터도 그가 한 일을 해낼 수는 없었을 것이다.

스위스 치즈의 구멍

비행기 추락 사고는 극히 드물게 일어나는 일이지만, 그것은 하루 종일, 일주일 내내 우리를 불안하게 한다. 우리가 이렇게까지 불안해하는 이유는 단지 사망자 수 때문만이 아니다. 에어프랑스 항공기가 이륙한 뒤 추락할 때까지 걸린 4시간 동안 전 세계적으로 에어버스 탑승객 숫자보다 더 많은 숫자의 어린이들이 굶주림으로 죽어 갔다. 또 기술로 인해 초래된 죽음이기 때문만도 아니다. 비행기 추락 사고는 전 세계적으로 매년 100만 명 이상의 목숨을 앗아가는 자동차 사고보다 훨씬 더 강도 높게 우리를 동요한다.

비행기 추락 사고가 우리를 그처럼 불안하게 만드는 이유는 첫째, 400명의 동료 탑승객들과 함께 재잘대면서 좁은 통로를 걸어 내려가 도저히 날 수 있을 것 같지 않은 길고 좁은 알루미늄 통 속으로 밀어 넣어졌을 때의 압박감을 우리가 잘 알고 있기 때문이다. 그리고 머릿속으로는 자동차를 타고 공항으로 향하는 길이 대서양 위를 비행하는 것보다 더 위험하다는 것을 잘 알고 있지만, 우리의 직감은 위험을 다른 방식으로 평가한다. 우리는 자동차를 아주 잘 알고 있다. 그래서 어떤 상황에서도 그것을 통제할 수 있다고 믿는다(안타깝게도 이것 또한 통제망상에 불과하다). 도로를 주행할 때 우리는 우리의 목숨이 다른 자동차 운전자들의 손에 달려 있다는 사실을 완전히 무시해 버린다. 그들은 술에 취했거나 감기에 걸렸거나 한눈을 팔면서 몇 톤에 이르는 강철 덩어리를 온전히 제 궤도로 유지할 능력이 없을지도 모른다. 그럼에도 불구하고 자동차 운전보다도 비행이 훨씬 더 큰 불안감을 심어 준다. 바로 우리 스스로가 비행기를 조종할 수 없다는 것, 낯선 누군가에게 우리 자신을 통째로 맡겨야 한다는 것을 알고 있기 때문이다.

그런데 비행기 추락 사고는 무엇보다도 한 가지 딜레마를 노골적으로 우리 앞에 펼쳐 보여 준다. 현대가 우리 인간들에게 점점 더 과도한 요구를 하고 있다는 사실이다. 비행의 배후에 존재하는 순수물리학은 아마도 평범하고 진부할 것이다. 그러나 에어버스 설계와 제작, 운행 과정은 엄청나게 복잡하다. 그리고 그것은 우리의 불완전한 행동을 거듭하여 시험대 위에 세운다. 제아무리 노력을 한다고 하더라도 결코 이 시스템을 완벽하게 장악할 수는 없다. 이런 사실은 궁극적으로 현대 문명에 대해 의문을 품게 한다. 비행기 추락도 제대로 막지 못하는 마당에 과연 석유 굴착장치와 화학공장, 원자력발전소를 가동해도 되는 것일까?

이런 이유로 수년 전부터 대형 사고를 연구하는 학자들은 규칙적이지는 않지만 거듭하여 우리를 괴롭히는 기술적인 대재앙을 집중적으로 연구하고 있다. 그들의 추정에 따르면, 모든 참사의 80퍼센트가 '인간의 무능함과 실수'로 인해 발생한다고 한다. 엄밀히 말해서 그것은 그저 헛소리에 불과하다. 어떤 종류의 문제이건 간에 따지고 보면 언제나 그 이전에 인간이 제 기능을 수행하지 못했기 때문에 발생하는 것이다. 그러니까 기계를 작동하는 사람이나 설계자, 혹은 감독관청이 제대로 역할을 수행하지 못했기 때문에 각종 사고와 문제가 발생하는 것이다.

영국 심리학자 제임스 리즌James Reason은 '인간의 실수'에 관한 필독서를 집필한 인물이다. 리즌은 그 책에서 이 주제와 관련된 가장 기초적인 분석 가운데 하나를 제시했다. 그는 오늘날 하이테크 기술이 적용된 모든 시설에는 "기술적으로 매우 정교하게 만들어진 안전 시스템"이 설치되어 있기 때문에 개별적인 조작 실수나 개별 부품의 누락이 대재앙을 초래하는 경우는 극히 드물다고 말했다. 오늘날 하이테크 시설에서 인간들은 보통 감시 및 감독을 할 목적으로 투입된다. 시설은 인간의 개입 없이도 자체적으로 작동된다. 리즌은 이렇게 말한다. "그것은 엔지니어들이 이룩한 위대한 업적이다. 그러나 결과적으로 그것은 핸디캡으로 귀결되고 만다. 지나치게 복잡한 안전 시스템 때문에 시스템을 통제하는 사람들은 그 시스템을 꿰뚫어 보지 못하게 된다."

리즌의 말에 따르면, 우리를 위협하는 가장 큰 위험은 어떤 설비나 시스템 사용자들에게서 비롯한 것이 아니라 그 설비의 설계, 관리, 조직 영역에서 은밀하게 누적된 실수와 태만에서 비롯한다고 한다. 그는 이런 실수를 '잠복성 실수'로 명명했는데, 그 까닭은 장기간에 걸쳐 설비 속에 가만히 숨어 있다가 실수가 둘 혹은 그 이상 합쳐졌을 때에야 비로소 문제를 유발하기 때문이다. 우리의 몸속에 조용히 숨어 있다가 '신체 시스템'이 스트레스에 시달리는 순간, 그제야 비로소 질병을 유발하는 병원체처럼 말이다. "암이나 심장질환과 마찬가지로 복잡한 시스템 내부에서 일어나는 사고는 한 가지 개별적 원인에서 비롯하지 않는다."

예컨대 에어프랑스 항공기 추락 사고도 마찬가지다. 부조종사 교육은 명백하게 결함투성이였다. 그러나 그것은 완전 자동화 시스템이 적용된 에어버스에서 전혀 문제될 것이 없었다. 적어도 피토 정압관이 얼어붙으면서 자동항법장치가 꺼져 버릴 때까지는 그랬다. 리즌은 이 문제를 '스위스 치즈 모델'을 이용하여 일목요연하게 설명했다. 우리는 대형 참사로부터 우리를 지켜 줄 일련의 안전 차단 장치를 설치한다. 우리는 이 차단 장치를 홍수를 막아 줄 강철 둑으로 간주한다. 그러나 실제로 그것은 에멘탈 치즈 조각에 불과하다. 구멍이 숭숭 뚫려 있는 에멘탈 치즈 말이다. 이 구멍들은 모든 조각에 난 구멍들이 일렬로 쭉 배열될 때까지는 전혀 유해한 작용을 하지 않는다. 그러다가 치명적인 실수가 일어나고 만다.

기술적인 안전조치들을 추가하면 문제를 얼마간 뒤로 미룰 수는 있지만, 그렇다고 해서 문제를 근원적으로 제거할 수 있는 것은 아니다. 그래봐야 시스템만 더 복잡해질 뿐이다. "시스템이 더욱더 복잡해지고, 상호작용이 더욱더 늘어나고, 불투명성이 더욱더 높아질수록 잠복성 실수의 숫자도 더욱더 늘어난다." 리즌은 추가적인 안전조치들을 '수동적인 위험 방어 조치'로 간주했다. 그러면서 그런 것들은 결코 상상을 넘나드는 모든 예측 불가능성에 대비한 방어책을 내놓지는 못한다고 말했다. 그는 안전 시스템 내부의 구멍—스위스 치즈의 구멍—을 모두 찾아내어 막는 것만이 성공을 약속하는 길이라고 말했다.

리즌은 과연 어떤 조직이 가장 뛰어난 안전보장 능력을 갖추고 있는지 알아보기 위해 여러 조직을 관찰했다. 그 과정에서 그는 세 가지 특징과 마주하게 되었다.

- 무자비한 조직. 수익성을 높이기 위해 안전을 희생하는 조직. 예컨대 가난한 나라에 있는 다수의 의류 공장이 그런 조직에 해당된다. 그런 공장들은 급조되었을 뿐 아니라, 공장 소유주들이 화재를 예방하기 위해 돈을 지출할 생각이 아예 없다.

- 신중한 조직. 위계질서의 지배를 받는, 가능한 한 경직된 안전 구조를 추구하는 조직.
- 용감한 조직. 안전을 강화하기 위해 "평범하지 않은 일들을 관행에서 벗어난 방식으로" 수행할 준비가 되어 있는 조직. 방법과 위계질서를 부차적인 것으로 간주하면서 목표에 매진하는 조직.

일반적으로 가장 뛰어난 안전기준을 충족시킬 수 있는 조직은 바로 마지막에 언급한 조직이다. 열린 태도로 실수의 원인에 접근하여 각종 과정들을 거듭 시험하고 검증하는 바로 그런 조직이다(이에 대해서는 7장에서 상세하게 다룰 것이다).

일차원적 개입의 실패

일반적으로 우리는 생각해 낼 수 있는 모든 예측 불가능한 일들에 대한 대비 태세를 갖추고 있는, 경직된 시스템 내부에 있을 때 가장 안전하다고 느낀다. 그러나 문제는 전 세계의 네트워크적 특징이 점차 뚜렷해지면서, 어떤 시스템의 작동 방식과 그 속에 내재된 실수의 원천을 상상하는 우리의 능력에 지나치게 과도한 부담이 가해지고 있다는 것이다. 이때 우리를 방해하는 것은 다시금 휴리스틱에 의거한 사고다. 독일 기센에서 활동하는 실수 연구자 울리히 프라이는 이렇게 말했다. "우리는 복잡함에 대응하는 데 큰 어려움을 겪는다. 우리는 속도와 효율성을 추구하도록 훈련받았다." 그리고 바로 그런 이유로 우리는 복잡한 시스템을 확실하게 통제하고 관리하는 데 매우 큰 어려움을 겪는다.

프라이는 단순한 개입이 복잡한 시스템을 마비시켜 버린 일련의 사례를 연구하면서 이런 인식에 도달했다. 그중에서도 특히 기존 생태계에 외래종을 도입한 사례가 대표적이다. 19세기 중반에 영국인 토머스 오스틴Thomas Austin은 24마리의 집토끼를 오스트레일리아로 데리고 갔다. 이국땅에서 조금이라도 더 고향 같은 친근한 느낌을 얻기 위해서였다. 그런데 정작 고향 같은 편안함을 느낀 것은 집토끼들이었다. 그들은 1년 반 만에 184마리의 새끼를 낳았다. 그 후 100년 만에 집토끼의 총 개체 수가 수십억(!) 마리로 늘어났다. 오스트레일리아 당국은 집토끼 확산을 저지하기 위해 국토를 가로질러 3,000킬로미터(!)가 넘는 길이의 울타리를 설치해야만 했다. 1950년대에 이르러 연구자들이 바이러스를 이용해 그 동물을 퇴치하려고 했다. 그러나 집토끼들은 저항력을 키웠다. 오늘날 이 동물은 오스트레일리아 농업에 연간 6억 달러에 이르는 손해를 끼치고 있다.

지금은 어린아이들조차 집토끼를 오스트레일리아로 유입한 것이 대재앙이었음을 알고 있다. 그러나 사람들은 여전히 이런 인식을 다른 영역으로 옮겨 적용하지 못한다. 프라이는 다음과 같이 경고했다. "일차원적인 문제 해결이 초래하는 오류는 과거의 오류를 수정하려고 시도하는 과정에서 두드러지게 나타난다. 새롭게 유입된 생물체가 원래 그것에게 부여되었던 목적을 달성하지 못할 때면 그 생물체는 흔히 생물학적으로 퇴치를 당하게 된다. 이때 자주 사용되는 방법이 또 다른 생물체의 유입이다!" 프라이는 식료품 용도로 하와이로 수입되었던 아프리카 왕달팽이(학명 Achatina fulica)를 대표적인 예로 인용했다. 식용으로 수입한 왕달팽이의 개체 수가 폭발적으로 늘어나자 그곳 사람들은 그 불청객을 먹어치울 육식 달팽이(학명 Euglandina rosea)를 투입했다.

그러나 정작 육식 달팽이가 먹어치운 것은 왕달팽이가 아니라, 그보다 훨씬 맛이 좋은 토종 달팽이였다. 사실 그것은 재앙이나 다름없는 일이었지만, 관청 관계자들은 왕달팽이로 인한 재앙을 해결하지도 못한 채 점진적으로 12마리(!)의 육식 달팽이를 추가로 유입했다. 그 결과 과거에는 750종의 달팽이가 하와이에 서식했지만, 지금은 고작해야 10~35퍼센트만 남게 되었다. 프라이는 "기존의 생태계를 그대로 인지하지 못하고, 다양한 상호작용을 무시해 버렸다"며 탄식을 쏟아 냈다. 여기에서 드러나는 문제 유형은 다음과 같다. "우리는 모든 것을 지나치게 간단하게 생각한다. 그러면서 역동적이고, 불투명하고, 서로 복잡하게 연결된 시스템을 일차원적인 문제 해결 시도를 통해 완벽하게 통제할 수 있을 것이라고 믿는다. 우리는 역동성을 과소평가하고, 본인의 능력을 과대평가하고, 한 가지 문제에 정확하게 한 가지 해법만을 적용한다."

우물 파기 캠페인의 폐해

어쩌면 하와이에서 발생한 달팽이 딜레마가 아무 일도 아닌 것처럼 보일지도 모르겠다. 그러나 기본적으로 동일한 유형의 문제가 다른 맥락에서는 수백만 명의 목숨을 앗아 갈 수도 있다. 방글라데시에서 그런 일이 일어났다. 1970년대에 국제 구호 활동가들은 수많은 방글라데시 사람들이 웅덩이에 고인 물을 마시는 현실을 개탄했다. 콜레라가 연이어 기승을 부렸다. 아이들이 죽어 나갔다! 그리하여 아동 구호 기구인 유니세프UNICEF가 우물 파기 캠페인을 시작했다. 2000년까지 방글라데시 국민의 최소 80퍼센트가 안전한 식수를 이용하게 되는 것이 목표였다.

국제 공동체의 지원이 쏟아져 들어왔다. 방글라데시는 빈곤국가이고, 우물을 파는 일은 비교적 간단한 개발원조 조치에 속한다. 따라서 이 일은 거의 아무런 비판에도 부딪히지 않았다.

어린아이들을 콜레라로 인한 죽음에서 보호하는 것보다 더 숭고한 일이 어디 있겠는가.

그런데 안타깝게도 깊은 우물에서 길어온 물에 대한 광범위한 수질조사가 오랜 시간 이루어지지 않았다. 1990년대에 이르러서야 비로소 연구자들은 비금속 물질인 비산이 물속에 다량 함유되어 있는 것을 발견했다. 그것은 자연적인 오염으로, 칠레, 아르헨티나, 미국 서부 지역 등 세계 몇몇 지역에서 문제가 되고 있다. 고농도의 비산은 단 몇 시간 만에 치명적인 결과를 초래하며, 저농도의 비산은 피부암, 방광암, 폐암을 유발한다.

현재 방글라데시에서는 최대 8,000만 명이 과거에 열성적으로 파놓은 우물에서 물을 길어 사용한다. 세계보건기구는 그들 중 최대 10퍼센트가 암으로 사망할 수 있다고 추정한다. "이것은 인류 역사상 최대의 집단중독 사태다."

선의에서 비롯된 일이 때로는 끔찍한 결과를 초래하기도 한다.

기본에 충실하게

우물을 파는 간단한 일조차 힘겨워하고 달팽이 하나도 제대로 처리하지 못하는 것이 현실이라면, 핵에너지를 취급한다는 것은 과연 무엇을 의미하는가?

1986년에 발생한 체르노빌 원전 사고는 오류가 켜켜이 쌓여서 빚어진 대형 참사의 전형으로 꼽히고 있다. 아이러니하게도 하필이면 직원들이 안전 훈련 시뮬레이션을 수행하던 도중에 원자로가 폭발해 버렸다. 그 즉시 서방 원자력발전소 운영자들은 자신들의 발전소에서는 그런 종류의 사고가 발생하는 것이 불가능하다고 단언했다. 그러나 실상은 그 이전에도 이미 세계 곳곳에서 심각한 돌발 사고가 발생했다. 순전히 요행 덕분에 최악의 초대형 참사로 이어지지 않았던 것뿐이다. 핵 산업은 체르노빌 참사에서 많은 교훈을 얻었다. 1986년 4월 체르노빌 원전 사고가 일어난 뒤로 직원 훈련 체계가 크게 개선되었다. 현재 독일 에너지 대기업들은 에센 지방에서 독일의 모든 대형 핵발전소 통제실을 본떠 만든 독자적인 시뮬레이션 센터를 운영하고 있다. 센터가 표방하는 원칙에 따르면, 안전을 보장할 수 있는 유일한 방법은 직원들이 극도로 '기본에 충실하게' 작업을 수행하는 것뿐이다. 이를 위해서 매년 2,000명의 직원들이 시뮬레이션 센터에서 교육을 받고 있다. 그러나 이런 조치도, 또 높은 찬사를 받고 있는 독일의 엔지니어 기술도 곤혹스러운 사고를 막을 수는 없었다. 지난 2009년에 크뤼멜 발전소에서 사고가 일어나 신속하게 시설을 폐쇄해야 하는 상황이 벌어졌다. 시설 폐쇄에 이어서 함부르크에서는 갑작스러운 전압 급강하로 급수관이 파열되고 도심 가로등 1,500개가 꺼졌다.

재해 연구자 찰스 페로Charles Perrow는 그런 사고를 가리켜 '정상적인 사고normal accident'라고 부른다. 이렇게 부르는 이유는 우리가 그런 사고에 익숙해져야 하기 때문이 아니라, 그런 사고를 방지하는 것이 불가능하기 때문이다. 페로는 〈원자과학자협회회보Bulletin of the Atomic Scientist〉에서 다음과 같이 간결하게 요약했다. "우리의 최근 역사는 구멍 뚫린 감독 체계, 경고 무시, 참사에 대한 불충분한 대응책, 그리고 흔히 발생하는 인간의 실수로 빚어진 대형 참사로 가득하다." 사고를 방지하려는 모든 시도에도 불구하고, 긴밀하게 연결된 복잡한 현대는 이런 '정상적인' 사고가 거듭하여 일어나고 있다. 그리고 그런 사고들이 단계적으로 겹쳐져 우리가 후쿠시마에서 본 것과 같은 대형 참사로 이어진다. 후쿠시마 원전은 옳지 않은 줄 알면서도 쓰나미의 위협을 받는 일본 해안 지역에 건설되었다. 페로는 다음과 같이 결론짓는다. "끔찍한 사고의 가능성이 잠재한 다수의 복잡한 시스템은 한마디로 존재를 허용하기에는 너무나도 위험하다. 우리가 제아무리 안전을 위해 노력한다고 하더라도 결코 안전해지지 않을 것이기 때문이다."

핵에너지를 바라보는 이런 태도는 충분히 공감이 가고도 남는다. 핵에너지의 위험성은 두말할 것도 없이 너무나도 크다. 어쩌면 우리는 이따금 하늘에서 비행기가 추락하는 것을 당연한 일로 받아들이는지도 모르겠다. 그뿐 아니라 비행기가 추락하는 것을 보고서도 휴가를 떠나기 위해 비행기에 몸을 싣는다. 그러나 대규모 원전의 작동 결함이 초래하는 결과를 예상하면 끔찍함에 몸서리가 난다. 체르노빌과 후쿠시마 원전 사고는 수백 명, 아니 어쩌면 수천 명의 희생을 가져왔을 뿐 아니라(양쪽 모두 장기적으로 어떤 파급효과를 초래할지 불확실하기 때문에 희생자 수를 정확하게 추정하기가 불가능하다), 장기간에 걸쳐 그 지역을 사람이 살 수 없는 불모지로 만들어 버렸으며, 멀리 떨어진 다른 나라에 사는 사람들까지 방사능 위험에 노출시켰다. 그 사람들은 원전에서 그 어떤 이익도 얻지 못했지만 위험을 안고 살아가는 처지가 되었다. '값싼' 에너지를 얻기 위해 치러야 하는 대가는 너무나도 혹독하다.

그러나 페로의 단호한 거부 뒤에 숨겨진 태도는 궁극적으로 실수에 취약한 인간의 약점에 대한 항복이나 마찬가지다. 이런 정신 상태를 가지고서는 결코 달 착륙 시도 같은 것은 꿈도 꾸지 못했을 것이다. 오늘날의 시각에서 보면 당시 이용 가능한 기술로 달 착륙을 시도한 것은 부주의한 행동까지는 아니라고 하더라도 다분히 모험적인 행동이었다. 복잡함에 관한 한, 달 착륙은 분명 원전을 가동하는 것보다 훨씬 더 해내기 힘든 일이었을 것이다. 물론 위험을 감수하지 않으려면 우주여행이나 눌어붙지 않는 프라이팬 같은 이른바 잡동사니들을 간단하게 포기해 버릴 수도 있을 것이다. 그러나 그런다고 해서 기술을 다룰 때 맞닥뜨리게 되는 딜레마가 해결되는 것은 아니다. 기술 발전을 이용해 앞으로 나아가면 나아갈수록 세상은 더욱더 복잡해지고, 세상을 꿰뚫어 보기가 더 힘들어지며, 실수의 원천도 더욱 많아진다. 어쩌면 이런저런 기술을 포기하기로 결심할 수도 있겠지만, 그렇게 한다고 해도 발전의 함정을 피할 수는 없다. 바로 이런 이유로 우리는 기술과 융통성을 재치 있게 다루면서 실수에 취약한 인간의 약점을 요리하는 방법을 배워야만 한다.

다음의 예가 보여 주듯이, 이를 위한 간단하고 손쉽고 놀랍도록 효과적인 방법이 분명 존재한다.

목숨을 구하는 체크리스트

1935년 10월 30일은 미국 항공기 제작사인 보잉 사 역사상 가장 암울한 날인 동시에 항공 산업의 새 시대를 연 날이기도 했다.

보잉 사는 이날 오하이오 주 데이턴에 있는 라이트 비행장(엔진이 장착된 유인 비행선을 고안해 낸 사람들 중 하나인 윌버 라이트Wilbur Wright의 이름을 따왔다)에서 새로운 모델을 선보였다. 라이트 비행장은 공군 시험 비행장이었다. 그래서 '모델 299' 시제품이 활주로로 향할 때 관람석에는 군 수뇌부가 앉아 있었다. 비행기는 매우 거대하고 인상적이었다. 언론에서 그것을 일컬어 '날아다니는 요새'라고 부를 정도였다. 군은 이미 그 기종을 수십 대 주문하기로 결정한 것이나 다름없었다. 시속 400킬로미터라는 어마어마한 속도를 내는 모델 299는 경쟁 기종들보다 더 빨랐고, 보잉 사의 말에 따르면 엔진 네 개 중 하나가 꺼져도 계속 비행을 할 수 있었다. 그것은 적지에 투입할 폭격기로 사용하기에는 이상적인 조건이었다. 비행기 조종간에는 마흔한 살의 시험조종사 폴리어 피터 힐Polyer Peter Hill이 앉아 있었다. 경험이 풍부한 그는 이미 60종의 다양한 비행기 모델을 조종해 본 터였다. 원칙적으로 도저히 뭔가가 어긋날 수 없는 상황이었다. 모델 299는 천둥 같은 엔진 소리를 내면서 속도를 높여 이륙한 다음 공중으로 가파르게 솟아올랐다. 그러나 상승 각도가 지나치게 가팔랐다. 채 100미터도 상승하기 전에 실속 상태에 빠진 비행기는 그대로 수직 강하하여 돌덩이처럼 땅으로 추락해 버렸다. 비행기가 부서지면서 조종사와 부조종사가 목숨을 잃었다. 군은 계획했던 주문을 취소했고, 보잉 사는 파산 지경에 처했다.

도대체 무슨 일이 일어났던 것일까? 비행기는 아무런 결함 없이 정상적으로 작동했다. 그러나 조종사들이 방향키 잠금장치를 해제하는 것을 그만 잊어버렸다. 방향키 잠금장치는 정지 상태에서 승강키가 바람에 흔들리는 것을 막아 주는 장치다. 아마도 시험조종사 힐에게는 그 비행기의 새로운 기능을 익히는 것이 힘에 부쳤던 것 같다. 엔진이 네 개 장착된 비행기, 수압식으로 변경할 수 있는 프로펠러 날개 각도, 새로운 유형의 착륙 보조날

개, 그리고 접어 넣을 수 있는 착륙 장치. 사고 조사 보고서가 발표된 뒤에, 한 신문은 모델 299는 한마디로 말해서 "한 사람의 파일럿이 감당하기에는 너무 벅찬 비행기"라고 밝혔다. 이것이 바로 찰스 페로가 말한 '정상적인 사고'에 내재해 있는 정신 상태다. 이 기술은 우리 인간들이 감당하기에 너무 복잡하다.

이런 사고에 항복하고 싶지 않았던 군은 추락 사고에도 불구하고 테스트 용도로 몇 대의 비행기를 구입했다. 조종사들은 한데 모여 머리를 맞대고 새로운 조종실에 설치된 복잡한 장치들을 어떻게 하면 장악할 수 있을지 고심을 거듭했다. 그 결과 그들은 놀랍도록 간단한 해결책을 생각해 냈다. 질문지를 고안하여 비행기 승무원들이 출발하기 전과 출발 준비를 하는 도중에 반드시 작성하게 한 것이었다. 항공 산업 사상 최초로 만들어진 이 체크리스트를 통해 모델 299는 단번에 비행이 가능한 모델로 탈바꿈했다. 군은 이 모델을 점진적으로 1만 3,000대 구입했다. 그리고 훗날 제2차 세계대전에서 이 비행기는 독일의 여러 도시를 잿더미로 만들어 버렸다.

오늘날 체크리스트는 항공기 운항에서 일상적인 일로 자리 잡았다. 에어버스나 보잉 제트기 조종실을 한 번이라도 들여다본 적이 있는 사람이라면 그 이유를 금세 이해할 수 있다. 비행기 이륙 준비를 끝내려면 반드시 알아야 할 취급법을 모두 기억하는 것이 불가능한 일은 아니지만, 그럼에도 작은 실수 하나가 치명적인 결과를 초래할 수 있다는 사실을 감안한다면 파일럿의 기억력에만 의지하는 것은 금물이다. 모르긴 해도 체크리스트는 비행기 추락을 막아 주는 것은 물론이고 그보다 훨씬 더 많은 일을 해낼 수 있을 것이다. 지나치게 복잡한 상황에 맞닥뜨려 재빠르고 효율적인 휴리스틱에 의지하려는 성향이 우위를 점할 때면 언제나 체크리스트가 우리의 생명을 구할 수 있다. 그럼에도 우리는 여전히 체크리스트를 활용하는 데 어려움을 겪는다.

단순하고 간단한 해결법

역사가이자 의사 겸 작가인 아툴 가완디Atul Gawande는 오래전부터 체크리스트를 연구해 책을 집필한 인물이다. 책에서 그는 간단한 설문지 하나만으로도 복잡한 상황에서 안전을 보장하는 데 매우 큰 도움이 된다는 사실을 설명했다. 연구를 하던 그는 미국 중환자실 전문의 피터 프로노보스트Peter Pronovost와 마주치게 되었는데, 프로노보스트는 지난 몇 년간 미국에서 가장 큰 성공을 거둔 건강 프로그램 중 하나를 실천에 옮긴 인물이었다. 이때 그가 사용한 방법은 간단한 설문지 한 장이었다. 프로노보스트는 극도로 복잡한 영역 가운데 하나인 중환자 치료를 박사 학위논문의 주제로 다뤘다.

중환자실에서는 전혀 다른 분과 출신의 전문가들(마취 전문의, 심장 전문의, 내과 전문의, 외과 전문의, 의료 장비 기사, 특수 교육을 받은 간호사들과 간병인들)이 첨단 기술 장비가 갖춰진 환경에서 극도의 시간 압박과 성공 압박에 시달리면서 함께 일을 한다. 중환자실에 입원한 환자들은 투약에서부터 고압 제세동에 이르기까지 하루 평균 200회 이상 개별적인 치료를 받는다. 이스라엘 의사들의 연구에 따르면, 이처럼 복잡한 협력 작업에도 불구하고 실수 비율이 고작 1퍼센트밖에 되지 않는다고 한다. 그러나 그것은 곧 환자 한 사람당 매일 두 번의 실수가 일어난다는 것을 의미한다. 그것도 사고, 심근경색, 심각한 감염이나 다발성 외상으로 목숨이 경각에 달려 있는 사람들에게 그런 실수가 일어나는 것이다. 중환자실 환자 여덟 명 가운데 한 명이 살아서 그곳을 떠나지 못하는데, 그것은 결코 놀라운 일이 아니다.

중환자실에서 가장 큰 문제가 되는 요인 가운데 하나는 중심정맥 카테터central venuous catheter다. 이것은 환자들에게 약물과 수분을 공급하는 관으로, 일반적으로 피부를 절개해 경동맥으로 삽입한다. 카테터 삽입은 그다지 까다로운 일이 아니다. 중환자실에서는 일상적인 일이다. 그러나 바로 그런 사실 때문에 카테터 삽입 과정이 위험해진다. 식은 죽 먹기처럼 쉽게 할 수 있는 그런 일일수록 우리는 부주의로 인한 실수에 쉽게 발목을 잡히고 만다. 카테터의 가장 큰 문제점은 그것이 약품 투입 통로일 뿐 아니라 박테리아들이 드나드는 통로이기도 하다는 점이다. 그리고 병원 내 감염은 다른 누구보다도 심신이 쇠약해져 있는 중환자들 사이에서 소리 없는 대량 학살을 야기한다. 추정에 따르면, 독일에서는 해마다 15만 명이 병원 내 감염에 시달리고 있으며, 최대 6만 명이 그 때문에 사망하는 것으로 알려져 있다. 교통사고 사망자보다 15배 많은 수치다. 독일에서 병원 내 감염은 심근경색, 암에 이어 세 번째로 높은 사망 원인으로 자리 잡고 있다.

피터 프로노보스트는 메릴랜드 주 볼티모어에 있는 존스홉킨스 대학병원에서 사용할 목적으로 다섯 가지 항목이 담긴 간단한 체크리스트를 고안했다. 의사들은 반드시 다음 다섯 가지를 지켜야 한다.

1. 비누로 손을 깨끗이 씻어야 한다.
2. 환자의 피부를 소독해야 한다.
3. 모든 환자에게 멸균 침구를 제공해야 한다.
4. 스스로 멸균 마스크, 두건, 가운, 장갑을 착용해야 한다.
5. 카테터를 삽입한 뒤에는 삽입 지점을 멸균 처리해야 한다.

사실 프로노보스트는 모든 의사들이 알고 있는 카테터 삽입의 기본 지침을 나열했을 뿐이다. 그러나 간호사들에게 체크리스트에 따라 병원 내 실무를 점검해 달라고 부탁한 결과 의사들이 세 번 중 한 번꼴로 이 절차 가운데 한 가지를 잊어버리거나 빠뜨리는 것으로 밝혀졌다.

마침내 병원 경영진이 간호사들을 독려하고 그들에게 체크리스트 준수 여부를 감독할 수 있는 권한을 주자 그야말로 놀라운 결과가 나왔다. 열흘이 지난 뒤 감염율이 10퍼센트에서 0퍼센트로 떨어졌다. 연구진의 계산에 따르면, 그 후 1년 동안 체크리스트는 43건의 감염을 막았고, 여덟 명의 목숨을 구했으며, 치료 비용을 200만 달러 절감하는 효과를 거뒀다. 중환자실 입원 기간도 절반으로 줄어들었다.

그 모든 것이 오직 체크리스트 덕분일까? 프로노보스트 연구진이 자신들의 가설을 입증하려면 하나 이상의 병원이 필요했다. 2003년에 그들은 미시건 주정부 소속 의료 기관 관리 당국의 위탁을 받아 디트로이트 시에서 각기 다른 세 가지 체크리스트를(그사이에 프로노보스트는 체크리스트를 추가로 고안해 냈다) 대규모로 시험했다. 병원 직원들은 체크리스트를 그리 반기지 않았다. 미국의 공립 의료 기관은 만성적인 인력 부족에 시달리고 있다. 게다가 디트로이트 시는 미국에서 가장 가난하고 황폐한 도시로 손꼽힌다. 가장 가난한 계층의 환자들로 가득 차 있는 그곳 중환자실에서는 늘 이례적인 상황이 속출한다. 환자들 중 다수는 폭력 범죄의 희생자들이다. 그리고 의료보험이 없는 사람들이 태반이다. 미국에 있는 의료 기관 중에서도 디트로이트 의료 기관은 중환자실 감염율이 상위 25퍼센트에 속할 정도로 열악하다.

체크리스트 도입은 초인적인 노력이 필요한 일이었지만, 프로노보스트는 마침내 병원 직원들을 설득했다. 2006년 〈뉴잉글랜드의학저널New England Journal of Medicine〉에 프로노보스트가 발표한 대규모 실험 결과는 세간의 관심을 불러일으켰다. 미시건 주의 평균적인 중환자실이 미국 내 다른 모든 중환자실의 90퍼센트보다 뛰어난 성적을 거뒀다. 대규모 실험이 시작되고 1년 반 동안 미시건 주 병원들은 1억 7,500만 달러의 의료 비용을 절감했다. 감염율도 극적으로 낮아졌다. 결과적으로 체크리스트가 모두 1,500명의 목숨을 구했다.

프로노보스트 연구진은 이 방법이 획기적인 성공을 가져왔다는 사실을 분명하게 인식했다. 알다시피 의학 분야에서는 1,000분의 1에 해당하는 아주 작은 발전을 이루는 데만도 어마어마한 비용과 노력을 쏟아부어야 한다. 그런데 단순한 설문지 한 장이 일상적인 업무를 수행하는 과정에서 주의력을 높이고 오류 비율을 현저하게 낮추는 데 명백하게 큰 도움이 된 것이다. 여기서도 알 수 있듯이, 우리 인간은 필수적인 규율을 준수하기만 하면 지금도 여전히 극도로 복잡한 업무, 예컨대 자동차 사고를 당해 사실상 이미 죽어 버린 것이나 다름없는 사람의 생명을 구하는 일을 수행할 능력을 지니고 있다.

그럼에도 불구하고 피터 프로노보스트의 체크리스트는 지금까지 몇몇 병원에서만 사용될 뿐, 모든 병원에 보편적으로 도입되지 못하고 있다. 그것은 논리적인 이유 때문이라기보다는 문화적 이유 때문이다. 자신들이 수행하는 가장 간단한 활동에 대해 보고할 것을 요구받았을 때, 많은 의사들이 그것을 일종의 불신임 투표로 간주했다. 그런가 하면 어떤 의사들은 서류 작업 자체에 저항한다. 그리고 무엇보다도 병원에서 간호사들의 활동은 결코 의사들의 활동과 동등한 지위를 부여받지 못한다. 프로노보스트는 의학을 대략 세 분야로 나눈다. 첫째, 질병을 일으킨 생물학적 원인을 알아내는 분야, 둘째, 적절한 치료 방법을 모색하는 분야, 셋째, 치료 방법을 적용하는 분야다. 프로노보스트는 영국 의학 잡지 〈랜싯The Lancet〉과의 인터뷰에서 앞의 두 영역에 1달러의 비용이 들어갈 때마다 세 번째 영역에 들어가는 비용은 기껏해야 1센트에 불과하다고 개탄했다.

의학 연구에 대한 투자 가운데 상당 부분이 수십 억 달러를 잡아먹는 무덤으로 전락해 버리고 만다. 처음에 많은 것을 약속해 줄 것으로 보였던 것이 결국에는 공중으로 흩어져 버리고 마는 것이다. 이런 일이 일어나는 까닭은 새로운 인식과 획기적인 방법을 모색하는 과정 중, 우리가 늘 오류와 새로운 진실 사이의 경계에서 움직이기 때문이다. 그런데 안타깝게도 이때 우리는 그릇된 믿음을 가지고 툭하면 잘못된 쪽에 서곤 한다. 이에 대해서는 다음 장에서 설명할 것이다.

실수를 허용하라

현대 기술을 다룰 때 맞닥뜨리게 되는 오류의 딜레마를 제거할 최종적인 해결책은 존재하지 않는다. 우리를 자연 그대로의 모습보다 더 빠르게, 혹은 더 강하게 만들어주는 대가로 우리의 감각을 혹사하는 기계적인 도움이 전적으로 배제된 상황에서만 이런 딜레마를 해결할 수 있을 것이다. 그러나 체크리스트의 단순한 사례는 우리 자신의 실수 가능성을 알고 있는 것만으로도 이미 많은 것을 얻을 수 있다는 것을 보여준다. 그것은 곧 복잡한 시스템을 만들되, 거기에 실수를 허용하는 구조를 부여해야 한다는 것을 의미한다. 그리고 그렇게 하기가 불가능한 경우에는 가능하면 기술을 포기해야 한다는 것을 말한다. 앞서 언급한 독일 원자력 시뮬레이션 센터 소장은 과학 잡지 〈브란트아인스Brand Eins〉와의 인터뷰에서 핵발전소를 "끔찍할 정도로 유머를 이해하지 못하는" 존재로 묘사했다. 한 치의 오류도 허용하지 않는 시스템에 대한 참으로 세련된 묘사가 아닐 수 없다. 그러나 그런 시스템은 문명에 대한 위협을 의미한다. 현대 기계는 반드시 인간의 정신이 범하는 부조리하고 기괴한 오류를 따라잡을 수 있도록 설계되어야만 한다. 그 반대가 되어서는 안 된다.

5장

과학이 실수를 필요로 하는 이유

지식의 경계에서

카를 마르크스Karl Marx가 말한 것처럼 종교가 '민중의 아편'이라면, 과학은 메타돈methadone(치환 요법에서 모르핀 중독 환자에게 모르핀 대신 투입하는 일종의 합성 진통제로, 부작용은 모르핀과 비슷하다—옮긴이) 요법이라고 할 수 있다. 그것은 초감각적인 고공비행을 약속해 주지는 않지만 우리 주변에서 일어나고 있는 일을 이해하고자 하는 욕구를 잠재워 준다. 과학은 우리 인간이 조심스럽게 어둠 속을 더듬으면서 세계를 점유해 가는 방법을 보여 주는 거울이다. 그것은 일어난 일을 해석함으로써 거기에 의미를 부여하고자 하는 끝없는 시도다. 우리의 선조들이 알고 있었던 것들 가운데 많은 부분이 오늘날에 이르러 반박을 당하고 있다. 그러나 우리는 지금도 여전히 논리적인 결론에 맞서 고집스럽게 저항한다. 현재의 지식 또한 일시적일 뿐, 머지않아 다시금 오류로 밝혀질 것이라는 사실을 인정하려 들지 않는 것이다. 지식의 경계에 다가갈수록 오류 비율은 더욱더 높아지는 법이다.

우리 인간은 과연 몇 살까지 살 수 있을까?

백스물두 살, 5개월 14일. 프랑스 여성 잔 칼망Jeanne Calment이 1997년 8월 4일 고향인 아를에서 사망하기 전에 작성한 기록이다. 절대적인 예외이기는 하지만 그래도 백 살까지 살 가능성이 아주 낮은 것은 아니다. 현재 마흔 살인 여성 여덟 명 중 한 명꼴로 백 살까지 살 수 있으리라 추정된다. 지금 태어난 여자 아이들의 경우에는 심지어 네 명 중 한 명꼴이다(남성들이 백 살까지 살 가능성은 여섯 명 중 한 명, 즉 14퍼센트로 이보다 조금 더 낮다). 장수에 결정적으로 중요한 요인은 당연히 생활 방식이다. 그러나 유전적 기질도 무엇보다 중요하다. 보스턴 대학교 공중보건대학의 유전학자 파올라 세바스티아니Paola Sebastiani와 토머스 펄스Thomas Perls는 이에 착안하여 우리가 잠재적인 장수 노인이 될 수 있는지를 알아내는 테스트를 개발했다. 그들은 백 살을 넘긴 노인 1,055명을 조사 대상으로 삼고, 그들의 게놈을 대조군 1,055명의 게놈과 비교했다. 그 결과 그들은 건강한 노인이 될 수 있는 소양을 갖춘 사람이 누구인지 예견할 수 있게 되었다고 생각했다. 그것도 무려 '77퍼센트의 정확도'로 말이다. 과학 잡지 〈사이언스Science〉가 이 연구를 채택해 잡지에 수록하자 보스턴 대학은 "유전자가 기대 수명에 미치는 영향을 이해하는 데 있어서 획기적인 성과를 이룩한 연구!"라고 치켜세우며 환호성을 올렸다.

그러나 그것은 사실이 아니었다. 1년 후 저자들은 그들의 연구 결과를 철회했다. 데이터를 평가하는 과정에서 오류를 범했던 것이다.

놀랍다고? 아니, 그다지 놀라운 일이 아니다. 대부분의 과학 연구는 그 반감기가 매우 제한적이다. 오늘 획기적인 사건으로 칭송받으며 온갖 매체를 장식하는 사건("장수 유전자 발견!")이 내일이면 이미 잊히고, 모레쯤이면 반박을 당하게 된다. 몇몇 주제의 경우에는 서로의 주장을 극단적으로 반박하는 연구 결과가 연이어 발표되기도 한다. 이를테면 비디오 게임에 대한 연구가 전형적인 예다. 저명한 과학 블로그 '사이언스 데일리Science Daily'는 간단한 조사를 실시한 뒤에 컴퓨터 게임으로 많은 시간을 보내는 아이들의 부모에게 끔찍한 소식과 용기를 북돋아 주는 소식을 동시에 전했다. 우선 한 언론 보도가 "비디오 게임이 젊은 남성들의 뇌 기능을 영구적으로 변화시킨다"며 경고를 하고 나섰다. 일주일 동안 '에고 슈터Ego-Shooter' 게임을 하고 나면 젊은 남성들의 뇌 영역 가운데 "감정과 공격성을 조절하는 영역의 활동이 감소한다"는 것이었다. 그 결과, "비디오 게임은 게임이 끝난 뒤에도 오랫동안 공격성을 고조시킨다." 그러나 그로부터 불과 나흘 뒤 비디오 게임도 나름대로 좋은 점이 있다고 주장하는 연구 결과가 발표되었다. "당신의 자녀들이 몇 시간씩 비디오 게임을 한다고요? 그것은 어쩌면 언젠가 복강경 수술 전문가가 되기 위한 준비 과정일지도 모릅니다!" 그 근거는 다음과 같다. 비디오 게임이 복강경 수술에 필수적으로 요구되는 '눈과 손의 협동 능력'을 향상시킨다는 것이다. 그뿐 아니라 비디오 게임은 창의력도 향상시킨다. 그러나 집중력은 떨어뜨린다.

그래서 어쨌다는 말인가? 정말로 비디오 게임이 상상력은 풍부하지만 집중을 하지 못하는, 그리고 본인의 공격성을 조절하지 못하는 그런 외과 의사를 만들어 낼까?(상상만 해도 등골이 오싹해진다.) 당연히 그렇지 않다. 그보다는 오히려 이렇게 생각하는 편이 옳을 것이다. 이런 진술이 각각의 연구 결과에 부합하는 것은 사실이지만, 그렇다고 해서 그 반대 경우가 진실이 아니라는 것을 의미하는 것은 아니다. 그리고 내일이면 또 다른 연구가 발표되어 그런 사실을 입증할 것이다.

몇 년 전 뉴욕의 한 일간지는 구독자들에게 다음과 같은 조언을 했다. “이번 주에는 달걀을 섭취하는 것이 좋을 것이다. 왜냐하면 달걀이 건강에 유익하다는 것이 얼마 전 과학적으로 입증되었기 때문이다. 그러나 짐작컨대 다음 주부터 달걀은 다시 유해한 음식이 될 것이다.” 실제로, 〈미국영양학회저널Journal of the American College of Nutrition〉에서 실시한 한 메타 연구에서는 다음과 같은 결론을 내놓았다. 지난 40년 동안 달걀이 콜레스테롤 수치를 높일 수 있다는 이유에서 의사들이 심근경색의 위험을 줄이기 위해 환자들에게 달걀 섭취를 자제할 것을 권고했지만, 역학조사 자료를 보면 정상적인 달걀 섭취가 실제로 심근경색의 위험을 높인다는 증거를 전혀 찾아볼 수 없다.

어쨌거나 최근에 이루어진 연구 결과까지는 그렇다.

원칙적으로는 그런 종류의 변동성이 존재해서는 안 된다. 의학연구에서는 특히 그래서는 안 된다. 가령 누군가가 오늘 새로운 치료제를 발견했다고 한다면, 그 사람은 반드시 자신의 견해와 인식한 내용을 상세하게 기록해야만 한다. 과학 저널에서는 각 분과별로 여러 명의 전문가들이 모든 원고를 검토한다. 그중 한 사람이라도 원고에 결함이 있다고 판단하면 일반적으로 그 원고는 퇴짜를 맞는다. 이렇게 하는 목적은 결함이 있는 연구 결과가 근거 없는 희망을 일깨우는 사태를 방지하려는 것이다.

이론적으로 보았을 때, 이 같은 시스템은 오류에 맞서 훌륭하게 무장되어 있다. 그러나 실제로는 온통 오류투성이다. 어쨌거나 그리스 출신의 미국 의학자 존 이오아니디스가 실시한 조사에 따르면 그렇다. 그는 처음에는 하버드 대학에서, 나중에는 미국국립보건원NIH, National Institutes of Health에서 동료들의 출판물을 통계적으로 정리·평가하는 작업을 했다.

이오아니디스는 2005년에 '발표된 대부분의 연구 결과가 옳지 않은 이유는 무엇일까?'라는 제목의 논문을 발표했다. 여기서 그는 실험 대상자의 숫자가 지나치게 적은 상태에서 결과물을 평가했거나 대조군을 설정하지 않았기 때문에 연구의 대다수가 전혀 가치가 없다고 주장했다. 이를테면 젊은 남성 10명, 혹은 20명쯤을 실험실로 데려와 비디오 게임 모니터 앞에 앉힌 다음 연구자가 그들의 뇌파를 측정하는 실험도 허다하다.

그처럼 실험 대상자가 적으면 온갖 일들이 다 일어날 수 있다. 그런 그룹은 규모가 지나치게 작기 때문에 통계적인 이상치outlier나 측정오차로부터 결과물을 보호할 수가 없다. 이런 그룹에서는 비디오 게임을 하던 남성들 가운데 두 사람만 공격성을 드러내도 '모든 젊은 남성의 10퍼센트가 비디오 게임을 통해 공격적으로 변한다'는 결론이 도출된다. 훗날 같은 연구를 되풀이하게 되면 곧잘 완전히 다른 결론이 도출되곤 한다. 실험 대상자가 적고 대조군이 없는 연구는 사실상 너무나도 경솔하고 부주의하다. 그러나 그런 연구는 비용이 비교적 적게 들 뿐 아니라, 매우 주목할 만한 결과물을 얻을 가능성이 높다. 발표된 모든 논문의 80퍼센트(!)를 이런 연구가 차지하고 있다.

그러나 학문적으로 최고의 수준을 자랑하는 영역에서도—중립적인 대조군을 갖춘 대규모 연구에서도—빈번하게 결함이 발견된다. 존 이오아니디스는 이런 사실을 증명하기 위해 다른 학문 분야에서 가장 많이 인용되는 연구들, 그중에서도 특히 의학 연구 분야에서 가장 큰 영향력을 지닌 동시에 전 세계 수천 명의 의사들이 수백만 명의 환자를 치료할 때 지침으로 삼는 연구들을 검토했다. 심근경색 위험도가 높은 사람들은 체내에 스텐트를 이식한다. 그리고 어떤 사람들은 날마다 아스피린을 복용한다. 연구 결과 아스피린이 심근경색의 위험도를 낮춰 환자들의 생명을 연장할 수 있다는 사실이 밝혀졌기 때문이다. 의료보험 시스템도 이런 연구 결과를 기준으로 삼아 수십억 달러의 비용을 지출한다. 생명이 위태로운 사람들은 거기에 희망을 건다. 그러나 여기에서도 마찬가지로 결과는 참담했다. 의학 연구서에 기재된 내용을 2차 실험을 통해서 검증했더니 41퍼센트가 검증 과정에서 탈락해 버렸다. 연구 결과가 지나치게 과장되었거나 아예 잘못되어 있었다.

그런 실수 분석은 번거롭기도 할뿐더러 실행되는 경우도 매우 드물다. 동료의 오류를 증명하려 드는 사람들에게는 친구가 없기 마련이다. 따라서 어떤 가설이 거짓으로 밝혀지기까지는 곧잘 불필요하게 오랜 시간이 걸린다. 그리고 실제로 그런 일이 일어날 때까지 그 가설을 제시한 사람들은 해당 분야에서 권위자로 등극한다. 그들은 각종 심포지엄이나 토크쇼에 초빙되고, 대학에서 학생들을 가르친다. 그에 이어서 가설이 이론으로 탈바꿈한다. 이렇게 되면 그 이론을 제시한 사람들은 시스템 내부의 오류를 찾아내려고 하는 대신 자신의 이론을 뒷받침해 줄 증거를 찾아 헤맨다. 전문성이 강화될수록 전문가들이 사고의 유연성을 잃을 위험성도 함께 커진다는 것 또한 한 가지 이유가 된다. 논문이 하나씩 발표될 때마다 그들의 자신감은 점점 더 커져 간다. 그리하여 급기야는 본인의 능력을 과대평가하기에 이른다. 최악의 경우 그들은 물위를 걸어서 지나갈 수 있다고 믿는 '흰색 가운을 입은 신'이 되어 버린다.

스웨덴 인지심리학자 K. 안데르스 에릭손K. Anders Ericsson은 오래전부터 전문가들의 특징, 그리고 전문가들이 각자의 분야에서 한 일을 연구했다. 에릭손은 다음과 같이 말했다. "실적이 높은 전문가들은 흔히 특정한 상황에서 자동적으로 행동하고, 그 언제쯤인가가 되면 전적으로 본인의 직관에 의지한다. 곧 그들은 전형적이지 않은 사건이나 희귀한 사건을 다룰 때 어려움을 겪게 된다. 왜냐하면 상황을 분석할 수 있는 능력과 최선의 해결책을 준비할 수 있는 능력을 잃어버렸기 때문이다. 전문가들은 본인의 직관적인 선입견이 자신의 사고를 서서히 잠식해 오는 과정을 알아차리지 못한다. 익숙한 반응 양식이 오류를 유발하거나 심지어는 손상을 유발하는 시점에 도달할 때까지 말이다."

이런 위험성은 지식에 기초한 우리 사회에서 전문가들이 높은 위상을 점하고 있다는 사실과 만나 한층 더 첨예해진다. 이런 현실은 복잡한 문제와 맞닥뜨렸을 때 우리가 우리 자신의 생각을 보류하고 전문가들에게 결정을 위임해 버리는 결과를 초래한다. 미국 뇌 연구자 그렉 번스Greg Berns는 예컨대 금융과 관련된 결정을 내리기 위해 금융 전문가에게 조언을 구하는 사람들은 논리적인 사고가 거의 차단되어 있다는 것을 뇌 사진을 통해 입증했다. "마치 뇌가 휴식 상태에 있는 것과도 같다."

과학적 오류의 위험

이렇듯 스스로 생각하기를 포기하는 행위는 엄청난 결과를 가져온다. 세 살배기 매슈 라섹은 이 때문에 하마터면 목숨을 잃을 뻔했다. 매슈는 인후 및 목덜미 통증과 호흡곤란 증세를 보여 병원으로 실려 갔다. 의사들은 천식으로 추정했다. 치료를 했지만 효과가 나타나지 않자 경험이 풍부한 소아과 의사가 부모에게 혹시 아이에게 예방접종을 했느냐고 물었다.

부모는 하지 않았다고 대답했다.

"만약 그렇다면, 아드님은 그리 오래 살지 못할 것 같습니다." 의사가 말했다.

혈액검사 결과 아이가 뇌수막염에 감염되었다는 사실이 확인되었다. 사실 뇌수막염은 그사이에 매우 희박해진 질병이지만, 일단 감염되면 심각한 뇌손상이 초래될 뿐 아니라 곧잘 치명적인 결과를 가져오기도 한다. 의사들은 그 소년을 인위적인 혼수상태에 빠뜨린 다음 항생제 치료를 했다. 다행히도 소년은 살아나 다시 건강을 되찾았다. 병원을 떠나는 그의 부모에게 소아과 의사가 말했다. "부디 제 부탁 한 가지만 들어주셨으면 합니다. 아이에게 예방접종을 하십시오."

라섹 부부는 매슈의 예방접종을 계속 뒤로 미뤘다. 아동 예방접종과 자폐증 증가 사이에 관련성이 있다는 보도에 경악했기 때문이다. 이 보도는 1998년 영국 의사 앤드루 웨이크필드Andrew Wakefield가 한 연구를 근거로 했다. 이 연구는 이미 오래전에 반박당했고, 의학 전문 저널 〈랜싯〉은 그의 연구 논문을 철회했다. 그뿐 아니라 웨이크필드는 의사 자격까지 박탈당했다. 만약 이론에 사형을 적용할 수 있다면, 그의 이론이야말로 바로 사형감이었다. 그러나 예방접종으로 인한 자폐증이라는 신화는 과학 좀비처럼 연명하면서 은연중에 예방접종에 대한 선입견을 불러일으키고 있다. 독일에서는 매년 어린이들이 이미 오래전에 충분히 퇴치되고도 남았을 질병인 홍역 때문에 사망하고 있다. 한때 획기적인 과학적 사건으로 세상에 알려졌던 오류의 수명은 예상 외로 길다.

'예방접종/자폐증' 연구는 어쩌면 예외적인 경우일 수도 있다. 왜냐하면 웨이크필드가 매우 경솔하게, 아니 심지어는 다분히 의도적으로 그렇게 행동했을 수 있기 때문이다(그는 백신 제조업체에 소송을 제기한 부모들에게서 돈을 받은 것이 명백하다). 그러나 최고 수준을 자랑하는 연구에서조차 오류는 결코 사라질 줄 모르고 완강하게 버티고 있다. 1990년에 접어들어 새로운 정신분열증 치료제가 출시되자 대부분 의사들은 환자들에게 신약을 처방했다. 이 약품은 1950년대에 개발된 기존 치료제보다 평균 10배 정도 비쌌지만, 그 대신 치료에 훨씬 더 도움이 되는 것으로 여겨졌다.

그러나 의사들의 행복감은 그리 오래 지속되지 않았다. 비록 새로운 개별 연구들을 통해서 약품의 효능이 거듭 증명되기는 했지만, 연구가 거듭될수록 효능의 강도는 점점 더 줄어들었다. 마치 시간이 지날수록 약품이 점차 효력을 상실해 버리는 것 같았다. 혹은 모든 과학적 연구 기준에 의거하여 확고하게 정립된 것 같아 보였던 사실들이 힘을 잃고 서서히 쇠퇴하는 듯했다. 그러다가 마침내 2005년에 이루어진 광범위한 사후 역학조사 결과

신약이 기존 약품에 비해 그 어떤 개선 효과도 없다는 사실이 밝혀졌다. 오히려 훨씬 더 심각한 부작용을 몰고 왔다.

2002년에 미국에서 이루어진 여성들의 호르몬 치료에 대한 광범위한 연구 분석 결과는 그보다 한층 더 심각했다. 1991년에 시작된 이 연구에서는 50~79세 여성 16만 명을 동행 추적했다. 그 여성들 중 일부는 갱년기 증상을 완화하기 위해 에스트로겐과 프로게스테론 치료를 받았다. 의사들은 이 두 가지 호르몬이 골다공증과 심근경색 위험성을 낮춰 줄 것이라고 예측했다.

애당초 이 연구는 15년간 계속될 예정이었지만 도중에 위험을 자각한 의사들이 경종을 울리고 나섰다. 지나치게 많은 실험 대상자가 유별나게 공격적인 유방암으로 사망했을 뿐 아니라, 호르몬 치료를 받은 여성들이 그렇지 않은 여성들보다 심근경색 발병 건수가 더 많았던 것이다. 연구는 시작된 지 10년 만에 중단되었다. 그사이에 여성 질환 전문의들은 장장 10년에 걸쳐 환자들에게 호르몬을 처방했다. 왜냐하면 신체가 호르몬 생산을 중단하는 결과로 각종 장애 현상이 나타날 경우 호르몬을 추가로 주입하여 증상을 완화하는 것이 지극히 논리적으로 보였기 때문이다. 그러나 그 연구는 원인과 결과가 훨씬 더 다양할 수 있다는 것을 보여 주었다. 요컨대, 일차원적인 치료 방법을 적용하기에 인간의 신체 시스템은 너무나도 복잡하다.

평균으로의 회귀

과학 연구가 이처럼 교묘하게 제 기능을 발휘하지 못하는 데는 일련의 이유가 있다. 그중 하나는 순수하게 통계적인 성격을 띤다. 평범하지 않은 결과가 도출된 연구만 발표 대상이 된다(그리고 실패로 돌아간 연구는 발표의 기회를 얻지 못한다). 그런데 최초의 연구에서 도출된 획기적인 결과를 상세하게 들여다보면 흔히 우연한 통계적 예외에 불과한 경우가 많다. 최초의 향정신성 의약품 연구에 참여한 환자들 가운데는 약품에 대한 반응이 특별히 뛰어나서 결과적으로 연구 결과를 왜곡하는 환자들이 있다. 약품 실험 횟수가 많아질수록 이런 예외들이 지닌 의미는 줄어든다. 통계학에서는 이런 효과를 가리켜 '평균 회귀regression to the mean'라고 부른다. 이런 평균 회귀 효과 때문에 일반적으로 실험을 거듭하는 횟수가 늘어날수록 애초에 입증된 효과가 점점 더 줄어드는 결과로 나타난다.

그러나 평균 회귀는 단지 연구 영역에서만이 아니라 삶의 모든 영역에서 중요한 역할을 한다. 회귀 효과는 예컨대 키가 큰 어머니를 둔 딸들이 평균 이상으로 키가 크기는 하지만 일반적으로 그들의 어머니보다는 키가 작은 결과를 보이기도 한다. 가축이나 유용 작물의 경우에는 품종개량을 통해 평균을 높이는 이런 자연적 경향을 의도적으로 속여 넘기기도 한다. 대부분의 통계 현상과 마찬가지로 평균 회귀 또한 직관적으로 파악하기가 힘들다. 우리는 언제나 순수한 수량 분배에서 귀결된 효과를 그 어떤 이야기를 통해 논증적으로 뒷받침하려고 시도한다.

심리학자 대니얼 카너먼은 그것을 전형적인 사고의 오류에 포함시키고, 한 가지 예를 들어 설명한다. 골프 경기에서 첫날 경기가 모두 끝나고 난 뒤 선수들을 평가하면서 둘째 날 그들이 어떤 경기를 펼칠지 예측을 할 때면 우리는 대부분 오류에 빠져든다. 우리는 첫날 성적이 매우 우수했던 선수가 둘째 날도 탁월한 성적을 거둘 것이라고 생각한다. 반면 첫날 꼴찌를 한 선수는 둘째 날도 마찬가지로 엉망으로 경기를 할 것이라고 확신한다. 실제로는 정확하게 그 반대 상황이 펼쳐진다. 첫날 승자는 아마도 둘째 날 성적이 첫날보다 저조할 것이다. 그 선수의 탁월한 성적은 어느 정도 행운에서 비롯했을 것이기 때문이다.

그러나 이런 설명은 좀처럼 우리의 머릿속으로 들어가지 않는다. 우리는 우연을 어떻게 다뤄야 할지 잘 알지 못한다. 세상 돌아가는 과정을 미리 예언하려고 시도할 때면 우리는 과거에서 미래로 이어지는 발전 상황을 쭉 써 내려간다. 이때 우리는 통계적 이상치가 언제나 평균으로 회귀하는 경향이 있다는 사실을 흔히 간과해 버린다. 평균 회귀 효과의 결과 예컨대 한 직원이 어떤 해에 특별히 우수한 성과를 거뒀다면 그다음 해에는 대체로 평균에 가까운 성과를 거둘 가능성이 매우 높다.

진실이 아닌 동의

그러나 평균 회귀 효과만으로는 향정신성 약품의 효능에 관한 대규모 연구가 그토록 오랫동안 실패로 돌아가버린 이유를 설명할 수 없다. 이때는 또 다른 요소들이 영향을 미친다. 의학 연구에서도 마찬가지로 인간적인 결함이 나타난다. 연구자들이 명성과 존경, 그리고 방송 시간을 손에 넣기 위해 고군분투하고, 유행과 적대 세력에 대한 관리도 함께 이루어진다. 연구비를 얻기 위한 치열한 다툼도 벌어진다. 이 때문에 어떤 학자들은 자신의 데이터 중에서 최대한 관심을 불러일으킬 만한 결과만을 추리고 싶은 유혹에 빠지기도 한다.

이오아니디스는 낯선 사람들의 기도가 심장병 환자들에게 도움이 되는지를 조사한 두 가지 연구를 인용했다. 한 연구에서는 도움이 된다는 결과가 나왔고, 또 다른 연구에서는 정반대의 결과가 나왔다. 도움이 되지 않을 뿐 아니라 심지어는 해가 된다는 것이었다. 이때 이치에 합당한 또 다른 결과(도움이 되지도 않고, 해가 되지도 않는다)에 대해서는 그 누구도 사실 여부를 입증하려 들지 않았다. 바로 세간의 이목을 끌기에 충분하지 않았기 때문이다.

학술 논문 출판 실무에서도 마찬가지로 이처럼 대표성이 없는 연구를 선호한다. 이오아니디스는 이런 행태를 문제로 간주하는데, 행동경제학에서는 이것을 가리켜 '승자의 저주'라고 부른다. 모든 입찰자들에게 동일한 정보가 주어지는 공개 경매에서는 보통 가장 높은 입찰가를 부른 사람이 결과적으로 지나치게 많은 금액을 지불하는 사태가 일어난다. 입찰에 참여한 사람들 중 최종 낙찰자를 제외한 다른 모든 사람들은 해당 투자를 수익성이 없는 것으로 간주하여 중간에 경매에서 하차해 버린다. 그것은 수백만 달러가 들어가는 석유 개발권뿐만 아니라(원래 석유 개발권 문제 때문에 이 현상을 연구하기 시작한 것이다), 간단한 이베이 경매에도 마찬가지로 적용되는 사항이다. 이베이 경매에서는 보통 중고 물품이 지나치게 비싼 값에 다른 소유자에게로 넘어간다.

연구의 세계를 들여다보면 한편으로는 학문적 데이터가 지나치게 과잉 공급되고 있고(전 세계적으로 연구 실험실이 점점 더 늘어나고 있다), 다른 한편으로는 이런 연구 데이터를 저명한 학술지에 발표할 수 있는 가능성이 지나치게 제한되어 있다. 극히 드문 출판 기회를 둘러싸고 공급자들 간에 치열한 경쟁이 벌어지는데, 이때 가장 큰 관심을 불러일으키는 결과물을 내놓은 사람이 가장 큰 기회를 얻게 된다. 저명한 과학 저널 〈네이처Nature〉에서 퇴짜를 맞은 연구의 95퍼센트가 '충분히 흥미롭지 못하다는' 이유로 탈락의 고배를 마신다. 이런 사실 덕분에 이 잡지의 매력은 한층 더 높아진다. 그와 동시에 통계적 이상치가 자칫 새로운 인식으로 왜곡되어 버리는 위험성도 함께 높아진다.

이런 효과는 대중매체 때문에 더욱 강화된다. 장기간에 걸쳐 탄탄하고 광범위한 연구를 실시하면 아마도 매일 아침 먹는 달걀이 대부분의 사람에게는 해가 되지 않는다는 결과가 나올 것이다. 혹시나 달걀을 섭취하는 사람들 사이에서 심근경색 발병 비율이 살짝 높아질 수도 있다. 이때 학자들은 이것이 우연일 수도 있음을 솔직하게 인정해야 할 것이다. 그렇다면 이 연구의 결과는 과연 어떤 것일까? 분명한 사실은 달걀이 건강에 전혀 해롭지 않다고 말할 수는 없다는 것이다. 그것이 정직한 행동일 테지만 이런 결과를 바탕으로 신문 헤드라인을 장식하는 기사를 만들어서는 안 될 것이다. 그런데 각종 일간지와 뉴스 웹사이트의 행태를 보면 실소를 금할 수가 없다. 그들은 앞다퉈 "아침에 먹는 달걀이 심근경색 발생 비율을 크게 증가시킨다"는 결론이 도출된 소규모 연구로 지면을 채운다. 추측컨대, 그런 결과는 고작해야 통계적인 잡음에 불과할 텐데도 말이다.

그 결과 '통계적인 효과 크기effect size'는 의학적 연구가 거듭될수록 줄어든다. 예컨대 1848년 이그나즈 필리프 제멜바이스Ignaz Philipp Semmelweis는 비위생적인 출산 과정이 산욕열産褥熱(분만할 때 생긴 생식기 속의 상처에 연쇄상 구균 따위가 침입하여 생기는 병—옮긴이)의 원인이 된다는 사실을 비교적 쉽게 증명해 냈다. 그는 의사들에게 반드시 손을 씻도록 하는 간단한 조치만으로 단시간에 산욕열로 인한 사망률을 거의 0으로 떨어뜨릴 수 있었다. 유전적 기질이 천식이나 비만을 유발하는지를 증명하기란 이것보다 훨씬 더 어려운 일이다. 유전자의 복잡한 상호작용을 고려할 때 명확한 진술은 거의 불가능하다. 이오아니디스는 유전자 요법에 관한 432건의 연구를 조사했는데, 그 가운데 여러 차례에 걸쳐 동일한 결과를 재현할 수 있을 정도로 확실하게 사실을 증명해 낸 연구는 단 한 건에 불과했다.

어처구니없게도 유전자 요법에 대한 연구가 강도 높게 이루어지고 있다는 사실이 이런 현상이 나타나는 한 가지 원인이 된다. 향후 이 부문에 노벨상이 돌아갈 가능성이 있을 뿐 아니라, 제약 산업은 미래에 수십억 달러 상당의 시장이 이 부문에서 생성될 것이라고 추측하고 있다. 실제로 이렇게 강도 높은 검토와 조사가 이루어지는 연구 분야는 거의 없다. 바로 이 때문에 각 팀들이 서로를 능가하려고 안간힘을 쓰게 되었다. 연구 위탁자들과 연구비를 대주는 사람들에게 연구의 정당성을 입증하는 결과물을 내놓아야 하는 그들은 그야말로 거대한 스트레스에 시달리고 있다. 그러나 연구자들은 또 그들 나름대로 자신들이 의학의 새로운 시대로 넘어가는 문턱에 서 있다고 믿고 싶어 한다.

이 모든 요인들이 독립적인 실험과 냉철한 관찰을 수행하기에 불리한 전제 조건으로 작용한다. 이오아니디스는 연구 오류에 관한 그의 논문에서 이렇게 단언했다. "어떤 학문 분야를 둘러싼 경쟁이 치열해지면 치열해질수록, 돈에 대한 관심과 선입견이 커지면 커질수록, 연구 결과가 옳은 것일 가능성은 점점 더 낮아진다." 그의 논문은 70만 건 이상의 인터넷 다운로드 횟수를 기록하면서 역사상 가장 인기 있는 과학 논문 가운데 하나로 자리매김하고 있다.

이오아니디스는 오류 가운데 많은 부분은 학자들이 본인이 이미 알고 있다고 믿는 대상만을 실험을 통해 증명하려 들기 때문에 발생한다고 말한다. 그들은 적절한 실험 대상자들을 선별해 자신들의 의도에 부합하는 방식으로 측정을 진행하고, 전체적인 그림을 망가뜨릴 수 있는 데이터는 고의적으로 누락한다. 이때는 문화적인 차이도 중요한 역할을 한다. 침술이 정식 의학으로 자리 잡은 아시아의 많은 나라에서는 1966년과 1995년 사이에 총 47건의 연구가 이루어졌는데, 이들 연구에서 모두 침술이 효과적인 치료법이라는 결론이 도출되었다. 같은 시기에 서구에서는 94건의 연구가 이루어졌는데, 그중 거의 절반에서 침술이 효과가 없는 것으로 밝혀졌다. 연구를 수행할 때 우리는 대부분 새로운 것을 찾는 대신 우리의 추측을 뒷받침해 주는 설명만을 찾아 헤맨다. 그것은 확증 편향이 학문적으로 변형된 버전이다. 연구자들은 흔히 무의식적으로 진실이 아닌 동의를 선호한다.

이건 정말 웃기잖아

탐색을 하지 않으면 아무것도 발견하지 못하지만 오직 자신의 견해만이 옳다는 것을 입증하려는 사람들은 터널 시야에 갇혀 새로운 것을 보지 못한다. 아일랜드 심리학자 케빈 던바Kevin Dunbar는 미국 스탠퍼드 대학 연구실에서 1년을 보내면서 그곳 생화학자들의 작업 방식을 관찰했다. 던바는 실제로 학문 활동이 어떻게 이루어지는지를 알아보려 했다. 연구자들은 어떤 방식으로 실험을 진행하는가? 그들은 진실을 탐색하는 과정에서 어떤 방법으로 오류를 방지하는가? '유레카' 효과는 언제 나타나는가?

던바가 기록한 내용을 분석한 결과, 학문 활동에는 무엇보다도 인내가 필요한 것으로 드러났다. 생화학자들이 성심성의껏 실험을 준비했는데도 결과물의 절반 이상이 기대를 빗나갔다. 몇몇 실험실에서는 실패 확률이 자그마치 75퍼센트에 달했다.

이때 예상치 못한 결과에 과학자들이 대응하는 방식이 매우 흥미로웠다. 우선 그들은 실험 구성 과정에서 발생한 오류와 계측 기구의 결함 혹은 양적 오류를 찾는다. 이런 부분에서 원인을 찾지 못하면 그들은 실험을 되풀이한다. 재실험을 해도 또다시 '그릇된' 결과가 도출되면 일반적으로 더는 원인을 파헤치지 않는다. 그들은 실험 데이터를 던져 버리고 새로운 프로젝트로 돌아선다.

그러나 실제로는 오류가 새로운 것을 발견하는 길을 알려 줄 수 있을지도 모른다. 러시아 출신의 미국 생화학자이자 작가인 아이작 아시모프Isaac Asimov가 말한 것처럼. "학문에서 가장 자극적인 문장은 '유레카, 알아냈어!'가 아니라, '이건 정말 웃기잖아……'다."

1928년 여름에 우무 평판에 포도상 구균을 주입한 스코틀랜드 세균학자 알렉산더 플레밍Alexander Fleming도 아마 아시모프와 같은 생각이었을 것이다. 여름휴가를 마치고 연구실로 돌아온 그는 배양접시가 깨끗하지 않다는 사실을 알아차렸다. 배양접시에 푸른곰팡이가 잔뜩 끼어 있었던 것이다. 그러나 그는 배양접시를 신경질적으로 던져 버리는 대신 그것을 자세히 들여다보았다. 그러고는 푸른곰팡이 주변으로는 박테리아가 증식하지 않았다는 사실을 확인했다. 실험 구성 과정에서 발생한 오류 때문에 흘러 들어왔을 곰팡이가 박테리아를 억제할 능력을 지니고 있다는 것이 명백했다. 이를 계기로 플레밍은 페니실린을 발견했다. 이따금 오류는 세상을 완전히 바꾸어 놓는 새로운 발견의 모태가 되기도 한다.

18세기 초에 약사 요한 프리드리히 뵈트거Johann Friedrich Böttger가 연금술 실험을 하면서 물체를 금화로 바꿔 놓자(이때 그는 속임수를 써서 은화로 추정되는 물체를 금화로 탈바꿈했다), 강건왕 아우구스트 2세 August der Starke가 그를 작센으로 데리고 왔다. 연금술사를 신하로 삼으면 잠정적으로 무한한 권력을 손에 넣을 수 있으리라는 것이 그의 계산이었다. 아우구스트 2세는 뵈트거를 위해 마이센에 연구실을 마련해 주었다. 결과적으로 뵈트거는 일반 금속을 귀금속으로 바꾸는 데는 실패하고 말았지만, 실험에 실험을 거듭한 끝에 마침내 도자기를 발명했다. 그리고 이는 오늘날까지 마이센의 역사를 특징짓고 있다.

돌아가신 이모가 남긴 유산 중에 끼어 있는 섬세하기 이를 데 없는 찻잔은 모두 약사 뵈트거와 금을 갈망했던 작센 선제후 아우구스트 2세 덕분에 태어났다.

외면할 것인가, 발견할 것인가

케빈 던바가 관찰했던 스탠퍼드 대학교 생화학자들의 폐기된 시험관 속에는 과연 어떤 발견이 숨겨져 있었을까? 왜 연구자들은 그것을 더 자세하게 들여다보지 않았던 것일까? 던바는 다음과 같이 말했다. "나는 그곳 과학자들과 수백 건의 인터뷰를 진행했다. 그런데 일반적으로 그들은 연구실에서 일어난 일을 아주 정확하게 재현하지는 않았다. 그렇다고 그들이 거짓말을 하는 것은 아닐 것이다. 그들은 그저 수많은 세부 사항을 생략했을 뿐이다. 지루하지만 대단히 중요하기도 한 세부 사항들을 말이다." 던바는 한편으로 과학자들의 이런 태도가 세부 사항이 무수히 많기 때문이라는 것을 잘 알고 있었다. "우리는 정보의 폭격을 받는다. 그래서 우리는 그것들을 걸러낸다."

이 과정에서 우리는 우리의 세계상과 일치하지 않는 정보를 잘라내 버린다. 토론토 대학에서 실시한 실험에서 던바는 항우울제가 사람들의 기분을 좋게 해준다고 생각하는 실험 대상자들을 의도적으로 물색했다. 그런 다음 그는 실험 대상자들에게 그들의 생각과 상반되는 정보를 제시했다. 그들의 견해를 뒷받침하는 연구들과 그것을 반박하는 연구들을 함께 제시했던 것이다. "우리는 그들이 자신들의 추측과 일치하지 않는 정보를 무시해 버리는 모습을 거듭 관찰할 수 있었다." 결과적으로 모든 실험 대상자들이 심각하게 고려해 볼 만한 정보를 얻었음에도 불구하고 자신들의 추측을 이전보다 더욱더 확신하게 되었다.

던바는 실험 대상자들의 뇌 사진에서 이런 현상의 원인을 하나 발견했다. "항우울제가 효과가 있다는 생각이 강해지면 명백하게 그들은 이런 인식을 기억 속에 저장한다." 다른 정보는 고려의 대상이 되어 보지도 못하고 그대로 삭제되어 버린다. 이런 결과는 우리가 새로운 인식을 다룰 때 나타나는 근본적인 문제점을 암시한다. 왜냐하면 오직 단기기억에서 장기기억으로 이르는 길을 통과한 대상만이 우리의 세계상을 지속적으로 특징짓거나 바꿀 수 있기 때문이다.

그런데 만약 우리가 모든 '오류'를, 그리고 우리의 기존 세계상을 뒤흔들어 놓는다는 이유로 우리가 오류로 간주하는 모든 것을 제거하고 무시해 버린다면, 실수를 교훈으로 삼아 깨달음을 얻을 수 있는 기회가 제한되어 버린다. 우리가 어떤 문제에 사로잡혀 꼼짝달싹하지 못할 때, 바로 오류와 실수야말로 그것을 타개할 수 있는 길을 알려 준다. 그러나 그것은 어디까지나 우리가 그 길을 볼 준비가 되어 있을 때에 한해서만 그렇다.

스탠퍼드 대학교 생화학자들이 자신들의 결과물을 평가하는 대신 그냥 던져 버리는 까닭은 바로 자신들이 범한 실수를 좀 더 자세히 들여다보지 않기 위해서다. 우리는 실수를 인정하는 것을 증오한다. 우리는 우리 자신의 실수 가능성에 당혹스러워한다.

쓸모없을 지식

과학의 역사는 기나긴 오류의 역사다. 어떤 오류는 몇 세기 동안 완강하게 지속되기도 했다. 예컨대 17세기에 화학자 요한 요아힘 베허Johann Joachim Becher가 고안하고 그의 동료인 에른스트 게오르크 슈탈Ernst Georg Stahl이 발전시킨 플로지스톤Phlogiston 이론이 대표적이다. 그들의 견해에 따르면, 플로지스톤(그리스어에 기원을 둔 이 단어는 간단히 말해 '연소 가능한 본질'을 의미한다고 한다)이란 가스 형태의 물질로서 다양한 재료 속에 존재하다가 연소 과정에서 외부로 빠져나간다. 이 이론은 몇몇 재료가 연소할 때 무게가 더 가벼워지는 이유를 탁월하게 설명해 낼 수 있었다. 요컨대, 연소 과정에서 플로지스톤이 빠져나가기 때문이다. 또한 그것은 타고 있는 초에 유리를 덮어씌우면 초가 서서히 꺼져 버리는 이유도 훌륭하게 설명해 냈다. 유리 아래의 공기가 받아들일 수 있는 플로지스톤의 양이 제한되어 있기 때문이라는 것이었다. 공기가 플로지스톤으로 가득 채워지면 불꽃이 꺼진다. 화학자들은 석탄이 찌꺼기 없이 완전히 연소되는 것은 석탄에 플로지스톤이 엄청나게 많이 들어 있기 때문이라고 생각했다. 다른 물질들, 예컨대 구리가 연소 과정에서 흙 비슷한 물질로 변하는 것은 명백하게 플로지스톤 함량이 매우 적기 때문이다. 이런 물질을 석탄 불꽃으로 다시 녹이면 석탄에서 비롯한 플로지스톤을 통해 "다시 생명을 얻는다." 그리고 열을 가해도 거의 성질이 변하지 않는 금과 은은 플로지스톤이 함유되어 있지 않은 것으로 간주되었다.

어딘지 논리적으로 들린다. 그렇지 않은가? 그러나 유감스럽게도 연소를 통해 더 무거워지는 재료도 있다. 엄밀하게 말하면, 이런 사실을 들어 기존의 이론을 반박해야 마땅할 테지만, 그 이론을 대변하는 사람들은 플로지스톤이 음의 무게를 가지고 있을 수도 있다고 주장했다. 어떤 신념에 근거하여 경력을 쌓아 올렸을 때, 오류를 인정하기란 결코 쉬운 일이 아니다.

이와 거의 동일한 시기에 물리학은 다른 문제와 씨름하고 있었다. 만약 우주가 텅 빈 공간이고 빛이 물결처럼 퍼져 나간다면(당시의 가설은 그랬다), 빛은 도대체 어떻게 이 빈 공간을 극복해 내는가? 예컨대 물이 없으면 파도도 존재할 수 없을 것이다. 파도가 목적지에 도달하려면 그것을 자극하는 매체가 필요하다. 물리학자들은 임시변통으로 '빛 에테르', '푸른 하늘'을 고안해 냈다. 그것은 빛의 매체로 작용하는 물질로, 볼 수도 없고 잡을 수도 없다.

과학자들은 수세대에 걸쳐 에테르 이론의 문제점을 해결하기 위해 노력했다. 아이작 뉴턴Isaac Newton은 가스처럼 모든 재료에 스며들어 확장과 수축이 가능한 미세한 에테르가 존재한다고 가정했다. 그의 가설에 따르면, 두 물체가 서로 가까워지면 그 사이에 있는 에테르 밀도가 점점 더 미세해진다. 에테르 이론을 보강하는 이 모든 가설을 통해 과학자들은 빛의 회절과 빛 색채 구성 요소의 굴절 같은 현상을 매끄럽게 설명해 냈다. 에테르 자체를 증명해 낼 수 없다는 사실은 장점으로 작용했다. 사람들은 그처럼 비밀스러운 물질에 생각해 낼 수 있는 모든 특징을 부여할 수 있었다.

뉴턴의 가설이 제시된 지 거의 200년이 지난 1889년에 이르러 하인리히 루돌프 헤르츠Heinrich Rudolf Hertz가 어쩌면 모든 것이 에테르로 인해 일어난 것이 아닐지도 모른다는 의문을 제기했다. 그로부터 얼마 지나지 않아 한 천재적인 과학자가 에테르 패러다임을 무너뜨리는 데 성공했다. 1905년에 발표된 알베르트 아인슈타인Albert Einstein의 특수상대성이론이 빛의 확장과 관련된 의문에 만족스러운 답을 제시했다. 이와 함께 빛 에테르는 불필요한 존재가 되어 버렸다. 그럼에도 과학자들은 수십 년에 걸쳐 아무리 그래도 에테르가 뭔가 역할을 하는 것이 아니냐는 의문을 둘러싸고 열띤 논쟁을 벌였다.

아인슈타인의 상대성이론은 물리학을 뒤흔들어 놓았다. 그런데 그 직전에 한 멘토가 청년 막스 플랑크Max Planck에게 그 분야는 아예 연구할 생각도 하지 말라고 충고했다. "중요한 것은 모두 이미 연구되었기 때문"이라고 했다. 이런 태도는 전형적인 사고의 함정을 보여 준다. 우리는 우리의 선조들이 모두 오류를 범했다는(그것도 최근에 이르기까지) 사실을 잘 알고 있지만, 그로부터 현재 우리의 지식 상태도 일시적인 것에 불과하다는 결론을 도출해 내지 못한다. 실수 연구자 울리히 프라이는 말한다. "우리는 우리가 '목적지에 도착'했고 수많은 오류를 극복했다고 믿는 경향이 있다."

이런 경향 때문에 우리는 우리 자신이 저지르는 오류를 보지 못한다. 예컨대 우주론 같은 분야에서 우리는 선조들이 사용했던 것과 유사한 사고 구조를 사용한다. 천문학자들은 이미 20세기 초에 눈에 보이는 항성의 채층을 연구하는 방법만으로는, 은하수에 있는 별들의 움직임 같은 것을 만족스럽게 설명할 수 없다는 사실을 확인했다. 뉴턴의 중력 법칙에 따르면 은하수 바깥쪽에 있는 별들은 실제보다 훨씬 느린 속도로 중심부를 회전해야만 한다. 보이지 않는 어떤 힘이 별들을 끌어당기고 있다. 그렇다면 혹시 중력 법칙이 틀린 것일까? 연구자들은 마음을 어지럽히는 그 모든 현상을 설명해 줄 '어두운' 물질(암흑물질)의 존재를 주장하고 나섰다. 그러나 이 물질은 에테르와 마찬가지로 증명하기가 불가능하다. 따라서 그 물질이 정확하게 어떤 형태를 취하고 있을지를 두고 현재 일련의 학설들이 경쟁을 펼치고 있다. 차가운 가스 형태일까? 차가운 먼지일까? 아니면 정말로 가상의 소립자인 액시온Axion이 존재하는 것은 아닐까?

그릇된 믿음

학문적인 오류는 수명이 길다. 에테르가 공간을 가득 채우고 있다는 생각은 오늘날까지도 일상적으로 주고받는 말 속에서 생명력을 유지하고 있다. 이를테면 라디오 방송국이 '에테르를 통해' 프로그램을 내보낼 때가 그렇다. 무엇보다도 우리가 직관적으로 어떤 오류를 옳은 것으로 간주할 때, 혹은 새로운 아이디어를 직관적으로 파악할 수 없을 때는 특히 오류를 포기해 버리기가 힘들다.

최근 들어 과학 포럼 '에지Edge.org'는 전 세계에서 끈질기게 통용되는 인기 있는 오류들을 한데 모아 보았다. 가장 빈번하게 거론된 오류는 스트레스가 위암을 유발한다는 관념이었다. 이는 잘못된 추정으로, 그것을 반박하는 증거가 있는데도 꿋꿋하게 유지되었다. 그리하여 급기야는 젊은 의사 배리 마셜Barry Marshall이 자신의 이론을 증명하기 위해 영웅적인 자기희생을 실천에 옮기기에 이르렀다. 그는 위암을 유발하는 박테리아를 실제로 자기 몸에 주입한 다음 그것을 치료했다. 물리학자 하임 하라리Haim Harari는 그보다 조금 더 간단한 예를 몇 가지 제시했다. 사람들은 대부분 어떤 수에 20퍼센트를 추가한 다음 그 수에서 다시 20퍼센트를 빼면 원래의 숫자가 나온다고 생각할 것이다.(다음의 계산식이 보여 주듯이 그것은 틀린 생각이다. 100+20=120-24=96) 우리는 직관적으로 종이보다 사과를 끌어당기는 땅의 힘이 더 클 것이라고 생각한다(틀린 생각이다). 우리는 힘이 물체를 움직인다고 생각한다. 비록 옳은 생각이기는 하지만, 힘은 운동을 유발하는 것이 아니라 가속도를 유발한다.(가속도는 마찰에 의해서 줄어든다. 따라서 속도를 일정하게 유지하려면 가속페달을 반쯤 밟고 있어야 한다.) 중력과 힘, 질량은 물리학의 기본 요소다. 그러나 물리학자가 아닌 사람들 중에서 이 기본 요소들 간의 상호작용을 명료하게 설명할 수 있는 사람은 소수에 불과하다.

과학 포럼 '에지'가 던진 질문에 대한 또 다른 답변들은 과학 이론에 근본적인 의문을 제기한다. 신경학자 크리스티안 케이저스Christian Keysers는 운동과 인지 작용을 통제할 때 우리의 뇌가 완전히 분리된 영역과 경로를 활용한다는 믿음이 지나치게 오랫동안 유효하게 받아들여졌다며 개탄의 목소리를 쏟아냈다. 케이저스는 그런 믿음이 인공지능 개발을 통해 인간상으로 고스란히 전이되었다고 말했다. 로봇을 제작할 때 정확하게 그런 구성 방식이 적용되었기 때문이다. 1990년대에 접어들어 거울뉴런이 발견되면서야 비로소 시각적인 감각과 운동기능이 뇌 속에서 서로 밀접하게 연결되어 있다는 사실이 밝혀졌다. 거울뉴런은 몸짓, 운동, 얼굴 표정을 관찰할 때 우리의 내부에서 운동을 할 때와 동일한 운동 충동을 유발한다. 실로 의미심장한 인식이 아닐 수 없다. 이를 통해 거울뉴런은 우리 인간의 공감 능력을 책임지고 담당하는 존재가 되었다. 케이저스는 과거에 통용되었던 뇌에 관한 그릇된 추정을 일컬어 '컴퓨터 사고 오류'라고 불렀다. "우리가 뇌를 컴퓨터와 같은 것으로 상상한다면, 그런 행위는 뇌가 실제로 어떤 것인지 이해하는 데 방해가 된다."

나쁜 공기(중세 이탈리아어로 mala aria)가 각종 질병을 유발할 수 있다는 믿음 또한 흥미로운 오류 가운데 하나다. 그것은 수백 년 동안 유지되었던 믿음이다. 생화학자 데릭 로Derek Lowe는 다양한 이유에서 그런 믿음이 존속할 수 있었다고 설명했다. 그는 "한편으로는 인간을 정말로 질병에 걸리게 할 수 있는 유독성 수증기 같은 것이 실제로 존재했기 때문에"(예컨대 화산에서 방출된 증기 같은 것) 그런 믿음이 존속할 수 있었다고 말했다. 그러나 이 이론이 살아남을 수 있었던 이유이자 다른 모든 그릇된 이론들이 생명을 이어 나갈 수 있었던 이유는 무엇보다도 "확신을 심어 주는 대안의 부재" 때문이라고 말했다. 대부분의 사람들이 보기에 아주 미세한 생물체가 질병을 유발할 수 있다는 생각은 한마디로 어처구니없어 보였다. 그것은 우리가 인간을 만물의 척도로 받아들이는 경향이 있기 때문이기도 하다. 우리에게는 하늘에 떠 있는 별들 사이의 거리나 원자핵과 전자 사이의 빈 공간처럼 우리의 생물학적 인지능력을 벗어나는 사물과 척도를 직관적으로 이해할 능력이 없다(혹은 이해할 의지가 없다). 케이저스는 이런 한계를 극복하는 것이야말로 우리 인간의 위대한 정신적 업적이라고 주장했다. "나는 학문 역사의 본질이 우리 인간의 인지 범위를 확장하는 동시에 그것이 반드시 확장되어야 한다는 사실을 수용하는 데 있다고 생각한다."

과학은 세상을 설명한다

바로 그런 까닭에 우리는 오류에 오류를 거듭하면서 이리저리 비틀거린다. 그 과정에서 우리는 더욱더 현명해진다. 그것은 지저분한 물로 접시를 닦아도 접시가 깨끗해진다는 사실처럼 놀랍기 그지없다. 플로지스톤 이론과 에테르 이론은 잘못된 이론이다. 그러나 그것들은 물리와 화학에 대한 우리의 기본적인 이해를 강화하는 데 도움이 되었다. 플로지스톤 이론은 화학에 질서를 부여하는 데 도움을 주면서 산화 이론의 초석이 되었다. 산화 이론에 따르면, '유출된 플로지스톤'이 아니라 외부에서 유입된 산소가 물질의 연소 상태를 유지한다. 최근에 내려진 평가를 보면, 심지어는 갱년기 여성들을 대상으로 한 호르몬 치료에 관한 연구 또한 다수의 새로운 인식을 가져왔다고 한다. 사실 이 연구에서 도출된 모순된 결과는 연구자들의 집단적인 실패를(그리고 6억 2,500만 달러에 이르는 천문학적인 금액의 낭비를) 의미했을 뿐 아니라, 한 세대 여성 전체의 의학에 대한 신뢰를 뒤흔들어 놓았다. 보스턴에 있는 병원에서 예방의학 책임자로 일하고 있는 조앤 E. 맨슨JoAnn E. Manson은 〈뉴욕타임스〉와의 인터뷰에서 다음과 같이 말했다. "이 연구와 함께 학문은 사실상 그것이 수행해야 할 원래의 기능을 정확하게 수행했다.

겉으로 보기에 그 연구는 수많은 결함과 문제점을 안고 있었다. 그러나 실제로 우리는 그로부터 이루 말할 수 없이 소중한 정보를 끌어낼 수 있었다."

문제는 우리가 저지르는 오류가 아니라 그것을 인정하지 못하는 무능함 혹은 그것을 인정하기를 거부하는 태도다. 그것은 엄청나게 많은 투자를 쏟아부은 확신이 우리 자아상의 일부분을 형성한다는 사실과도 관계가 있다. 이런 확신이 의문시될 때면 우리는 그것을 우리의 정체성에 대한 공격으로 느낀다. 현실과 자아상 간의 그 같은 불협화음을 우리는 '인지 부조화'의 형태로 감지한다. 사회심리학자 엘리엇 애런슨은 그것을 "허기나 갈증처럼 매우 기본적인" 감정으로 묘사했다. 그렇기 때문에 우리는 온갖 수단을 동원해 새로운 진실을 신뢰하지 않으려 하거나 우리의 세계상에 들어맞을 때까지 그것의 정의를 거듭 변경한다. 심리학에서는 이에 대해 '슈호닝shoehorning'이라는 개념을 사용한다. 이 말은 대략 '구둣주걱으로 무언가를 억지로 밀어 넣는다'는 뜻을 가지고 있다.

슈호닝 현상을 연구한 심리학자 리언 페스팅어Leon Festinger는 그에 관한 극단적인 예를 제시했다. 그는 연구를 목적으로, 특정한 날 세계가 멸망할 것이라고 예언한 한 종파에 가담했다. 심히 미심쩍은 문제의 그날이 다가오자 종교 집단에 소속된 사람들은 여성 교주(시카고에 사는 가정주부였다)의 집으로 모여들었다. 이

때 그들은 이미 세속적으로 중요한 것을 모두 포기한 상태였다. 집을 팔고, 직장을 그만두고, 신자가 아닌 배우자와 갈라섰던 것이다. 예언에 따르면, 비행접시가 그곳으로 날아와 그들을 구원해 줄 것이라고 했다. 사람들은 쉬지 않고 자정을 향해 달려가는 시곗바늘을 절망적으로 응시했다. 그러나 아무도 그들을 구하러 오지 않았다. 아침이 되자 세상이 멸망할 기미라곤 눈곱만큼도 없다는 사실이 분명하게 드러났다. 그렇다면 이 예언에 자신들의 온 존재와 믿음을 고스란히 바쳤던 그 사람들은 이처럼 명백한 오류에 어떻게 대응했을까? 논리적인 설명을 찾아 헤맨 그들은 마침내 그것을 발견했다. 이날 밤 그들이 함께 모여 정말이지 간절하게 기도를 했기 때문에 신이 지구를 다시 한 번 그대로 두기로 결심했다는 것이다. 아침이 밝아오자마자 그들은 그처럼 기쁜 소식을 만천하에 천명하기 위해 각종 일간지에 전화를 걸었다.(그건 그렇고, 여성 교주의 남편은 그 미심쩍은 날 저녁에 일찌감치 잠자리에 들어 밤새도록 잠을 잤다. 이것은 배우자가 지닌 위대한 인내심을 보여 주는 증거인 동시에 확고한 세계상에 대한 증거이기도 하다.)

이 이야기는 우리의 정체성을 뒤흔드는 심각한 오류를 고쳐 정의하기 위해 우리가 얼마나 고군분투하는지를 보여 주는 극단적인, 그러나 훌륭한 사례다. 학문 분야에서도 마찬가지다. 풍자화에서 과학자들은 흔히 실험 가운을 걸치고 있는 냉혹하고 메마른 존재로 묘사되곤 한다. 그러나 실제로 그들은 새로운 인식을 열정적으로 추구하면서 이따금은 서로 동맹을 맺고 적수를 물리치기도 한다. 학자들은 피와 땀, 눈물로 새로운 이론들을 써 내려간다. 인생의 절정기와 모든 지적 능력을 이 이론적인 구조물에 쏟아붓는다. 그리고 그런 이유로 그들은 마치 요새처럼 그 이론들을 방어한다.

이미 말했듯이, 학문의 세계는 우리가 세계를 점유해 나가는 방식을 그대로 반영해 보여 준다. 우리는 사물이 지금과 같은 형태를 취하고 있는 이유를 설명하기 위해 쉬지 않고 새로운 이론을 만들어 낸다. 우리는 과거를 해석하고 현재를 설명하려고 시도한다. 이때 우리는 학문 세계 전체가 빠져 있는 것과 동일한 딜레마에 빠져든다. 어떤 이론이 진실하기 위해서는 끝없이 유연하고, 늘 새로운 인식에 적응하고, 계속 발전하고, 부득이할 경우 백팔십도로 바뀔 준비가 되어 있어야만 한다. 오직 그럴 때에 한해서만 이론은 진실할 수 있다. 그러나 그런 이론과 신념은 궁극적으로 아무 소용이 없다. 확고한 입장 표명을 거부하기 때문이다. 우리에게 이론적인 구조물이 필요한 궁극적인 이유 또한 바로 그것이다. 요컨대, 예측 불가능한 것을 예측하기 위해 우리에게는 이론이 필요한 것이다. 세속적인 시대에 과학은 세상에 의미를 부여하는데 기여한다. 혹은 우리 주변에서 일어나는 일들을 이해하는 데 기여한다. 그러므로 단단히 각오를 하고 가장 그럴싸해 보이는 대상으로 검은 얼룩을 덧칠하고, 어둠의 질료와 어둠의

에너지로 빈 공간을 가득 채워야 할 것이다. 우리는 세상을 설명한다. 왜냐하면 반드시 그렇게 해야만 하기 때문이다.

그리고 그런 이유로 우리는 헤매고 오류를 범한다.

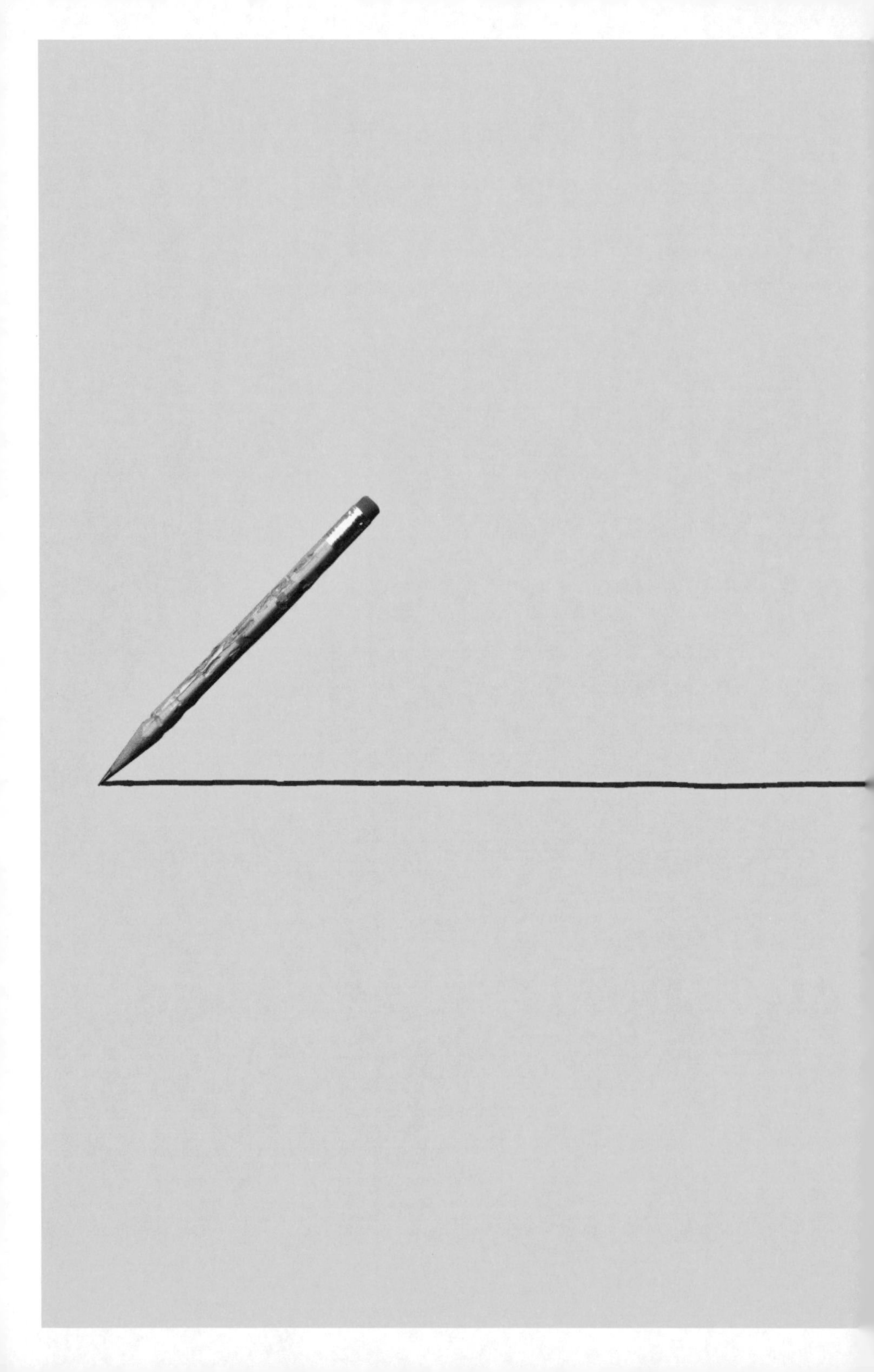

6장

자연은 왜 실수를 사랑하는가

진화의 천재성

가장 강한 것만이 살아남는다. 다윈을 생각할 때면 진화의 원동력인 선택이 제일 먼저 떠오른다. 그것을 통해서 자연은 오류가 번영과 생존에 방해가 된다는 사실에 대한 증거를 제시하고 있지 않은가. 왜냐하면 오류는 거친 야생에서 가차 없이 처벌받기 때문이다. 그러나 사실은 그 반대다. 실제로 진화는 오류 친화적인 발전에 대한 모범적인 사례다.

공룡이 완전히 멸종해 버렸을까? 아니다. 어쨌거나 완전히 멸종한 것은 아니다. 왜냐하면 진화가 실수를 사랑하기 때문이다.

오늘날 공룡은 진화의 막다른 골목을 보여 주는 전형적인 사례로 간주된다. 지나치게 거대하고, 지나치게 무겁고, 지나치게 융통성이 없는 존재. 그러나 그것은 온전히 공정한 생각은 아니다. 누가 뭐래도 거대 도마뱀, 즉 공룡은 약 1억 7,000만 년 동안 지구를 집으로 삼아서 살았고, 궁극적으로 그들의 멸종 또한 그들 본인 탓이 아니었다. 대부분의 포유류는 기껏해야 600만 년을 버텨 냈을 뿐이다. 모르긴 해도 가장 고도로 발달한 종(호모사피엔스사피엔스) 역시 기껏해야 수십만 년을 거기에 추가로 덧붙이는 데 그칠 것이다.

진화의 패자인 '흉물스러운 도마뱀'이라는 상대적으로 부정적인 이미지는 두 가지 원인에서 비롯한다. 첫 번째 원인은 그들이 명백하게 더는 살아 있지 않기—즉 좌절해 버렸기—때문이고, 두 번째 원인은 그들이 수백만 년 동안 한 방향으로, 그것도 오늘날 우리가 그로테스크하게 여기는 방향으로 발전했기 때문이다. 점점 더 크고, 뚱뚱하고, 무겁게. 초기 공룡들은 다리가 두 개 달린 비교적 가벼운 육식동물이었다. 처음에 그들은 자신들의 생태적 지위ecological niche를 확보하기 위해 힘겹게 투쟁을 해야만 했다. 그러나 지구의 동물계 전체를 거의 말살해 버린 떼죽음 사태가 휩쓸고 지나간 뒤, 약 2억 년 전인 트라이아스기에 접어들면서 공룡의 전성기가 시작되었다. 이 시기에는 지구에 서식하는 동물군의 최대 90퍼센트 정도를 공룡이 차지하고 있었던 것으로 추정된다. 어쩌면 그 모두가 초식 공룡이었을지도 모른다. 어쨌거나 당시 식물계는 주로 쇠뜨기나 침엽수 등 소화하기 어려운 음식들만을 제공했다.

음식물을 가능한 한 오래 체내에 보유하고 있는 것이 공룡들의 생존 전략 가운데 하나였을 것이다. 그 결과 거대한 초식공룡들이 발달했고, 그 공룡들의 명칭은 자연이 만든 거대한 생명체에 대한 공룡 학자들의 놀라움을 고스란히 반영하고 있다. 브라키오사우루스Brachiosaurus, 세이스모사우루스Seismosaurus, 수페르사우루스Supersaurus. 이런 공룡들은 에어버스만 한 크기에다 길이 최대 30미터, 무게 최대 100톤에 이른다. 그들은 수백만 년의 세월을 거치면서 발전했다. 그들은 환경에 완벽하게 적응했다. 그러나 지금으로부터 6,500만 년 전, 현재의 카리브 해안 부근에 거대한 운석이 떨어져 지름 200킬로미터의 구덩이를 만들면서 공룡들은 최후를 맞이했다. 산성비와 맹추위, 그리고 암흑을 동반한 긴 핵겨울nuclear winter이 식물계 대부분을 초토화했다. 딱딱한 갑옷을 두른 공룡들은 환경의 치명적인 변화 앞에서 전혀 무장이 되어 있지 않았다. 그들에게는 어마어마한 양의 음식물이 필요했지만, 이제 지구상 그 어디에도 그런 것은 존재하지 않았다.

실질적으로 모든 종류의 공룡이 멸종했다. 그때까지 거대한 공룡들 틈에서 자연의 일탈처럼 보였을 법한 한 무리의 공룡만 제외한다면 말이다. 그것은 털이 달려 있고 알을 낳는 작은 육식 공룡이었다. 그들의 뼈는 아주 가볍고 속이 텅 비어 있었다. 환경이 급변하자 그들은 새로운 조건에서 충분한 먹잇감을 찾아내고 추위를 견딜 수 있는 유일한 존재였다. 몸집이 작은 이 공룡 파생물로부터 오늘날의 조류가 탄생했다. 검은노래지빠귀, 팔색조, 되새, 찌르레기……. 이들은 지구의 육지에 거주했던 가장 거대한 생물체의 합법적인 후예들이다.

오류 승인

조류가 탄생한 과정은 진화의 작동 방식과 원칙이 그토록 큰 성공을 거둘 수 있었던 이유를 보여 주는 대표적인 사례다. 성공의 이유는 바로 그것이 완벽을 추구하지 않는다는 점이다. 즉 기존의 것과 다른 것, 변칙, 쓸모없어 보이는 것, 오류를 허용한다는 점이다. 아니, 심지어는 보호하기까지 한다. 여성 생물학자 크리스티네 폰 바이츠제커는 이런 특징을 가리켜 '실수 친화적인 태도'라 불렀다. 그것은 광범위한 결과를 초래하는 개념이다. 그녀는 열성유전을 예로 들었다. 열성유전이란 멀리 확산되지 않는 유전형질을 말한다. 대부분 생물의 유전형질 속에 숨어 있다가 양쪽 부모가 모두 그 변형체를 물려줄 때에 한해서 출현한다. 예컨대 파란색 눈동자가 그런 경우에 해당한다. 그 반대는 우성유전자다. 열성유전자와 우성유전자가 서로 만날 때면 우성유전자가 열성유전자를 누르고 승리를 거둔다. 밤색 눈동자가 그렇다. 아이가 한쪽 부모에게서는 파란색 유전정보를 받고, 다른 한쪽 부모에게서는 밤색 유전정보를 받으면 일반적으로 그 아이는 밤색 눈동자를 갖게 된다.

유전자들 간의 경쟁에서 명백하게 패배하는 그런 특징들은 도대체 무엇에 도움이 되는 것일까? 그것들은 진화 과정 그 어디쯤

에선가 생겨났지만, 종의 생존에는 전혀 도움이 되지 않는다. 그렇다면 우리는 왜 그런 특징들을 우리의 유전형질 속에 담아 질질 끌고 다니는 것일까? 대답은 바로 이것이다. 진화는 "미래 개방적인 특징을 가지고 있다." 떼죽음과 기후 쇼크, 운석으로 인한 재앙과 화산으로 인한 대재앙을 겪은 지구의 역사에서 무언가 교훈을 끌어낼 수 있다면, 그 교훈은 아마도 다음과 같을 것이다. 하나의 생물 종으로서 인간은 앞으로 우리에게 닥쳐올 그 모든 일들을 결코 예측할 수가 없다. 진화는 바로 이런 예측 불가능한 미래에 대비하려고 시도한다. 바이츠제커는 〈숙고·학문·윤리Erwägung, Wissen, Ethik〉지에 기고한 글에서 이렇게 기술했다. "언뜻 보기에 약점처럼 보이는 것, 즉 열등함이 실제로는 장점을 의미한다. 다양한 유전적 돌연변이의 집합체인 그것은 지금 현재 아무 문제 없이 원활하게 돌아가는 정상이라는 가면 아래에 잘 숨겨져 있다." 여기서 주목해야 할 점은 오류가 단순히 '허용'된다는 사실을 넘어서서, 풍부한 잠재적 가치를 지닌 그 무엇, 불확실한 미래를 대비하는 그 무엇으로서 보존된다는 사실이다.

진화는 자연이 오류를 다루는 방식을 보여 주는 매혹적인 예다. 추측컨대, 오류 없이는 진화 자체가 아예 불가능할 것이다. 모든 진화의 시작에는 재생산 과정에서 일어난 단순한 복사 오류, 즉 돌연변이가 자리 잡고 있다. 일반적으로 그런 종류의 오류는 다시 복구된다. 여의치 않을 경우 그런 오류들은 생명체의 생존을 불가능하게 하거나 번식을 불가능하게 하는 결과를 초래한다. 그러나 그런 가운데서도 생존에 성공하고 후세를 생산하는 데 성공하는 돌연변이들이 거듭 존재한다. 모르긴 해도 그런 돌연변이로부터 "뾰족 튀어나온 부리를 흔들어대는, 뼈에 작은 구멍이 숭숭 뚫린 가벼운 공룡들이" 생겨났을 것이라고 바이츠제커는 말한다. 처음 그런 돌연변이들이 출현했을 때는 아마도 자연의 애석한 오류로 여겨졌을 것이다. 그러나 "새로운 환경 조건들이 이런 '오류'를 승인한다. 그렇게 되면 '오류'는 '성공 스토리'로 탈바꿈한다." 만약 운석이 지구로 추락한다면, 과거에 '오류'로 간주되었던 특징을 유전형질 속에 지니고 다니는 생물 종들만 살아남을 수 있을 것이다.

그런 예는 우리 인간에게도 존재한다. 우리 주변에서 찾아볼 수 있는 겸상 적혈구 빈혈은 유전 질환으로, 생명을 위협하는 혈류 장애를 초래할 수 있다. 헤모글로빈 유전자 돌연변이가 열성으로 후세에 유전된다. 한쪽 부모에게서만 이런 돌연변이 유전자를 물려받으면 '이형접합체heterozygous'를 형성하여 심각한 유형의 말라리아를 견뎌 내는 데 도움이 될 수 있다. 우리 주변에서는 오류로 간주되는 것이 아프리카에서는 생명을 구하는 역할을 수행하는 것이다.

진화의 부산물

실수 친화적인 진화의 이념은 바이츠제커가 '통속적인 다위니즘'이라고 명명한 것과는 근본적으로 구분된다. 통속적인 다위니즘은 자연이 상대적으로 강한 개체의 권리만을 보호하고 유약한 것은 모조리 파멸의 손아귀에 넘겨준다고 생각할 뿐 아니라, 심지어는 강한 개체에게 더 넉넉한 생활공간을 허용하기 위해 약한 개체를 파멸시키는 것이 전적으로 유익하다고 생각한다. '적자생존' 개념은 실제로 찰스 다윈Charles Robert Darwin으로부터 비롯한 것이 아니라 사회철학자 허버트 스펜서Herbert Spencer로부터 비롯했다. 그 후 독일 생물학자 에른스트 헤켈Ernst Haeckel이 이 개념을 수용하여 한층 더 세련되게 가다듬었다. 헤켈은 "특권을 부여받은 소수의 유능한 개체들"만이 자연에서 살아남을 수 있고, 나머지는 "처참하게 파멸할 수밖에 없다"는 것은 "부인할 수 없는 사실이다"라고 밝혔다. 훗날 나치가 다위니즘에 대한 헤켈의 해석을 근거로 끌어들였던 이유가 무엇인지는 너무나도 명백하다. 사회진화론social darwinism은 광기 어린 인종차별주의와 잔혹함을 당연하고 '자연스러운' 일로 정당화하려는 부질없는 시도일 뿐이다.

진화를 오직 선택의 관점에서만 바라본다면 한마디로 그 사안을 충분히 정확하게 들여다보지 못한 것이다. 가차 없는 선택은 이론상으로 마지막에 가서 오직 하나의 승자만을 남겨 두게 될 것이다. 그러니까 다른 모든 개체들을 먹어치워 버렸거나 몰아내 버린 바로 그런 개체—완벽한 존재—만이 남겨지게 될 것이다. 그러나 실제로 진화의 역사는 무한한 창의력과 기괴한 우회의 역사다. 진화는 번개처럼 재빠른 치타를 만들어 내기도 했지만 느려터진 나무늘보를 만들어 내기도 했다. 또한 그것은 앨버트로스처럼 장거리 비행에 능한 효율적인 생물체를 만들어 내기도 했지만, 허영심이 강하고 화려한 극락조를 만들어 내기도 했다. 진화의 목적은 결코 완전무결함이 아니다. 진화의 목적은 바로 다양성이다. 오직 풍부한 선택 가능성만이 대응 능력과 학습 능력을 보장해 줄 수 있기 때문이다.

콘스탄츠 출신의 진화생물학자 악셀 마이어Axel Meyer 또한 일간 신문 〈디차이트〉에 기고한 글에서 자연이 완벽함을 추구한다는 생각은 진화의 본질에 관한 근본적인 착각 가운데 하나라고 말했다. 예컨대 완벽한 적응이 아예 불가능할 정도로 엄청나게 빠른 속도로 환경 여건이 변해 버릴 수도 있다. 오늘날에는 몸집이 크고 빠른 것이 유용하지만, 다음 세대만 되어도 이미 이런 특징들이 유용하기는커녕 오히려 방해가 될 수도 있는 것이다. 그리고 번식 과정에서 어떤 특징이 관철될 것인지는 이따금 선택이 아닌 우연의 손에 맡겨진다. 이런 이유로 진화는 무조건 발전을 거듭 해나가는 방향만을 지향하지 않는다(이것 또한 일반적으로 통용되고 있는 착각이다). 비록 인간의 성공이 시간의 흐름에 따라 점점 더 복잡하게 변하면서 '계속 발전해 온' 사고 기관에 바탕을 두고 있는 것은 사실이지만, 지질학적 연대기를 고려하면 지금까지 우리 인간 종은 기껏해야 찰나에 빛을 발하는 유전적 불꽃에 불과하다. 우리 인간보다도 박테리아들이 훨씬 더 성공적이라고 할 수 있다. 그것들 중 다수는 지구에 생명체가 최초로 출현하기 시작한 때부터 지금까지 거의 변하지 않은 상태로 존재해 왔다. 제 기능을 발휘하는 것은 더는 개선이 필요 없는 법이다.

그러나 완벽한 적응은 또 다른 중요한 이유 때문에라도 결코 이루어질 수 없다. "알다시피 진화는 자동차 설계자들이 새하얀 제도용 책상 앞에 앉아서 그렇게 하듯이 세대가 바뀔 때마다 새롭게 시작되는 것이 아니다." 마이어는 독일 방송사 도이칠란트 푼크Deutschlandfunk와의 인터뷰에서 '진화 이론에 관한 각종 오해'에 대해 이렇게 설명했다. "진화는 각 세대마다 제 기능을 발휘할 수 있는 동시에 번식능력을 갖춘 유기체를 만들어 내야만 한다. 따라서 비교적 작은 변화들에 대해서는 요령껏 적절하게 대처를 해야 한다." 그러므로 육지에 서식하는 척추동물 중에서 손가락이 다섯 개 이상인 종류는 앞으로도 존재하지 않을 것이다. 이런 제약은 지금부터 3억 5,000만 년 전 최초의 척추동물이 육지에 상륙했을 때부터 이미 결정된 사안이다.

그리고 오늘날 우리 눈에 목적 지향적인 발전의 결과물로 여겨지는 많은 것들이, 실제로는 당장 확보할 수 있는 재료를 이용해 최선의 것을 만들어 내려고 하는 시도의 결과물이다. 진화생물학자 스티븐 제이 굴드Stephen Jay Gould는 이것을 설명하기 위해 '굴절 적응Exaptation'이라는 개념을 사용한다. 예컨대 깃털에게 주어진 과제는 원래 몸을 따뜻하게 하는 것밖에 없었지만, 조류로 진화하는 과정에서 힘겹게 비행도구로 기능이 변화되어야만 했다. 그런가 하면 추측컨대 적응의 부산물에 불과한 특징들도 있다. 예를 들어 하나의 유전자 변화가 두 가지 특징을 유발할 때 그중 한 가지 특징만이 선택상의 이점을 지니고 있는 경우가 그에 해당한다. 굴드는 이런 특징을 건축양식에 빗대어 '스팬드럴spandrel'이라고 부른다. 건축양식에서 스팬드럴은 오래된 교회 건물 같은 곳에서 찾아볼 수 있는 둥그스름한 아치와 그것을 둘러싸고 있는 직각 테두리 사이의 평면을 가리키는 말이다. 이 평면은 버팀목 역할을 하는 아치를 설계하는 과정에서 생겨났지만, 그 자체로서는 전혀 쓸모가 없다. 그런 반면 평면 장식만큼은, 아마도 무익함을 은폐하려는 의도에서 그렇게 한 것 같은데, 아주 화려하고 풍성하다.

이에 따라 굴드는 우리의 대뇌가 비록 거친 야생에서 사냥을 하고 생존을 하는 데 큰 장점으로 작용한 것은 사실이지만, 그밖에 대뇌가 부차적으로 할 수 있는 다른 모든 것들, 이를테면 말을 하고, 계획을 세우고, 소나타를 작곡하고, 오류와 인생의 의미에 대해 사색하는 등의 일은 실제로 진화의 부산물일 수도 있다는 추측을 제시한다.

변종이 필요하다

바이츠제커의 진화에 대한 관점과 그녀가 제시한 '실수 친화적인 태도'라는 개념은 정치적으로도 매우 큰 중요성을 지니고 있다. 그녀가 말한 대로 "실수 친화적인 태도가 모든 생물체의 본질적인 특징"이라고 한다면, 그리고 그것이 "다양성과 분화, 더욱 고차원적인 발전의 전제 조건"이라고 한다면, 우리는 학교, 기술, 자녀 교육 그리고 사회에서 매일같이 일어나는 실수를 대할 때 상당히 많은 잘못을 저지르고 있다. 이때 우리는 기껏해야 '실수를 관대하게 용인하는' 태도를 취하고, 타인의 약점을 너그럽게 보아 넘겨줄 뿐이다. 그러나 '실수에 대한 관대함'은 예나 다름없이 우리 자신이 옳다고 굳게 믿으면서 기껏해야 타인의 부족함에 대한 완충장치를 허용할 용의가 있다는 것을 의미할 뿐이다. 그러나 '실수를 관대하게 용인하는' 시스템에서도 이미 방향은 정해져 있다. 일탈이 그저 용인되는 것뿐이다. 그것도 그런 일탈이 시스템 자체를 의문시하거나 손상하지 않는 범위 내에서만 그렇다.

'실수를 관대하게 용인하는' 태도를 취하는 사람들은 모든 인간의 행동에서 실수가 발생할 수 있다는 것을 알고 있다. 그러나 미래 개방성이 실수를 위한 보호 공간을 필요로 한다는 사실은 제대로 이해하지 못한다. 자연은 유전 영역 속에 이런 보호 공간을 대신할 천재적인 구조물을 마련해 두었다. 열성으로 유전된 이탈 요소들이 현재 생물체에 전혀 피해를 유발할 수 없도록 철저하게 관리된 상태로 미래를 위해서 안전하게 보존되는 것이다. 지속 가능성을 요구하는 사람들은 반드시 그 대가로 효율성을 희생할 준비가 되어 있어야 한다. 최고의 전문가들이 만들어낸 초슬림형 작업 과정은 난해한 아이디어, 창조적인 우회로와 그릇된 길, 생각의 유희, 그리고 실패에 대한 여지를 제공하지 않는다. 그런 종류의 작업 과정은 일시적인 추락이나 가벼운 시장 침체를 고도의 효율성을 통해 상쇄할 수 있기 때문에 견고할지는 모르나 유연하지는 않다.

불확실성에 대비하여 무장을 하고자 한다면, 이 책의 2장에서 설명했듯이 전문가들에게 조언을 구하는 것은 전혀 도움이 되지 않는다. 과거에서 교훈을 얻는 것은 매우 중요한 일이지만, 과거를 근거로 미래를 예측하려는 시도는 대부분 너무나도 무익하고 쓸모없는 짓이다. 그 누구도 베를린 장벽 붕괴를 예견하지 못했다. 그리고 아랍 젊은이들의 저항을 예측한 사람도 아무도 없었다. 기후가 급변할지를 아는 사람도 아무도 없다. 설령 그것을 안다고 하더라도 기후변화가 얼마나 빨리 진행될지, 그리고 그것이 지구의 어떤 지역에 어떤 영향을 미칠지 구체적으로 아는 사람은 없다. 바로 이런 이유로 우리에게는 다른 생각을 가진 사람, 기인, 겉보기에 정상에서 벗어난 변종이 필요한 것이다.

다양성은 대응 능력을 만들어 낸다. 자연에서 다양성은 복원력으로 귀결된다. 다양성을 지닌 생태계는 천편일률적인 생태계보다 훨씬 강한 저항력을 갖추고 있다. 그러나 현재 우리 사회는 다른 방향으로 발전하고 있다. 전 세계 곳곳의 생활 형태가 서로 동화되어 가고 있다. 수천 년에 걸쳐 발전한 문화 기술이 단 한 세대 만에 사라져 가고 있다. 알래스카나 시베리아 같은 혹독한 기후 조건에서 살아남은 것은 인간들이 이룩한 위대한 업적이었다. 그러나 그런 곳의 생활양식 역시 석유 소비를 기반으로 하는 생활양식으로 대체되었다. 오늘날 알래스카 젊은이들의 눈에는 동물 뼈를 이용하여 힘겹게 카약을 만들고, 맨손으로 물개를 사냥하고, 동물 가죽으로 비바람을 견딜 옷을 만드는 것이 당연히 불필요한 일로 비칠 것이다. 모퉁이에 있는 슈퍼마켓에 가기만 하면 이 모든 것을 구입할 수 있는 마당에 누가 힘들게 그런 일을 하려고 들겠는가. 이런 이누이트 생활양식을 비롯한 전통적인 사회 및 생활양식이 사라지고 있다는 것은 석유 문명 이전의 생활양식이 사라지고 있다는 것을 뜻한다. 이런 경향이 지속될 경우, 이다음 석유가 고갈되거나 사용할 수 없는 상황이 펼쳐졌을 때 그런 상황에 적응하고 생존할 수 있는 사람들 또한 사라져 간다는 것을 의미한다.

진화는 가장 미덥지 못한 돌연변이가 어쩌면 미래에 살아남는 단 한 종이 될지도 모른다는 사실을 가르쳐 주었다. 바이츠제커는 다음과 같이 촉구한다. "생물체의 성공적인 발전을 지켜보면서 오류 방지와 이탈 현상에 대한 너그러운 허용이 반드시 균형을 이루어야 한다는 것을 배워야 할 것이다. 그것은 충분히 그럴 만한 가치가 있는 일이다. 바로 그것이야말로 실수 친화적인 문화가 지닌 의미다. 그리고 그것은 실수 친화적인 기술의 오솔길을 매우 유익한 동시에 지극히 인간미 넘치는 것으로 만들어 준다."

현재는 이런 실수 친화적인 기술의 오솔길을 찾아보기가 매우 힘들어졌다고 그녀는 탄식했다. 그러면서 "과거에 수많은 오솔길이 있었던 자리에 고속도로를 건설"하고 있기 때문이라고 그 이유를 설명했다. '실수'를 의미하는 라틴어 'Errare'에는 '무언가를 찾으면서 세상을 방랑한다'라는 뜻도 있다. 그러나 우리 자신이 세상을 훌륭하게 통제한다고 믿으면 믿을수록, 그리고 지식에 대한 책임을 전문가들에게 위임하는 경우가 많아지면 많아질수록, 오류에 대한 우리의 인내심은 점점 더 줄어든다. 심지어는 기술의 역사에서도 인간의 계획 따위와는 비교도 안 될 정도로 진화가 우세하다는 사실을 인상적으로 보여 주는 예를 발견할 수 있다. 예컨대 비행의 대중화라는 인류의 꿈을 실현하는 과정이 그렇다.

이데올로기에 내몰린 기술

그것은 결코 해가 지지 않는 제국이었다. 인류 역사상 대영제국보다 더 규모가 큰 세계 제국은 단 한 번도 존재한 적이 없었다. 제1차 세계대전이 끝난 뒤 대영제국과 그 식민지 및 보호국의 인구는 거의 5억 명으로 당시 세계 인구의 4분의 1을 차지했다. 그리고 그 거대 제국의 영토는 뉴질랜드에서부터 영국령 인도를 거쳐 캐나다에 이르기까지 지구 전체 면적의 4분의 1에 걸쳐 있었다. 그러나 권력의 정점에서 그처럼 거대한 규모는 제국에 크나큰 재앙으로 변모했다. 해상 강국인 영국으로서 사실상 거리는 전혀 문제가 되지 않았지만, 근대에 접어들어 인간들의 삶이 점점 빨라지기 시작하자 대서양을 횡단하거나 인도 아대륙亞大陸까지 왕래하는 데 쏟아부어야 하는 시간이 지나치게 길게 느껴졌다.

게다가 제1차 세계대전이 끝나자 다음과 같은 사실이 분명하게 드러났다. 미래는 하늘을 장악하는 자의 것이다. 영국 정부는 1919년에 자체적으로 항공부를 창설하여 영공 주권 수호에 나섰다. 영국 해군이 해상에서 압도적인 우월함을 보유하고 있었던 것처럼 공중에서도 당연히 우위를 점하는 것이 마땅했다. 1920년대에 크리스토퍼 톰슨 경Lord Christopher Thomson이 그 임무를 넘겨받았다. 인도에서 태어난 그는 직업군인이었다. 그는 멀리 떨어진 식민지와 영국 본토의 시간적 거리를 좁히겠다는 야심을 품고 있었다. 그것을 실현하기 위해 톰슨 경은 세계에서 규모가 가장 큰 비행선을 제작하기로 마음먹었다.

당시만 하더라도 미래에 어떤 종류의 비행기를 사용해야 할지 결정하지 못한 상황이었다. 심지어는 '공기보다 가벼워야' 좋을지(체펠린Zeppelin 비행선과 열기구) 아니면 '공기보다 무거워야' 좋을지(비행기)조차 결정되지 않은 상태였다. 당시의 비행기는 누가 보아도 새롭게 제시된 과제를 수행하기에는 결점이 너무 많았다. 그 무렵에는 대부분의 비행기가 덜컹거리는 복엽기複葉機였다. 조종사를 제외하고 소수의 승객밖에 태우지 못했을 뿐 아니라 추가로 급유를 받지 않고 한 번에 왕복할 수 있는 거리도 짧았고, 추락 사고도 잦았다. 반면 비행선은 비록 느리기는 했지만 긴 거리를 비행할 수 있었다. 무엇보다도 몸집이 거대했고, 매우 인상적이었으며, 승객들에게 온갖 호사와 특권을 제공할 수 있는 객실을 갖추고 있었다. 비행선은 영국이 보유한 세계 강대국의 위상을 구현하기에 이상적인 상징물이었다.

이런 이유로 톰슨 경은 1920년대에 'R101' 프로젝트를 도입하고 드높은 목표를 설정했다. 대략 시속 100킬로미터의 속도로 봄베이까지의 여정을 17일이 아닌 5일 만에 해치우고, 홍콩까지는 30일이 아닌 단 8일 만에 주파한다는 것이 그가 세운 목표였다. 승객들은 1인실이나 2인실, 식당, 산책용 갑판, 흡연실을 이용하게 될 예정이었다. 또한 전시에는 비행선에 200명의 군인을 태워 이송하거나, 거대한 요새를 방불케 하는 비행선의 몸통에 다섯 대의 비행기를 매달아 운반할 예정이었다.

톰슨 경은 귀족이었을 뿐 아니라 사회주의 노선을 표방하는 노동당 소속 정치인이기도 했다. 따라서 그는 정부 소유의 공장에 비행선 제작을 위탁해야 한다고 고집했다. 훨씬 더 가벼운 신소재인 두랄루민 대신 철강으로 된 보강재를 사용해야만 했던 것도 그런 이유 때문이었다. 그밖에도 톰슨 경은 첫 번째 장거리 비행 날짜를 단호하게 못박았다. R101은 무슨 일이 있어도 10월 4일에 카라치로 출발해야만 했다. 런던에서 열리는 영국 제국의회에 정확하게 맞춰 되돌아오려면 어쩔 수 없는 일이었다. 그날은 제국 내에서 최고의 요직을 맡고 있는 총독들이 대영제국의 수도 런던에 모이는 날이었다. 계획에 따르면, 바로 그날 세계 최대의 비행선을 탄 톰슨 경이 카라치에서 공수한 싱싱한 꽃을 가지고 런던 하늘로 미끄러져 들어올 예정이었다.

그토록 정교하게 세운 계획이 어긋나는 것이 과연 가능한 일일까?

그럴 수 있다. 그런데 문제는 실패를 할 수는 있지만, 그래도 실패를 해서는 안 된다는 것이었다.

R101 프로젝트는 시작부터 각종 문제들과 맞서 싸워야 했다. 비행선 자체도 너무 무거운 데다가 꼬리 부분까지 무거워 좀처럼 땅에서 이륙할 수가 없었다. 그래서 다시 한 번 공을 들여 길이를 223미터로 연장해야만 했다. 그러자 비행선은 당시 세계에서 가장 크기가 컸던 선박과 같은 크기가 되었다. 각종 문제가 불거져 나왔다. 외부 코팅은 새로운 제작 방식을 적용하자 쓸려서 벗겨져 나갔고, 비가 오면 물을 흠뻑 빨아들이는 데다가 파손 저항력도 원래 계획했던 것의 10분의 1밖에 되지 않았다. 연료 탱크에서는 수소가 새어 나왔다. 게다가 양력이 여전히 너무나 미약한 나머지 한 번은 시험비행 때 비행선을 격납고에 정상적으로 넣기 위해 연료 탱크에서 2톤의 디젤을 다급하게 뽑아내야 했다. 제대로 된 진짜 시험비행은 이상적인 날씨에 딱 한 번 진행되었는데, 그마저도 비행 거리를 줄일 수밖에 없었다. R101을 카라치 비행에 맞춰 완성하려면 어쩔 수 없는 일이었다.

R101 프로젝트 진행의 역사는 실수 친화적인 발전과는 정반대였다. 지나치게 많은 기본 데이터가 처음부터 확정되어 있었고, 시간 계획이 빈틈없이 수립되어 있었다. 제작 과정에서 발생한 실수를 활용해 프로젝트를 새로운 방향으로 전환하는 것은 불가능한 일이었다. 실수는 반드시 근절되거나 수정되어야만 했다.

시간이 촉박했다. 저 위대한 인도 비행 당일이 되어서야 비로소 비행 허가가 떨어졌다.

1930년 10월 4일 저녁 무렵이 되자 비행 준비가 끝났다. 대영제국의 자존심인 R101은 이슬비가 내리는 가운데 런던 북부 카딩턴에서 이륙해, 날씨가 점점 더 험악해지는 가운데 영국 해협을 횡단했다. 다음 날 이른 아침, 세계 최대의 비행선은 폭풍우 속에서 프랑스 북부에 추락해 화염을 일으키며 산산조각이 나버렸다(연료 탱크가 수소로 가득 차 있었다). 54명의 탑승객 가운데 고작 여섯 명만이 살아남았다. 사망자 중에는 톰슨 경도 있었다. 그 추락 사고는 대영제국의 비행선 시대에 영원히 종지부를 찍었다.

영국 출신의 미국 물리학자 프리먼 다이슨은 예루살렘 히브리 대학 학생들을 대상으로 강의를 하면서 R101 참사를 다뤘다. 이때 다이슨은 같은 시기에 진행되었던 '공기보다 무거운' 항공기 개발의 매혹적인 사례와 R101을 서로 비교했다. 그러면서 그는 비행선 제작자 네빌 슈트 노웨이Nevil Shute Norway를 근거로 제시했다(훗날 그는 네빌 노웨이라는 필명을 사용해 가장 큰 성공을 거둔 영국 소설가 중 한 사람이 되었다). R101의 자매 비행선 설계에 참여한 노웨이는 그 후 독자적으로 회사를 설립했다. 다이슨은 "에어스피드 리미티드는 1920년대와 30년대에 비행기를 제작해 판매했던 수백 개의 소규모 회사 가운데 하나였다"고 말했다. 노웨이는 당시 전 세계에 약 10만 가지에 이르는 각기 다른(!) 비행기 유형이 존재한다고 추정했다. 그중 대부분은 설계에 문제가 있었다. 그때는 위대한 창의성의 시대였다. 이상적인 비행기가 과연 어떤 모습을 하고 있을지 아무도 몰랐지만, 모두가 나름대로 아이디어를 가지고 있었고, 또 그것을 이용해 시장에서 성공을 거두기를 기대했다.

경쟁은 혹독했다. 그것은 많은 사람들에게 치명적인 결과를 안겨 주었다. 프리먼 다이슨은 다음과 같이 말했다. "비행기의 진화는 다위니즘적인 과정이었다. 그 과정에서 거의 모든 변종들이 좌절을 겪었다. 비행기들이 추락하고, 조종사들이 목숨을 잃었다. 투자자들은 파산했다. 그러나 아무리 큰 손실도 진화를 중단시킬 수는 없었다." 다이슨은 당시 비행기들은 크기가 작았고, 제작 회사들도 마찬가지로 규모가 작았기 때문에 손실은 "감내할 수 있는 수준"이었다고 간결하게 정리했다. "비행기가 추락하고 나면 그때마다 언제나 명성을 꿈꾸면서" 그다음 시제품 제작에 과감하게 뛰어드는 "새로운 파일럿들과 새로운 투자자들이 나타났다." 최종적으로 대략 100가지 유형의 비행기가 제대로 된 것으로 판명되었고, 그것들은 오늘날 비행기의 기초가 되었다. 다이슨은 오늘날 비행기가 이처럼 높은 안정성과 신뢰성, 효율성을 갖추게 된 것은 개발 초기에 수많은 오류를 범하는 것이 가능했다는 점과 훗날 설계자들이 그로부터 많은 교훈을 얻을 수 있었다는 점에도 기인한다고 주장했다.

영국 항공부가 새롭게 개입하고 나서기 전까지는 그래도 상황이 그럭저럭 괜찮았다. 그러나 제2차 세계대전이 끝난 뒤에 항공부가 개입하고 나서면서 대영제국은 무너져 내렸다. 그러자 섬나라 정치가들은 자국의 우월함을 상징적으로 보여 주고 제국을 한데 묶어 줄 기술을 다시금 찾아 나섰다. 새롭게 창설된 영국해외항공사BOAC, British Overseas Airways Corporation(오늘날 영국항공British Airways의 전신이다)는 멀리 떨어져 있는 영연방 구석구석까지 신속하고 효율적으로 승객들을 실어 나를 수 있는 비행기를 물색했다. 그런데 전쟁 중에 영국 비행기 제작사 드 하빌랜드De Havilland의 설계자들이 실제로 사용할 수 있는 최초의 제트 여객기 제작에 성공했다. 승객들을 실어 나를 여객기를 개발한 것이다.

미국에서는 보잉 사 엔지니어들이 여객기 개발에 골몰하고 있었다. 미국인들이 설계 문제로 여전히 골머리를 앓고 있던 사이에 영국인들은 세계 최초의 제트 여객기인 드 하빌랜드 코멧De Havilland Comet을 안전하게 지상에 착륙시켰다. 영국 정부의 목표는 미국인들보다 5년 앞서 나감으로써 대영제국의 기술적 우월성을 만천하에 입증해 보이는 것이었다.

1952년에 국영 BOAC는 코멧을 이용해 정기 운항 서비스를 개시했다. 미국인들이 프로펠러 비행기인 록히드 슈퍼 컨스텔레이션Lockheed Super Constellation을 타고 미국 대륙 상공을 어슬렁거리며 돌아다니고 있던 사이에 영국 승객들은 코멧을 타고 시속 800킬로미터의 속도로 거의 두 배나 빨리 목적지에 도착했다. 적어도 비행기가 안전하게 목적지에 도착을 한 경우에는 그랬다. 1953년과 1954년에 승객을 가득 태운 코멧 4대가 추락했고, 생존자는 단 한 사람도 없었다. 재료 피로material fatigue가 원인이었다. 몇 시간 동안 비행을 한 후 여압실의 사각형 창문 모서리 부분 기체 표면에 균열이 생겼던 것이다. 그 결과 비행기가 공중에서 폭발해 버렸다. 한마디로 말해, 코멧은 완전하게 성숙되지 않은 상태였다. 따라서 절대로 승객 수송에 투입되어서는 안 되었다. R101 비행선 참사가 일어난 지 채 한 세대도 지나지 않아 영국 항공부는 똑같은 실수를 두 번이나 저질렀다.

그 원인 가운데 하나는 서로 다른 목표를 추구하는 두 가지 문화가 충돌했다는 데 있다. 정치 영역에서는 결정 능력이 있고, 거창한 계획을 수립하고 일정을 확정한 데 이어 그 일정을 엄수하기를 고수하는 사람들이 우위를 점한다. 다이슨은 정치가들의 사고방식을 다음과 같은 말로 특징짓는다. "아예 결정을 내리지 못하는 것보다는 일단 나쁜 결정이라도 내리고 위험을 감수하는 편이 낫다." 반면 엔지니어들은 그들이 만들어 낸 구조물의 약점을 찾아내고, 기능장애를 고려하도록 훈련을 받았다. "뭐니 뭐니 해도 안전이 제일인 법이다." 그런데 R101과 코멧 제트기의 사례에서 엔지니어들이라면 당연히 유보했을 법한 결정을 정치가들이 내리고 말았다. 그들은 비행기가 승객들을 이송하기에 충분할 정도의 안전성을 갖췄다고 결론지었다.

프리먼 다이슨은 영국 항공기 참사를 "이데올로기에 내몰린 기술", 처음부터 실패의 가능성을 아예 배제해 버린 발전 과정의 전형적인 사례로 거론한다. "어떤 기술이 경쟁 기술에 비해 기능이 떨어지거나 성능이 열등할 경우, 이런 기능장애를 개선하여 훗날 성공을 이룩해 낸다면 그것은 다위니즘적인 진화 과정의 일부라고 할 수 있다. 그런데 만약 결코 실패를 용납하지 않는다면, 그럼에도 불구하고 기능장애가 발생하고 만다면, 이런 실패는 훨씬 더 큰 피해를 유발하게 된다."

기술 결함이 유발할 수 있는 가장 큰 피해는 초대형 원전 사고다. 그것은 우리가 생각해 낼 수 있는 가장 크고 끔찍한 불행이다. 프리먼 다이슨은 원자력을 이데올로기에 내몰린 기술의 전형적인 예로 간주한다. 그는 원자력을 반드시 성공으로 이끌고 말겠다는 정치가들의 무조건적인 의지가 원자력 기술이 결국 실패할 수밖에 없는 원인이라고 말한다. 다이슨은 그런 현실을 개탄한다. 원활하게 제 기능을 발휘하는 핵융합로를 이용해 인류의 에너지 문제를 해결할 수 있다는 가능성은 물리학자인 그를 매혹한다. 그러나 다이슨은 바로 이런 비전이 핵융합 기술을 끝장내 버린 데 이어 결과적으로 핵분열을 이용한 에너지 획득을 파멸로 몰고 갈 것이라고 말하면서 두려움을 표한다.

제2차 세계대전이 끝난 뒤 세계 곳곳에 핵에너지를 관장하는 관청이 설립되었다. 사람들은 "전쟁 중에 죽음과 고통을 가져왔던 이 자연의 힘이 평화로운 시기에는 사막에 꽃을 피우게 할 것이라는 희망에 잔뜩 매혹당해 있었다. 핵에너지는 너무나도 이색적인 동시에 너무나도 강렬한 나머지 마치 마술처럼 보였다." 민주주의자들과 독재자들, 자본주의자들과 사회주의자들 모두가 핵에너지 속에서 에너지 공급의 미래를 보았다. 최초의 원자로를 건설하고 운영하는 데 어마어마한 돈이 흘러 들어갔다. 거기에는 많은 나라의 국가적 자존심이 걸려 있었다.

핵에너지 기술은 결코 성숙되지 않은 상태였지만, 너무나도 많은 것이 거기에 걸려 있었다. 따라서 사람들은 오류가 발생해도 그것을 무시하거나 은폐해 버렸다. "이데올로기는 핵에너지가 반드시 승리해야만 한다고 주장했다. 그렇기 때문에 사람들은 막대한 투자 비용이 수면 위로 떠오르지 않도록 비용을 조작했다." 원자로 안전 규정은 (엔지니어들이 제시한 안전 요건에 맞춰 설정되지 않고) 원자로의 상황에 맞춰 설정되었다. 사고는 은폐되었고, 대중들이 불안해할 때면 '잔존 위험' 같은 완곡한 표현을 동원해 그들을 진정시켰다. 그리고 폐기물 처리장 문제는 불특정한 미래로 계속 미뤄지기만 했다.

궁극적으로 핵에너지는 그것을 찬성하는 사람들이 이미 예측한 내용대로 보여야 했다. 깨끗하고, 저렴하고, 안전한 에너지로 보여야 했던 것이다. 그러나 따지고 보면 핵에너지를 성공시키고야 말겠다는 무조건적인 의지야말로 핵에너지의 때 이른 경직을 불러온 장본인, 즉 오늘날 핵에너지가 증기기관차에 버금가는 케케묵은 구닥다리처럼 보이게 만든 장본인이다.

다이슨은 다음과 같이 말했다. "만약 초기 핵에너지에 실패의 여지가 주어졌더라면, 아마도 그것을 바탕으로 더 우수한 기술이 발전할 수 있었을 것이고, 그런 기술은 대중들에게서도 지지를 받을 수 있었을 것이다." 여기서 '실패'란 원전사고를 의미하는 것이 아니라 널리 보급된 원자로 모델이 궁극적으로 비경제적이고 안전하지 못하다는 인식을 말한다. 그러나 사람들은 그렇게 하기는커녕 쓰나미 지역에 원자로를 건설했다. 후쿠시마 원전이 폭발하면서 값싼 에너지에 대한 꿈도 최종적으로 종말을 고했다. 지금 독일에서는 너무 뒤늦은 시점에 좌절을 경험하게 된 낡은 기술을 수십억 유로를 들여 철거하는 작업이 시작 단계에 접어들었다.

영원한 베타

그렇다면 좀 더 효과적인 대응 방법은 없을까? 최근 금융시장의 원전 사고로 간주되는 사건, 즉 닷컴 거품 붕괴가 그 방법을 잘 보여 준다. 1990년대 후반에 소프트웨어 산업은 유례를 찾아볼 수 없는 활황을 경험했다. 인터넷 시대 초기에 이미 전 세계 컴퓨터가 한데 연결되면서 우리 인간의 삶이 결정적으로 바뀔 것이라는 사실이 분명하게 드러났다. 그런데 과연 어떤 방향으로 바뀔 것인가? 투자자들은 창조적인 사업 아이디어를 필사적으로 찾아 헤맸다. 분위기는 항공기 개발 초기에 찾아볼 수 있었던 병적 쾌감과 여러모로 닮아 있었다. 당시에는 많은 사람들이 큰 위험을 감수할 준비가 되어 있었다. 최종적으로 어떤 모델이 비행에 꼭 필요한 순항고도에 도달할 수 있을지 그 누구도 알지 못했다. 따라서 충격적인 추락 사고들이 불가피했다.

수많은 신생 기업이 쇼핑과 소비에 역점을 두었는데, 돌이켜보면 그것은 원칙적으로 바람직한 행동이었다. 현재 독일 한 곳만 하더라도 인터넷 상거래 매출이 연간 400억 유로에 이르는데, 그 수치는 해마다 가볍게 두 자릿수의 성장률을 기록하고 있다. 그러나 1990년대 후반에 설립된 신생 기업들 가운데 몇몇은 심각한 실수를 저질렀다. 예컨대 인터넷으로 식료품을 판매하려 했던 시도가 그렇다. 캘리포니아 포털 웹밴닷컴webvan.com은 정확하게 30분 내에 고객들에게 신선한 식료품을 배달하겠다고 약속했다. 그 서비스는 야후Yahoo와 투자은행 골드만 삭스, 그 밖의 다른 은행들의 자금을 이용해 많은 도시로 퍼져 나갔다. 2000년 3월 증시에 상장되면서 웹밴은 3억 7,500만 달러의 수익을 올렸다. 그로부터 얼마 지나지 않아 웹밴의 주식 가치는 심지어 12억 달러로 뛰어오르는 기염을 토했다. 그러자 웹밴닷컴은 자신감에 가득 차서 보관창고와 물류 센터 건설에 자그마치 1억 달러를 지출했다. 실제로 그 기업은 전혀 돈을 벌지 못했다. 식료품 거래 차익이 너무 보잘것없었기 때문이다. 웹밴닷컴은 설립된 지 18개월 만에 파산했고, 2,000명의 직원들은 일자리를 잃었다.

그것은 결코 예외적인 경우가 아니었다. 영국 쇼핑 포털 부닷컴boo.com은 고작 6개월 만에 파산을 했는데, 그동안 공중으로 날려 버린 돈이 자그마치 1억 8,800만 달러에 달했다. 이 회사가 파산한 이유는 무엇보다도 웹사이트 속도가 너무 느렸던 데다가 복잡한 통화, 세금, 언어 문제를 동반한 전 세계 상품 발송 서비스가 이 기업이 감당하기에는 너무 벅찼기 때문이다. 장난감 발송 업체 이토이etoys는 파산선고를 하기 전에 투자자들에게 1억 6,600만 달러에 이르는 투자금을 모집했다. 그리고 가정배달 전문 업체 코즈모닷컴Kozmo.com은 채 몇 달도 되지 않아 2억 8,000만 달러의 손실을 기록했다. 이 두 사례에서는 매출액이 턱없이 적어 지속적으로 발생하는 각종 비용과 엄청난 마케팅 비용을 도저히 감당할 수 없었다. 애완동물 용품 업체인 패츠닷컴pets.com은 심지어 120만 달러를 지불하고 미국 슈퍼볼 경기 휴식 시간에 광고를 내보냈다. 그곳은 세계에서 가장 값비싸기로 소문난 광고 매체다. 그러나 이 업체 역시 전혀 돈을 벌지 못했다. 결국 3억 달러를 날린 채 파산하고 말았다.

2002년 말에 이르러 닷컴 거품이 최종적으로 터져 버렸다.

〈로스앤젤레스타임스Los Angeles Times〉의 추정에 따르면, 거품이 붕괴되면서 5조 달러가 공중으로 사라졌다고 한다. 이는 독일 GNP의 두 배를 넘어서는 금액이다. 그중에는 대형 투자자들에게서 흘러 들어온 돈도 일부 있었지만, 인터넷 붐에 편승해 함께 돈을 벌 수 있기를 기대했던 소규모 투자자들의 자금도 끼어 있었다. 그런 소규모 투자자들 중 다수가 오랜 시간을 망설이다가 마지막 순간에 투자 대열에 합류하여 결국 모든 것을 잃어버렸다.

그럼에도 결말만 염두에 두고 닷컴 시대의 첫 장을 실패의 역사로 정의한다면, 그것은 불합리한 일이 될 것이다. 붕괴를 극복하고 살아남은 기업들 가운데는 훗날 거대 기업으로 성장한 곳도 있기 때문이다. 예컨대 웹 통신판매 업체 아마존Amazon은 기하급수적인 방식보다는 오히려 유기적인 방식으로 성장하면서 웹사이트가 늘 원활하게 작동할 수 있도록 주의를 기울였고, 상품 가격이 해당 국가의 통화로 표기되어 있는 지역 사이트를 신속하게 개설했다. 요컨대 이 기업은 실패한 초창기 기업들이 범한 오류를 유익하게 활용했던 것이다.

그런가 하면 '일찍 실패하고, 빨리 실패하고, 자주 실패하라'라는 원칙에 입각한 성공 문화를 확립한 기업들도 있다. 구글Google도 그런 기업 가운데 하나다. 이 검색엔진이 경쟁 업체들을 큰 차이로 따돌릴 수 있었던 것은 직원들에게 적극적으로 실험을 독려했기 때문이다. 물론 그런 실험을 통해 만들어진 결과물이 성공으로 이어진 경우는 매우 드물었다. 네트워크 플랫폼 구글 웨이브Google Wave는 채 석 달도 버텨 내지 못했다. 그것은 결코 예외적인 경우가 아니었다. 구글이 위키피디아의 대안으로 제시했던 '크놀Knol'이나, '세컨드라이프Second-Life'를 모방한 '라이블리Lively'를 아직까지 기억하는 사람은 거의 없을 것이다. 또 마크 주커버그Mark Zukerberg의 페이스북에 도전장을 내밀었던 초기 소셜 네트워크 중 하나인 '프렌드 커넥트Friend Connect'도 마찬가지다. 지금 그것을 사용하는 사람이 어디 있겠는가. 과거 구글 부사장을 지낸 인물이자 현재 야후 회장으로 재직하고 있는 머리사 메이어Marissa Mayer의 말에 따르면, 구글이 만들어 낸 고안품의 80퍼센트가 실패작으로 끝났다고 한다. 그러나 여기서 실패는 곧 전략이다. 수많은 실패를 허용하는 기업만이 끝없이 변화를 거듭하는 사업 부문에서 시장 선두 주자 자리를 지켜 낼 수 있다.

인터넷 활황기는 결코 고갈되지 않을 것 같았던 막대한 자금을 이용해 실리콘밸리에서 창의력의 폭발을 불러일으켰다. 오늘날 인터넷과 웹2.0, 소셜네트워크를 특징짓는 요소들 가운데 다수가 인터넷 활황기에 고안되고, 시험을 거치고, 수정되고, 거부되었던 것들이다. 벤처 투자가 프레드 윌슨Fred Wilson은 이런 이유로 닷컴 거품을 궁극적으로 성공의 역사로 간주한다. 그는 엄청나게 많은 돈이 낭비된 것은 분명한 사실이지만, "비이성적인 열정 없이는 지금껏 그 어떤 중요한 것도 만들어진 적이 없었다"고 말했다. 철도, 자동차 혹은 우주비행, 그 어떤 것이건 간에 기술 발전의 역사는 모든 획기적 전환점의 초입에 찾아오는 비이성적 도취의 역사이기도 하다.

거품 붕괴는 실리콘밸리 소프트웨어 개발자들 사이에서도 전환점을 의미했다. 뒤이은 경기 침체기에 벤처 캐피털 대신 집단 지능을 토대로 한 프로젝트들이 모습을 드러냈다. 그 대표적인 예로 공급자와 사용자 간의 분리를 철저하게 지양한 인터넷 백과사전 위키피디아가 있다. 우리 모두가 위키피디아이고, 위키피디아는 우리 모두의 작품이다. 그런 오픈 소스 프로젝트의 발전은 가장 긍정적인 의미에서 발전적이고 실수 친화적이다. 오픈소스 프로젝트에서는 몇 달씩이나 굳게 잠긴 문 뒤에 웅크리고 앉아 정교한 제품을 만드는 데 몰두하는 대신 모든 발전 상황과 더불어 모든 실패를 공개적으로 밝힌다. 여기에서 위계질서는 부차적인 것에 불과하다. 위에서 하달되는 정치적인 지시 대신 아래에서 비롯된 소망이 프로젝트를 앞으로 밀고 나간다. 시스템이 어느 때고 더 나은 방향으로 개선될 수 있기 때문에 그것은 결코 완성이라는 것을 모른다.

그사이 상업 프로젝트에서도 이런 접근 방식이 관철되고 있다. 소프트웨어들이 베타 버전 단계에서, 그러니까 모든 오류가 근절되지 않은 단계에서 시장에 출시되는 경우가 점점 더 빈번해지는 것이다. 베타 버전 공개가 갖는 의미는 오류를 찾는 과정에 고객을 참여시키고 개발자들의 눈에는 결코 띄지 않을 만한 문제들을 찾아내는 데 있다. 구글 메일서비스 지메일gmail은 2004년에 베타 버전으로 공개되어 5년간의 테스트 기간을 거친 뒤 2009년 7월에야 비로소 완성되었다. 혹자는 소프트웨어 개발 과정을 공개, 피드백, 개선, 새로운 공개, 피드백, 개선으로 이루어진 결코 끝나지 않는 진행 과정으로 이해한다. 인터넷 음악 서비스 스포티파이Spotify는 2006년부터 '영원한 베타' 상태로 운영되고 있다. 앞으로 결정판이 나올지는 아직 불확실하다. 하긴, 그럴 필요가 어디에 있겠는가.

재빠르게 돌아가는 소프트웨어 개발 세계에서 '영원한-베타' 상태는 필수적인 적응 형태다. 그러나 그 배후에 숨겨져 있는 계획은 한층 더 심오하다. 영원한 베타는 완벽함보다 원활한 기능 발휘를 훨씬 더 중요하게 생각한다는 것을 의미하는 한편, 확정된 절차나 과정보다 과감한 시도를 더 높이 평가한다는 것을 의미한다. '영원한 베타'는 진화적이고 실수 친화적이다. 그리고 바로 그런 이유로 매우 성공적이다. 영국 출신의 철학자이자 작가인 길버트 K. 체스터턴Gilbert K. Chesterton은 이렇게 말했다. "행해질 가치가 있는 모든 일들은 잘못 행해질 가치도 있다."

운동 용품 제작 업체 나이키NIKE는 실패와 좌절을 두려워하지 않는 이런 정신을 "그냥 하라Just do it"라는 문구로 요약해 표현했다.

7장

실수를 포용하는 문화

예측 불가능성 속의 기회

견실한 사업 모델의 발전에서 실수가 큰 의미를 갖는 것이 사실이라고 한다면, 과연 우리는 실수를 어떻게 다뤄야 할 것인가? 어떻게 하면 단순히 실수를 용인하는 데 그치지 않고 실수를 발전의 원동력으로 받아들이며 두 팔 벌려 환영할 수 있을까? 진정으로 실수 친화적인 문화를 확립하는 데 성공한 기업은 극소수에 불과하다. 실수 친화적 문화를 확립하기 위한 첫 번째 요건은 '심리적 안정감을 제공하는 문화'다.

라르스 힌리히스Lars Hinrichs는 닷컴 붐 시대가 낳은 총아였다. 대부분의 사람들이 이메일 주소조차 갖고 있지 않던 시기에 10대였던 힌리히스는 이미 월드와이드웹 정치 포털을 기획했다. '폴리틱 디지털Politik Digital'은 출범하자마자 큰 성공을 거뒀고, 오늘날까지도 변함없이 존속하고 있다. 1999년에 그 아이디어를 비영리 운영자에게 양도한 그는 컨설팅 및 소프트웨어 개발 회사를 설립했다. 당시는 정확하게 디지털 산업이 호황을 누리던 시기였다. 훗날 힌리히스는 이렇게 말했다. "우리는 젊었고 기상천외한 아이디어를 가지고 있었다. 사람들은 우리에게 미친 듯이 많은 돈을 주었다." 함부르크의 기업가 집안에서 태어난 그는 과감한 시도를 통해 고작 2년 만에 다른 사람들이 평생을 바쳐 추구해도 될까 말까 한 목표를 이뤘다. 자신의 이름을 딴 직원 35명의 회사를 설립한 것이다. "마치 최면에 걸린 듯했다. 우리는 인터넷 세대였다. 그래서 우리는 물위를 걸어 다닐 수도 있을 것이라고 생각했다." 힌리히스는 디지털 사업의 미래에 관해 다양한 경제 잡지와 인터뷰를 했고, 벤처 투자가들은 그의 사업에 수백만 유로를 쏟아부었다. 그때 그의 나이 스물네 살이었다.

스물다섯 살이 되었을 때, 힌리히스는 파산 관리인에게 전화를 걸었다. 기업은 파산했다. 명확한 사업 모델도 없었던 데다가 닷컴 붐도 끝나 버렸다. 라르스 힌리히스는 학교 동창들이 한창 첫 직장을 구하고 다니던 나이에 350만 유로의 투자금을 날려 버렸다. 사실 그는 회사 문을 닫고 부모님의 회사로 슬그머니 기어들어갈 수도 있었다. 그러나 벌써 포기해 버리기에는 너무 젊었고, 야심도 컸다. 그리하여 그는 뭔가 평범치 않은 일에 착수했다. 의자에 가만히 앉아 그는 자신과 파트너들이 회사를 창립하고 경영하는 과정에서 저지른 실수를 모조리 리스트로 작성했다.

몇 년 후 함부르크의 사무실에 앉아 인터뷰를 하고 있던 힌리히스는 느긋하게 과거를 돌아보면서 이렇게 말했다. "사실상 우리가 저지르지 않은 경영상의 실수는 단 한 가지도 없었습니다.

나는 100번째 항목을 끝으로 리스트 작성을 마무리했습니다. 만약 그렇게 하지 않았더라면 너무 맥이 빠져 버렸을 겁니다." 힌리히스는 그 리스트를 지금까지도 비밀에 부치고 있다. 그렇지만 가장 중요한 두 가지 사항만큼은 알려 주었다. "회사 설립 과정에서 너무 많은 돈을 낭비했다는 점, 그리고 사장이 둘이었다는 점이 문제였습니다." 그 밖에도 그가 강조한 것이 있다. "언제나 한 가지 일만 해야 합니다. 명확한 초점과 목표를 갖는 것이 중요합니다. 게다가 우리는 직원을 잘못 고용했습니다. 동기부여가 제대로 되어 있지 않은 사람들이나 바람직하지 않은 이유로 동기부여가 된 사람들을 고용했던 것이죠."

훗날 두 번째 사업을 시작할 때 힌리히스는 그 리스트를 '하지 말아야 할 일' 리스트로 활용했다. 힌리히스는 스탠리 밀그램 Stanley Milgram의 책을 읽고 '작은 세상 효과small-world effect' 이론에 매혹당했다. 그 이론에 따르면 모든 인간은 여섯 사람 혹은 그 이하만 거치면 모두가 서로 아는 사이다. 그렇다면 그것을 토대로 사업 모델을 만들어 낼 수는 없을까? 당연히 가능하다. 파산 2년 뒤인 2003년에 힌리히스는 혼자서 고작 3만 유로의 창업 자금을 가지고 직장인들을 위한 인터넷 네트워크를 만들었다. 페이스북이나 '웹2.0' 같은 개념이 유행하기 훨씬 전이었다. "나는 의미가 있으면서도 첫 순간부터 돈을 벌어들일 수 있는 상품을 개발하려고 했습니다." 5년 후 이사회로 자리를 옮길 무렵, 그

사이 '싱Xing'이라는 명칭으로 불리게 된 그 네트워크에 대한 그의 지분 가치는 무려 5,000만 유로를 넘어서 있었다.

라르스 힌리히스에게 자신이 저지른 실수는 황금의 보고였던 셈이다. "만약 처음에 실수를 저지르지 않았더라면 아마도 싱은 그처럼 신속하게 성공을 거둘 수 없었을 것입니다." 싱 경영진에서 하차할 때 그는 다시금 자리에 앉아 리스트를 작성했다. "이번에는 128가지 항목이었습니다. 그중 절반은 순조롭게 진행된 일들로, 다시 그렇게 하려고 했던 사항들이었고, 나머지 절반은 또다시 치명적인 실수들이 차지했습니다." 라르스 힌리히스는 핵심을 다음과 같이 요약한다. "우리는 실수를 피할 수 없습니다. 그러나 실수가 화를 불러오기 전에 반드시 그것을 제때 바로잡아야 합니다. 그리고 무엇보다도, 마지막에 가서 잘못하는 일보다 제대로 하는 일이 반드시 더 많아야 합니다."

라르스 힌리히스의 리스트는 실수 친화적인 문화를 몸소 실천한 사례로 주목할 만하다. 특히 완벽함이 고결한 선으로 간주되고, 실수가 곧잘 개인의 무능함 증명서로 간주되는 독일 땅에서 말이다. 독일에서는 무언가를 과감하게 시도했지만 아무것도 얻지 못한 사람들에게 실패자라는 말이 저주처럼 들러붙는다. 힌리히스도 그것을 잘 알고 있다. "'한 번 실패는 곧 영원한 실패다.' 안타깝게도 이 말이 여전히 유효하게 통용되고 있습니다." 힌리히스의 리스트는 이런 완전무결함에 대한 독단으로부터 스스로를 해방시키는 행동이자 기업가 정신을 독려하는 자극제다. "독일에서는 지금도 여전히 기회와 위험 사이에서 지나치게 많은 저울질이 이루어지고 있습니다. 창업에 대한 이야기가 많이 오갈수록 저울추는 점점 더 위험 쪽으로 기웁니다. 그런 상황에서 우리가 저지를 수 있는 최고의 실수는 차가운 물속으로 그냥 뛰어드는 것입니다. 만약 당신이 성공을 거둔다면 그것은 옳은 길이었던 것이고, 만약 성공하지 못한다면 당신은 엄청나게 많은 것을 배웠을 것입니다."

책임 추궁의 두려움

심리학자이자 경영학자인 미하엘 프레제는 독일에서 그처럼 자신의 실수를 시인하는 일이 얼마나 어려운 일인지 몸소 체험하게 되었다. 독일에서 유명한 실수 연구자로 손꼽히는 프레제는 실수 문화라는 어려운 영역을 과감하게 파고들었다. 그는 "독일에서는 나이가 지긋한 경영자들의 성생활을 연구하는 것이 그들의 실수를 연구하는 것보다 더 쉽고 간단하다"고 말하면서 한숨짓는다. "우리가 독일에서 실수에 관한 연구를 처음 시작했을 때, 경영진들을 설득해 그것이 그들에게 매우 흥미로운 주제가 될 수도 있다는 사실을 납득시키기가 여간 어렵지 않았다." 프레제는 성과가 경제의 핵심적인 가치이자 성공의 척도로 자리 잡고 있는 반면, 실수는 성공의 반대 개념으로 이해되고 있기 때문에 그런 현상이 나타난다고 말했다.

그렇다면 그것은 정말로 독일만의 특수한 문제일까? 전체적으로 보자면 그렇다. 다른 연구자들과 공동으로 실시한 국제 비교 연구에서 프레제는 실수에 대한 관대함이 문화적으로 매우 상이하게 분포되어 있다는 결론에 이르렀다. 61개 국가 가운데 독일은 꼴찌인 싱가포르 바로 앞자리를 차지했다. 미하엘 프레제는 그 원인을 독일 역사에서 찾으면서, 저 먼 과거로 시선을 돌린다. "영어 단어 가운데 미래에 대한 독일인 특유의 불안감을 가리키는 '저먼 앙스트German Angst'라는 단어가 있다. 나는 그런 불안감이 삼십년 전쟁을 겪으면서부터 이미 발전되었을 것이라고 추측한다. 이 시기에 독일은 극단적으로 초토화되었다. 그리고 당시 사람들은 내일 어떤 일이 일어날지 전혀 짐작조차 하지 못했다." 이렇게 독일인들은 새로운 것에 대한 불안감을 체득했다. "그것은 변화에 대한 불안감으로, 실수에 대한 두려움의 기초가 되기도 한다. 왜냐하면 근본적으로 실수는 다음과 같은 것을 의미하기 때문이다. 실수는 우리가 결과를 전혀 예측할 수 없는 예기치 못했던 무언가를 만들어 낸다."

그러나 결과의 예측 불가능성, 바로 그 속에 실수가 제공하는 기회가 숨겨져 있다.

실수를 두려워하는 사람은 실수를 인정하는 것에 더 큰 두려움을 갖는다. 프레제는 이것 또한 독일에서 전형적으로 찾아볼 수 있는 특징으로 간주한다. 실수를 저질렀을 때 우리는 외부 상황에 그 책임을 돌리려고 한다. 날씨 때문에, 시장 상황이 좋지 않았기 때문에, 시점이 나빴기 때문에……. 반면 다른 사람들이 실수를 저지르면 그 책임은 그들의 약점 때문이다. 그리고 이를 통해서 실패는 성격 문제로 돌변한다. 만약 대통령이 자녀에게 보비 카Bobby Car 장난감을 선물한다면, 그는 위엄·지성·직무에 대한 이해가 결여되어 있는 사람으로 치부된다. 그런데 이때는 실제로 느껴지는 거부감보다는 암묵적인 문화적 합의가 중요한 요소로 작용한다. "사람들에게 직접 물어보면 실수에 대한 본인의 인내심이 실제로 그들이 추측하는 타인의 인내심 수준에 크게 못 미친다는 것을 확인할 수 있다." 우리는 실수 자체보다도 실수 때문에 주변 사람들에게 질책당하는 것을 더 두려워한다.

이런 태도는 기이한 회피 술책을 양산하는 결과를 초래한다. "이런 태도는 첫째, 기업에서 불확실한 상황이 벌어졌을 때 직원들이 아무 행동도 취하지 않는 편을 선택하는 결과로 이어진다. 오직 실수를 범하지 않으려는 목적에서 그들은 그렇게 행동한다." 최악의 경우, 직원들이 실수를 저지를 때마다 혹독하게 벌하는 기업이 있다면 그 기업은 결국 정체되고 만다. 그러니까 별 문제 없이 사업이 굴러가기는 하겠지만, 더는 앞으로 나아가지 못하게 된다. 기름칠은 잘되어 있는데 측선側線에 대기하고 있는 박물관용 증기기관차처럼 말이다.

실수를 허용하지 않는 태도는 둘째, 실수를 은폐하는 결과를 초래한다고 프레제는 경고한다. 안타까운 일이지만, 실수를 은폐하는 행위는 적어도 오류를 범하고 헤매는 것만큼이나 인간적인 행동이다. 그러나 그것은 문자 그대로 치명적인 결과를 가져올 수 있다. 예를 들어 실수로 약을 서로 뒤바꿔 놓고서도 두려워서 이런 사실을 보고하지 못하는 간호사가 있다고 가정해 보자. 또 설계를 할 때 계산을 잘못하는 실수를 범했지만, 자신의 경력에 흠집이 생기는 것이 두려워 은폐하는 건축 기사가 있다고 가정해 보자. 설령 재앙이 발생하지 않는다고 하더라도 사실을 은폐하는 행위는 문제가 된다. 왜냐하면 그것은 실수 속에 숨겨져 있는 정보를 기업이나 조직에서 빼앗아 버리는 것이나 다름없는 행위이기 때문이다. 그리고 결과적으로 그런 실수가 되풀이되는 것을 방지하는 데 전혀 도움을 줄 수 없다. 이를테면 독일 저가 항공사 비행기가 어느 공항에 착륙을 하던 도중 조종실에서 가스가 방출되어 조종사 두 사람이 거의 실신 상태에 이르렀다고 가정해 보자. 만약 그런 오류를 숨긴다면, 이번에는 다행히 모든 것이 잘 넘어갔다 하더라도 훗날 일어날지 모르는 사고를 그대로 방치한 것이나 다름없다.

반면 로켓 설계자인 베르헤어 폰 브라운Wernher von Braun은 훌륭한 실수 문화가 어떤 것인지 이미 잘 알고 있었다. 발사 준비 테스트를 하던 도중에 로켓 하나가 통제 불능 상태에 빠졌다. 엔지니어 한 사람이 자책하는 기색이 역력한 얼굴로 다가와 아마도 자신의 실수로 문제가 발생한 것 같다고 털어놓았다. 그 말을 들은 브라운은 그 사람에게 해고통지서 대신 샴페인을 한 병 보냈다. 만약 그 엔지니어가 실수를 은폐했더라면 아마도 엔진을 새롭게 설계·제작해야만 했을 것이고, 그렇게 되면 훨씬 더 많은 비용을 불필요하게 쏟아부어야만 했을 것이다.

실수를 허용하지 않는 환경은 셋째, 막대한 비용을 유발한다. 실수를 두려워하는 사람은 자기 자신을 지키기 위해 안전 대책을 강구한다. 그리고 극단적인 경우에는 안전 대책의 일환으로 특유의 관료주의를 구축한다. 프레제는 "그 어딘가에서 실수가 생기면, 새로운 규칙을 도입해 미래에 그런 실수가 일어나는 것을 방지한다"고 설명했다. 이런 경우 규칙 준수를 감독할 감시 기관이 도입된다. "그러나 그것은 결국 반생산적인 작용만을 할 뿐이다. 그 누구도 더는 책임감을 느끼지 못하기 때문이다. Four-eyes-원칙은 효과적이지만, Six-eyes-원칙은 문제가 될 수 있다." 즉, 두 사람 간에는 책임 소재나 책임 의식 등이 명확하지만, 세 사람 이상만 되어도 책임 의식이 줄어들 우려가 있다는 뜻이다. 프레제는 이렇게 경고한다. "그것은 결국 책임 소재의 방만한 확산으로 귀결된다." 이런 체제가 구축되면 20명의 참석자가 회의에 초대된다. 이제 그 누구도 단독으로 결정을 내리려 들지 않기 때문이다. 그리고 모든 소식이 참조 메일 형태로 모든 사람에게 전해진다. "나는 대학 학장으로 재직할 때 다른 18명이 이미 서명을 한 사안에 대해 서명을 해야만 했다"고 프레제는 회상한다. "책임을 지는 것에 대한 두려움 뒤에는 책임 추궁을 당하는 것에 대한 두려움이 자리 잡고 있다."

실수 관리

당연히 상황은 달리 전개될 수도 있다. 미하엘 프레제는 '실수를 두려워하는 태도의 대립 모델'을 제시했다. 그것은 간단하고도 평범한 한 가지 인식과 함께 시작된다. "우리 모두는 인간이라면 누구나 실수를 저지른다는 사실을 알고 있다." 그러므로 실수를 방지하는 것만이 중요한 것이 아니라, 불가피하게 일어날 수밖에 없는 실수에 현명하게 대처하는 것도 마찬가지로 중요하다. "우리는 실수가 초래하는 부정적인 결과를 막을 방법을 고심해야 한다." 이를 위한 첫 번째 단계는 실수의 낙인을 제거하는 것이다. "인사 기록 카드에 그런 내용이 기재되어서는 안 된다." 만약 그렇게 하지 않는다면 두려움에서 비롯한 경직된 태도, 은폐, 책임 소재의 방만 등이 만연할 위험이 있다.

실수를 범해도 낙인이 찍히지 않을 때 조직은 실수에 적극적으로 대처할 수 있다. 예를 들면, 그것은 어려운 상황에 봉착한 항공 교통 통제관이 망설임 없이 주변 사람들에게 도움을 요청할 수 있다는 것을 의미한다. 그리고 "그렇게 하면 동료들이 그것을 수수방관하지 않는다는 것을, 그리고 '이봐, 무슨 어처구니없는 짓을 한 거야'라고 말하는 대신 침착한 태도로 문제가 발생한 지점과 그것을 해결할 수 있는 방법을 넌지시 알려주는 것을 의미한다. 그것이 바로 실수 관리다."

국제 오류 연구에 있어서 한국은 중요한 위치를 점하고 있는 동시에 주목할 만한 성공의 역사를 대변하고 있기도 하다. 오류를 대할 때 흔히 그러하듯, 이런 성공 역사의 시초에도 역시 비극적인 불행이 자리 잡고 있었다. 대한항공 화물기 8509의 추락이 바로 그것이다.

1999년 12월 22일, 4명의 승무원 전원이 이 사고로 런던 근교에서 목숨을 잃었다. 그로부터 4년간 추락 원인에 대한 조사가 이루어졌다. 2003년에 이르러 마침내 영국 항공사고조사국AAIB, Air Accidents Investigation Branch이 최종 보고서를 발표하였다. 보고서에 따르면, 비행기의 수평선 이탈 정도를 알려주는 인공 수평선Artificial Horizon의 결함이 원인이었다. 그렇다면 그것은 단순히 한 인간의 기능장애에 불과했던 것일까? 진짜 책임은 조종실 내 승무원들에게 있었다. 그중에서도 전직 군용기 조종사 출신의 기장에게 가장 큰 책임이 있었다. 그는 "관제탑과 교신하기 전에 먼저 그들이 무슨 말을 하는지부터 이해해야 해!" "빨리 대답해, 우리가 얼마나 연착을 할지 그들이 알고 싶어 하잖아!"라며 거친 말투로 33세의 부기장을 몰아붙였다. 조종실 최고 책임자의 거칠고 권위적인 태도는 전체 승무원들을 불안하게 만들었다. 이어서 기장이 고장 난 기기에만 의지하여 가파르게 선회하면서 기체를 비스듬히 기울였지만, 부기장도 비행기 엔지니어도 감히 그의 실수를 지적할 엄두를 내지 못했다. 결국 비행기는 이륙한 지 고작 55초 만에 양력을 잃고 숲 속으로 추락하고 말았다.

8509기는 대한항공에서 조종실 내부의 커뮤니케이션 문제로 발생한 첫 번째 사례가 아니었다. 그로부터 2년 전에 이미 228명의 승객이 대한항공 점보기 추락 사고로 괌에서 목숨을 잃었다. 미국의 과학 전문 작가 맬컴 글래드웰Malcolm Gladwell은 '문화적 요인'을 801기의 추락 원인으로 꼽았다. 대한항공이 주로 채용하는 전직 군용기 조종사들은 비록 경험이 풍부하기는 하지만 엄격하고 경직된 권력 구조에 익숙한 사람들이다. 게다가 아시아 국가에서는 어떤 상황에서든 연장자와 선배들에게 깊은 존경을 표하는 것이, 그리고 어떤 경우에도 비판하지 않는 것이 무엇보다 중요하다. 글래드웰은 바로 그런 점이 801기 승객들에게 불행을 안겨 주었다고 주장했다.

〈월스트리트저널Wall Street Journal〉과의 인터뷰에서 글래드웰은 다음과 같이 말했다. "비행기 추락 사고 소식을 듣게 될 때면 우리는 낡은 비행기나 부실한 조종사 훈련 과정을 떠올리게 됩니다." 그러나 이 경우에는 다른 문제가 원인이 되었다. "보잉과 에어버스는 현대적이고 매우 복잡한 비행기를 제작하는데, 반드시 동등한 권리를 지닌 두 사람의 파일럿이 그 비행기를 조종해야 합니다." 그는 위계질서 구조가 비교적 평평한 문화권에서는 그런 체계가 무리 없이 잘 돌아가지만, 권력구조의 불균형이 매우 심한 곳에서는 문제가 된다고 말했다.

문화적인 문제가 원인이 되었다고 주장한 글래드웰은 비판을 받았다. 미국에서도 조종실 내부의 의사소통 문제로 항공기 사고가 일어난 적이 있었기 때문이다. 그러나 실수로 빚어진 부정적인 결과를 방지하는 것이 훈련 과정에서 가장 중요하다는 사실만큼은 분명하다.

이후 영국 항공사고조사위원회는 대한항공이 훈련을 통해 조종실 내부의 커뮤니케이션을 '국제 표준'으로 끌어올리는 한편, 그 과정에서 반드시 한국 문화를 고려해야 할 것이라는 권고와 함께 보고서를 끝맺었다. 많은 조종사가 혹독한 교육을 받았다. 특히 기장들은 부하 직원의 비판을 수용하는 법을, 부기장들은 상관의 실수를 지적하는 용기에 승객들의 목숨이 좌지우지될 수도 있다는 사실을 배워야만 했다. 훈련은 마침내 성공으로 이어졌다. 1999년 이후로 더는 대한항공에서 비행기 추락 사고가 일어나지 않았다. 항공사 사주 딸이 일등석 땅콩 서비스를 마음에 들어 하지 않았던 것은 좀 다른 문제다.

'승무원 자원 관리Crew Resource Management'는 비행에서 가장 중요한 안전조치 가운데 하나다. 여기에는 집중적인 체크리스트 관리뿐만 아니라 무엇보다도 실수에 대한 개방적인 대응이 포함되어 있다. 대한항공에 시급하게 요구되었던 것과 같은 철저한 기업문화 변혁은 관계자 모두에게 매우 힘든 일이다. 그러나 궁극적으로 새로운 실수 문화는 경직된 위계질서와 고착된 역할 모델에서 조종사들을 해방해 주었다.

국경 없는 기술자들

대부분의 조직은 실수와 관련해 자체적으로 문제점을 안고 있다는 것을 잘 알고 있다. 이 말은 곧 실수가 일어나지만 그것을 공개적으로 거론해서는 안 된다는 것을 의미한다. 그렇다면 도대체 어떻게 하면 두려움에서 비롯한 경직된 태도와 은폐, 관료주의를 방지하는 실수 문화를 확립할 수 있을까? 캐나다의 한 원조 조직이 이에 대해 주목할 만한 해법을 발견했다.

'국경 없는 기술자들EWB, Engineers without Borders'은 '국경 없는 의사

회'를 본떠 1980년대에 프랑스에서 창설된 원조 조직이다. 전쟁이 나 치명적인 기아 사태 같은 극단적인 위기 상황에서 긴급 의료 구호를 펼치는 의사들과 달리 기술자들은 기술적인 해결책을 이용해 현지인들의 고통을 완화해 주는 것을 주요 목적으로 삼았다. 예컨대 우물을 뚫어 아프리카 사람들에게 깨끗한 물에 접근할 수 있는 통로를 열어 주는 일 같은 것이 그에 해당한다. 2000년에 접어들어 채 서른 살도 안 되는 열정적인 기술자 조지 로터George Roter와 파커 미첼Parker Mitchell이 캐나다 지부를 창설했다. 로터는 1분당 149장을 넘어 151장을 인쇄해 낼 수 있는 인쇄기 개발에 자신의 모든 기술 지식을 낭비하는 데 신물이 났다고 말했다. 미첼은 자동차 문에 사용되는 경첩을 제작하는 일을 하고 있었다. 두 사람은 그런 일은 그만두고 앞으로는 둘이 함께 "기술을 이용해 인간의 삶을 개선"하기로 뜻을 모았다. 로터와 미첼 주변으로 젊은 기술자들이 모여들었다. 열정은 넘쳤지만 경험은 일천했던 그들은 모두 함께 아프리카로 떠났다. 그들 대부분이 아프리카 사람들을 돕기 위해 1년 치 휴가를 희생했다.

그중에는 데이비드 댐버거David Damberger도 끼어 있었는데, 말라위로 향한 그는 대부분의 구호활동가들처럼 수도에서 생활하는 대신 그 나라에서 가장 가난한 지역을 찾았다. 사람들이 어떤 도움을 필요로 하는지, 그리고 자신이 그들에게 어떤 방식으로 도움을 줄 수 있을지 정확하게 이해하기 위해서였다. 그가 고려 대상으로 삼은 프로젝트 가운데 하나는 여러 마을에 식수를 공급하는 것이었다. 캐나다 정부가 산에서 마을로 물을 끌어오는 데 필요한 파이프 비용을 지원해 주었다. 그런데 파이프 설치를 모두 마친 댐버거가 수도꼭지를 틀었을 때 물이 한 방울도 나오지 않았다. 다음 수도꼭지를 틀어도, 또 그다음 수도꼭지를 틀어도 결과는 마찬가지였다. 130곳의 수도 시설 가운데 81곳이 망가져 있었다. 한술 더 떠서 그곳에는 그가 설치한 수도관 말고도 노후한 또 다른 수도관들이 있었다. 댐버거는 원주민들에게 저것들은 무엇이냐고 물었다. 그들이 대답했다. "아, 저건 10년 전에 미국인들이 수행한 프로젝트지요. 그것도 마찬가지로 1년 반 만에 못 쓰게 되어 버렸답니다."

댐버거는 스스로에게 이렇게 물었다. 도대체 어떻게 한 원조 조직이 10년 전에 범한 것과 똑같은 실수를 또 다른 원조 조직이 되풀이하는 일이 있을 수 있을까?

댐버거는 상황을 개선하기로 마음먹었다. 에너지 사업 분야에서 일하던 그는 직장을 그만두고 인도로 향했다. 그곳에서 그는 한 마을을 찾아 수도 시설을 건설했다. 그때까지 그곳 아이들은 물을 길어 오느라 매일 학교를 두 시간씩 빼먹어야만 했다. 댐버거는 이렇게 말했다. "고향에 있는 내 친구들은 나를 거의 영웅 취급합니다. 원조 프로젝트를 위해 직장까지 그만뒀으니까요. 그러나 1년 후에 인도에 문의해 보니 내가 만든 수도 시설 중에서

단 한 곳도 제대로 작동하지 않는다더군요. 나보다 먼저 왔던 다른 사람들과 마찬가지로 나 역시 실패를 하고 만 것이죠."

댐버거 혼자만 프로젝트에 실패한 것은 아니었다. 같은 실수가 거듭 되풀이되는 이유를 알아내기 위해 머리를 쥐어뜯으며 고민한 사람도 댐버거만이 아니었다. 2008년에 이르러 '국경 없는 기술자들' 회원들은 단호한 조치를 취하기로 결심했다. 그들은 1년 동안 자신들에게 일어난 실수를 기록해 〈실패 보고서Failure Report〉를 작성하여 공개하기로 마음먹었다. 단체 회장인 조지 로터는 그로부터 1년 뒤 총회 석상에서 그 보고서가 배포되자 비로소 상황을 분명하게 인식하게 되었다.

보고서에서 회원들은 자신들이 돈을 어떻게 낭비했는지, 어떻게 믿지 못할 회원들을 신뢰했는지, 어떤 식으로 프로젝트를 엉망으로 만들어 버렸는지를 상세하게 설명했다. 말라위에서 온 한 자원봉사자는 빵을 구워 시장에 내다 팔기 위해서 한 그룹의 여성들과 함께 진흙 오븐을 만든 이야기를 들려주었다. 투자 비용은 100달러에 불과했지만 빵 만들기는 완전 대성공이었다. 그러나 어느 날 갑자기 오븐이 차갑게 식어 버렸다. 여성들이 금고에서 돈을 빼 가버리는 바람에 밀가루를 살 돈이 없었기 때문이다. 그렇다면 무엇이 문제였을까? 그 자원봉사자는 이렇게 결론지었다. "우리는 그곳 사람들이 너무 가난하기 때문에 모든 것을 우리가 제공해 주어야만 한다고 생각한다. 그러나 그 여성들이 프로젝트에 자기 돈을 단 한 푼도 투자하지 않았다는 것이 바로 실수였다." 여기서 그는 만약 그 여성들이 프로젝트에 자기 돈을 투자했더라면 아마도 공동 금고를 그토록 쉽게 포기하지는 않았을 것이라는 깨달음을 얻었다. 기술자들이 그런 실수에서 도출해 낸 결론은 이따금 잔인하리만큼 솔직했다. 한 회원은 보고서에서 이렇게 밝혔다. "그 프로젝트가 실패한 이유는 우리가 지나치게 성급했고, 너무 자신만만했고, 필수적인 문화적·역사적 지식을 갖추고 있지 못했기 때문이다. 우리는 숙제를 제대로 하지 않았다. 만약 숙제를 제대로 했더라면 나중에 무엇 때문에 쓰디쓴 수업료를 치르게 될지 미리 알 수 있었을 것이다."

그때까지만 해도 개발원조 활동에서 그런 류의 개방적인 태도는 일찍이 찾아볼 수 없었다. 개별 프로젝트에서 한 번쯤 엄청난 좌절을 경험해 보지 않은 원조 조직은 없다. 고귀한 목표와 큰 열정, 그리고 수조 달러에 이르는 투자 비용에도 불구하고 전체 개발원조 활동은 세계의 빈곤을 현저하게 감소시키는 데 성공하지 못했다. 개발원조 활동에서 실패는 예외라기보다는 오히려 흔한 일이라고 할 수 있다. 그럼에도 실패에 대해 이야기하는 것은 그때까지 거의 불가능한 일로 여겨졌다. 원조 조직은 기부금와 세금에 의존한다. 따라서 돈을 낭비하면 기부자가 떨어져 나갈 것이라는 불안감이 만연해 있었다. 크리스마스 직전에 온정에서 우러나와 기부한 100유로가 누구에게도 도움을 주지 못하고,

그 누구의 고통도 해결해 주지 못하고 그냥 공중으로 사라져 버렸다는 사실을 알고 싶어 할 사람이 대체 어디 있겠는가.

실패에 대한 열린 태도는 '국경 없는 기술자들'을 발칵 뒤집어 놓았다. 그리하여 조지 로터는 급기야 2009년 총회 공개 석상에서 원래의 '사명 선언문'을 불태워(!) 버리기에 이르렀다. '기술을 이용하여' 가난한 사람들의 생활환경을 개선해야 한다는 요구가 조직의 활동 폭을 지나치게 제한했기 때문이다. 그사이에 '국경 없는 기술자들'은 더는 수도 시설을 건설하지 않게 되었다. 그 대신 현지 단체에게 조언을 제공하고 있는데, 이 방법이 훨씬 더 성공적으로 먹혀들고 있다.

애슐리 굿Ashley Good은 〈실패 보고서〉 작성을 담당하고 있는 캐나다 여성이다. 굿은 자신이 현지 활동 실무를 잘 알고 있다고 생각한다. 그녀는 토론토에 있는 이 원조 조직 본부에 자리 잡기 전에 UNO에 소속되어 카이로에서 일했고, 가나에서는 '국경 없는 기술자들' 소속으로 활동한 경험이 있다. 그녀는 〈실패 보고서〉의 실질적인 가치는 비교적 보잘것없다고 말한다. "보고서를 작성하기 시작한 지 5년이 지난 뒤에 우리는 사람들이 개별적인 이야기에서 그리 많은 것을 배우지 못했다는 사실을 알아차리게 되었다." 그러나 굿은 그 보고서가 조직 내부에서 모든 회원이 열린 마음으로 자기 자신의 실수를 대할 수 있게 하는 '문화적인 정체성'을 창조했다고 말한다. "우리는 겸손 문화를 장려합니다."

그녀는 기부자들이 보고서에 대해 대부분 긍정적인 반응을 보인다고 확신한다. "기부자들은 현명한 사람들입니다. 개발원조와 관련해 모두가 성공 스토리만을 늘어놓지만 그들은 그 이야기가 대부분 거짓말이라는 것을 잘 알고 있습니다. 사실 그런 영역에서는 진실한 말이 이미 오래전에 옛날이야기가 되어 버렸습니다. 실리콘밸리, 소프트웨어 산업 부문에 종사하는 우리 기부자들은 열린 태도로 어려움에 대처하는 것이 얼마나 중요한지 잘 알고 있습니다. 그리고 그분들은 우리에게 말합니다. '애슐리, 당신들은 아직도 더 많은 실수를 해야만 할 겁니다.'"

실패 보고서

애슐리 굿은 〈실패 보고서〉 작성 경험을 토대로 웹사이트를 구축해 전 세계 구호활동가들이 그곳에 자신들의 실패담을 기록할 수 있도록 했다. 굿은 이렇게 말하면서 웃었다. "나는 방대한 양의 데이터가 모일 거라고 상상했어요. 그리고 지역, 국가, 프로젝트 종류별로 데이터를 검색할 수 있을 거라고 생각했지요. 그 웹사이트는 전 세계 구호활동가들이 서로의 경험을 교환하는 장소가 될 예정이었습니다. 그렇게만 된다면 우리가 수행하는 활동의 질이 결정적으로 한 단계 발전할 수 있으리라고 생각했죠! 웹사이트가 온라인에 개설된 첫날 나는 여러 건의 인터뷰를 했습니다." 출발은 좋았지만, "유감스럽게도 그 뒤로 그리 많은 일이 일어나지 않았습니다." '국경 없는 기술자들'의 재정 담당자는 2년쯤 지났을 때 등록된 프로젝트 실패담은 고작해야 스물네다섯 개 정도에 불과했다고 고백했다. 애슐리 굿은 이렇게 요약한다. "웹사이트의 실패에서 나는 두 가지를 배웠습니다. 첫째는 개발원조 단체들이 여전히 실패를 고백하는 데 매우 큰 어려움을 겪고 있다는 것입니다." 개발원조 분야에는 공급자, 상품, 고객 사이에 직접적인 책임 라인이 있다기보다는 구조 인력과 기부자, 그리고 도움이 필요한 사람들 사이에 복잡한 삼각관계가 형성되어 있다는 사실 또한 실패를 고백하기가 어려운 원인 중 하나다. 여기에 고결한 의도, 자부심, 허영, 그리고 보고 체계의 부재 때문에 오류를 밝히는 일은 한층 더 어려워진다.

웹사이트의 실패가 던져준 두 번째 가르침은 조금 더 개인적인 것이었다고 굿은 고백한다. "내 자신의 실패를 인정하는 것이 얼마나 어려운 일인지 깨달았습니다. 바로 그런 이유로 웹사이트를 개설한 것인데도 말입니다! 무시하기, 거짓말하기, 책임 전가하기로 이루어진 악순환이 존재합니다. 그리고 그것은 아무리 없애려고 해도 거듭하여 새롭게 생겨납니다. 많은 사람들이 실수를 시인하는 것을 그토록 힘들어하는 것도 바로 그 때문입니다. 요컨대 사람들이 실수를 인정하지 않으려 하기 때문이 아니라,

실수를 아예 실수로 인식하지 못하기 때문입니다."

몇 년 전부터 독일에서 오류 데이터뱅크와 유사한 프로젝트가 진행되고 있다. 그럭저럭 성공을 거두고 있는 그 프로젝트는 엄청난 폭발력을 지닌 주제를 다루고 있는데도 대중들의 관심에서 멀리 벗어나 있다. 그 프로젝트가 다루는 주제는 바로 독일 개인병원에서 발생하는 실수 사례들이다. 의사를 찾아가면 대부분은 모든 일이 계획대로 자연스럽게 진행된다. 그러나 이따금 무언가 어긋나기도 하는데(알다시피 실수를 저지르는 것은 지극히 인간적인 일이다), 그런 때 순식간에 환자에게 매우 위험한 상황이 펼쳐지기도 한다. 주치의와 상담을 하고 치료를 받을 때, 10만 건당 최대 80건 정도 '예기치 않은 사건'이 발생해 환자가 실제로 손상을 입었거나 손상을 입었을 수도 있는 위험천만한 상황이 펼쳐졌다. 만성적으로 과도한 업무에 시달리는 오늘날의 개인병원을 살펴보면 시급하게 짚고 넘어가야 할 수많은 실수의 원천이 존재한다.

웹사이트 'jeder-fehler-zaehlt.de(실수 하나하나가 모두 중요하다)'는 그런 이야기를 주고받을 수 있는 곳 가운데 하나다. 그곳에서는 개원의들이 자신에게 일어난 일을, 그리고 미래에 그런 일이 재발하지 않도록 하기 위해 어떤 조치를 취할 계획인지를 익명으로 상세하게 묘사할 수 있다. 그중에는 가슴이 찢어지는 이야기도 있다. "토요일 오후 2시, '독감'에 걸렸다며 응급 전화가 걸려왔다. 왕진을 가봤더니, 살짝 과체중인 근육질의 농부가 작업복을 입은 채로 침대에 누워 있었다." 일흔 살인 그는 5년 전부터 한 번도 주치의를 찾은 적이 없었다. 청진기로 그의 상태를 검진하던 중 심장 끝부분에서 특이한 소음을 감지한 의사는 그에게 즉시 병원에 가볼 것을 권유했다. "의사 양반, 아주 젊은 걸 보니 대학을 갓 졸업한 신참이구려. 걱정이 너무 지나친 것 같구먼. 월요일이 되면 곧장 주치의를 찾아가겠소. 지금은 우선 아스피린부터 한 알 먹고 쉬어야겠구려." 시골 출신의 나이 든 남성들은 좀처럼 병원에 가려고 하지 않는다. "나아지지 않으면 다시 전화를 걸겠소." 농부가 약속했고, 의사는 개운치 않은 기분으로 집으로 돌아갔다. 저녁 7시에 농부의 아들이 전화를 걸어왔다. 아버지가 저녁을 먹다가 식탁에 앉은 채로 쓰러졌다고 하면서, "아마도 너무 늦어 버린 것 같습니다"라고 말했다. 의사는 곧장 환자에게 달려갔다. "환자는 가족들이 모인 가운데 식탁 앞으로 꼬꾸라진 채 (얼굴을 수프 접시에 박고) 누워 있다. 아래턱이 경직되어 있고, 빛 반사 반응이 전혀 없고 동공이 확장되어 있다." 심근경색에 따른 심실세동이 사망 원인으로 추정되었다. 의사는 이전에 환자를 방문했을 때 심근경색의 징후를 알아차리지 못했다. 그렇다면 죽음을 막는 것이 과연 가능한 일이었을까? "그렇다. 자신만만하고 게으른 농부의 노골적인 '고집'에 맞서서 적극적인 태도로 환자에게 즉시 병원으로 갈 것을 지시해 꼼꼼하게 진찰을 받게 했더라면 그렇게 할 수 있었을 것이다."

'jeder-fehler-zaehlt.de'에 등록된 보고서 데이터는 그사이에 700건 이상으로 늘어났다. 시스템이 2004년부터 가동된 것을 감안한다면 그리 많은 숫자는 아니다. 그것은 곧 지금도 여전히 수많은 의사들이 실수에 대해 이야기하는 것을 힘겨워한다는 사실을 보여 준다. 환자들의 신뢰를 잃어버릴 것이 두렵기 때문이다. 이와 관련해 실수 연구자 미하엘 프레제 같은 사람은 이렇게 말한다. "나의 신뢰를 얻고자 하는 의사라면 본인이 실수를 저지를 수 있다는 것을 반드시 내 앞에서 시인해야만 할 것이다."

결론적으로 보고서 데이터에 실린 예들은 다음과 같은 사실을 보여준다. 어긋날 수 있는 일은 실제로도 어긋난다. 데이터를 들여다보면 병원에서 발급한 환자 치료 의뢰서에 표시를 잘못하는 바람에 이미 화학요법 치료가 끝난 환자에게 재차 화학요법 치료를 한 경우도 있다. 또 병원의 실수로 환자가 약물을 정량의 두 배로 처방받은 경우도 있다. 그런가 하면 폐색전증을 간과한 의사도 있고, 또 다른 의사는 현기증에 시달리는 여성 환자에게 몇 미터 걸어 볼 것을 요구했다가 환자가 쓰러져 혈종이 발생한 사례도 있다. 또 어떤 의사는 다른 병원으로 이송하려고 환자를 대기실에 불러놓고는 그만 깜박 잊어버리기도 했다("월요일 아침! 게대가 독감까지 대유행!"). 한 응급센터 직원은 이런 얘기를 했다. "우리 병원에서는 늘 이런 일이 일어납니다! 우리 병원에서는 등 통증을 호소하던 환자가 8시간 넘게 대기한 적도 있습니다. 간호사가 저녁이 되어서야 그 환자를 떠올렸지요(환자는 커다란 화분 뒤에 얌전히 앉아 있었다). 환자는 수줍음을 너무 많이 타는 성격이라 어디다 제대로 문의조차 하지 못했습니다."

6,000명이 넘는 보건 업계 종사자들이 'jeder-fehler-zaehlt.de'에 가입해 있다. 그중 일부는 의과대학 학생들이다. 그들을 위해 경험이 풍부한 선배들이 익명으로 환자에게 해를 끼치지 않으면서 실무에서 가르침을 얻을 수 있는 가능성을 제공하고 있다. 가장 많이 발생하는 실수는 절차상의 실수다. 즉 전문 지식 부족에서 비롯한 실수가 아니라 커뮤니케이션 부족과 조직 결함에서 비롯한 실수가 가장 많은 것이다.

농부를 병원으로 보내지 않았던 그 의사가 올린 글을 놓고 긴 토론이 펼쳐졌다. 어떤 사람들은 환자의 가족에게 즉시 자신의 실수를 인정하고 용서를 구한 그 의사의 개방적인 태도를 높이 칭찬했다. 그런가 하면 한 토론 참가자는 신중한 글을 남겼다. "내 생각에 그런 일은 5년 동안 의사를 한번도 찾아가지 않은 농부보다는 오히려 툭하면 의사에게 달려가는 사람들에게 일어날 법한 일인 것 같습니다. 5년간 의사를 한 번도 찾아가지 않은 사람이 토요일 아침에 의사에게 전화를 건다고요? 그런 사람은 아무 이상이 없으면 절대로 전화를 할 사람이 아닙니다."

만약 그 글을 올린 의사가 그런 사실을 미리 깨달았더라면 아마도 농부의 생명을 구할 수 있었을 것이다.

애슐리 굿 같은 사람들은, 바로 그런 이유 때문에 실수를 미화하지 않고 있는 그대로 솔직하게 말하는 것이 중요하다고 말한다.

'국경 없는 기술자들'이 웹사이트 운영에 필요한 자금 지급을 중단한 뒤에 그녀에게 남은 것은 실패를 인정하는 것밖에 없었다. 그녀는 이런 경험을 최대한 활용했다. 그리하여 그녀는 실수 문화에 역점을 두고 구조 산업에 조언을 하는 기업 컨설턴트로 변신해 '실패를 향하여Fail Forward'라는 이름의 사무실을 열었다. 모든 실수는 미래로 이어지는 길이다. 굿은 다음과 같이 말한다. "혁신을 연구하는 학자들은 실패가 혁신을 위한 가장 중요한 요소 중 하나라는 사실을 이미 오래전부터 잘 알고 있다. 이런 지혜는 비교적 쉽게 경영자들의 구미를 당긴다. 그러나 실제로는 뭔가가 조금이라도 어긋나 버리면 모두가 그런 상황을 증오한다. 바로 그런 이유로 〈실패 보고서〉 같은 것이 필요하다. 그리고 〈실패 보고서〉는 직원들에게 다음과 같은 사실을 암시한다. 만약 당신이 여기에 단 한 건의 실수 사례도 기입하지 못한다면, 당신은 정직하지 못한 것이거나 아니면 혁신적이지 못한 것이다."

실패자에게 상을!

분야를 막론하고 실수가 사업의 일부라는 인식은 이윤을 추구하는 경제 분야에서도 비록 더디긴 하지만 서서히 관철되어가고 있다. 오래 전에 고인이 된 IBM 회장 토머스 왓슨Thomas Watson이 100만 달러짜리 프로젝트를 물거품으로 만들어 버린 직원을 회장실로 부른 에피소드는 가히 전설적이다.

한껏 풀이 죽은 직원이 이렇게 말하면서 먼저 말문을 열었다.

"저를 해고하실 수밖에 없다는 것을 잘 알고 있습니다."

왓슨이 대답했다.

"해고라고? 절대로 그런 일은 없을 걸세. 지금 막 자네의 평생교육 자금으로 100만 달러를 투자한 마당에 그럴 수는 없지!"

얼마 전까지 타타 그룹 회장으로 재직했던 라탄 타타Ratan Tata는 주목할 만한 현대 기업가들 중 한 사람이다. 산업복합기업인 타타 그룹은 무엇보다도 초소형 자동차 '타타 나노Tata Nano'를 제작하면서 유명해졌다. 라탄 타타는 1970년대와 80년대에 타타 그룹 계열사 두 곳을 이끌었는데, 둘 모두 실패를 하고 말았다. 전자기기 제조업체인 넬코Nelco와 방직공장인 엠프레스 밀스Empress Mills, 두 곳 모두 그가 경영을 하던 중에 파산하고 만 것이다.

그럼에도 1991년에 타타 그룹 회장으로 등극한 라탄 타타는 오랫동안 인도에서 가장 강력한 경영인으로 입지를 굳혔다. CEO로 재직하던 21년 동안 그는 그때까지만 해도 주로 인도 내수 시장에 초점을 맞추고 있던 기업을 글로벌 기업으로 변화시켰다. 여러 개의 기업으로 이루어진 이 복합기업은 현재 세계 80개국 이상에서 돈을 벌어들이며 거의 40만 명에게 일자리를 제공하고 있다. 오랫동안 대규모 산업—철강, 발전소 등—에 초점을 맞춰왔던 인도 시장에서 라탄 타타는 '저비용 혁신frugal innovation' 이념을 추구했다. 가난한 국민들의 삶을 개선하면서도 그와 동시에 돈을 벌어들일 수 있는 상품 개발을 추구한 것이다. 타타는 노점상들과 소규모 수공업자들을 위한 소형 트럭, 20달러짜리 객실을 갖춘 호텔, 500달러짜리 집, 그리고 볏겨로 만든 정수 필터를 기획했다. 모두가 매우 뛰어난 아이디어였지만 아직도 그 숫자가 너무 부족했다. 10억 명의 인구와 굶주림을 안고 신분 상승을 위해 안간힘을 쓰고 있는 배고픈 중간계층이 급격히 늘어나고 있는 인도 대륙에서 결코 그것이 전부일 리는 없었다. 그렇다면 도대체 어디에서 아이디어를 얻을 것인가?

전체 직원의 95퍼센트가 기업을 '거의 혁신적이지 않다'고 평가한 것도 타타 그룹이 안고 있는 문제였다. 그런 환경에서는 새로운 아이디어가 번성하기 어렵다. 보수적인 기업에서 과연 누가 터무니없는 아이디어로 자신의 능력을 인정받으려 들겠는가. 이런 이유로 라탄 타타는 경영자로 재직하던 마지막 해에 경합의 장을 마련했다. 이 경합에서는 '전망이 밝은 혁신 방안'과 '혁신적인 사업 아이디어'를 시상하는 한편 '과감하게 시도하라!'라는 제목으로 최고의 실패담에 대해서도 시상을 할 계획이었다. 라탄 타타는 실패 스토리는 모든 기업의 '보물 상자'라고 공언하면서 직원들에게 실패한 프로젝트로 경합에 참여할 것을 독려했다. 첫해에는 새로운 제초제를 개발하려고 했지만 고작해야 14퍼센트라는 보잘것없는 성공률만을 기록했던 팀이 상을 받았다. 하지만 연구 결과 그 제초제가 지닌 시장 가능성이 어마어마하다는 사실이 밝혀졌다. 그룹은 이런 사실에 한껏 고무되어 추후, 연구를 계속 추진할 예정이라고 한다.

그렇다면 실패한 최고의 아이디어로 상을 받은 것이 궁극적으로 성공을 의미하는 것이었을까? 그것은 좀처럼 가늠하기가 쉽지 않다. 어쩌면 수많은 잠재 수상자들이 경합에 참여하지 않았을지도 모를 일이다. 과연 누가 기업 보고서 지면에 '올해의 실패자'로 소개되기를 원하겠는가? 수상 팀에 소속된 다섯 남성의 얼굴 표정을 보면 꼭 그와 같은 질문을 던지고 있는 듯하다. 그들은 어설픈 미소를 지으면서 어딘지 불안해 보이는 표정으로 카메라를 바라보고 있다. 누가 알겠는가. 지금은 실수 때문에 축하를 받고 있지만 그 언젠가는, 예컨대 곧 있을 다음번 승진에서 그 실수가 그들에게 치명타로 작용할지.

솔직하고 솔직하라

실수 문화는 경쟁 이상을 요구한다. 실수 문화가 정착되려면 많은 기업에서 패러다임을 바꾸고, 익숙한 개념을 재정의하고, 새로운 방법을 도모하고, 모든 활동 위험을 새롭게 검토해야 한다. 하버드 대학의 에이미 에드먼슨 교수는 수년간 실수에 대처하는 태도 및 척박한 실수 문화에서 비롯한 대형 참사를 연구해 왔다. 그녀는 특히 2003년 1월에 지구로 귀환하던 도중 공중분해된 우주선 콜롬비아호 추락 사고를 연구했다. 발포 소재 부품이 추락의 원인으로 지목되었다. 출발할 때 그 부품이 우주왕복선 열 차폐 장치에 구멍을 냈던 것이다. 그 후 시속 2만 킬로미터의 속도로 지구 대기층으로 재진입할 때 손상된 부분이 과열되면서 대참사가 일어났다.

그것은 재앙의 기술적 측면만을 설명한 것에 불과하다. 이전에도 이미 몇 건의 실수가 발생해 우주선이 출발할 때 발포 소재 부품이 균열된 사례가 여러 차례 있었지만, 단 한 번도 문제로 인식된 적이 없었다. 그보다 더 심각한 사실은 마지막 출발 순간 비디오를 분석한 NASA 기술자들이 손상 정도가 NASA 지도부가 알고 있는 것보다 더 심각하다는 느낌을 받았지만, 감히 상관에게 그것을 알릴 엄두를 내지 못했다는 것이다. 그들은 혹시라도 실수에 대한 책임을 지게 될까봐 두려웠다. 이런 태만함 때문에 우주선에 타고 있던 일곱 명의 우주인이 목숨을 잃었다.

에이미 에드먼슨은 실수 관리 측면에서 그 같은 대형 참사를 방지하는 데 도움이 되는 것은 오직 '심리적 편안함을 제공하는 문화'뿐이라고 주장한다. "사람들이 자유롭게 자신들의 두려움과 근심을 털어놓을 수 있는 환경을 만드는 것이 무엇보다도 중요하다." 많은 기업 경영자들에게 그것은 결코 쉬운 일이 아니다. "대부분의 경영자가 실수에서 교훈을 얻어야 한다는 사실을 충분히 이해하고 있지만, 동시에 그들은 실수를 벌하지 않으면 타성에 젖은 태도가 슬그머니 고개를 들까봐 두려워한다. 규칙이 제대로 지켜지지 않을까봐 두려워하는 것이다."

에드먼슨은 실수 관리 체계를 개선하기 위한 세 가지 단계를 제시한다. 첫 번째 단계는 작업환경을 올바른 잣대로 정확하게 분석하는 것이다. 이 말은 곧 작업환경에 따라서 실수가 각기 다른 의미를 갖는다는 것을 의미한다. "컨베이어벨트에서 자동차를 생산할 때, 즉 고도의 정확성을 발휘해 똑같은 물건을 반복적으로 만들어 내야 하는 상황에서는 뭔가가 눈에 띄는 즉시 직원들이 상관에게 그 사실을 알릴 수 있게 해야 한다. 반면 모든 실험의 70퍼센트가 실패로 끝나버리기 마련인 과학 실험실에서 일을 할 때는 모든 직원들이 그런 사실을 알고 있는 것이 중요하다." 그러니까 높은 실수 비율 때문에 잔뜩 풀이 죽어서 실수를 은폐하지 않도록 하는 것이 중요하다는 말이다.

두 번째 단계는 다음의 말로 요약된다. "나쁜 소식을 가져온 사람에게 다가가도록 하라! 그 사람의 숨통이 트이게 하라. 이어서 당신을 찾아온 그의 용기를 진심으로 칭찬해 주어라!" 에드먼슨은 이 말이 의미하는 바가 그런 상황이 닥쳤을 때 "실수를 탓하면서 화를 내고 싶은 욕구와, 나쁜 소식을 가지고 온 그 사람에게 노여움을 분출하고 싶은 욕구에 저항하는 것"이라고 말한다. 실수를 하고 그것을 정직하게 얘기한다고 해도 위험해지는 일은 없으리라는 사실을 직원들은 반드시 알고 있어야 한다. 이럴 때에야 비로소, 고백할 용기가 없어서 실패한 프로젝트를 몇 달 씩이나 계속 질질 끄는 우를 범하지 않고 즉각적으로 그것을 중단할 수 있기 때문이다.

또 에드먼슨은 작업 상황이 복잡할수록 무결점이라는 이상에 집착하지 않는 것이 중요하다고 말한다. 중환자실이나 발전소 통제실에서 발생하는 실수는 매우 심각한 결과를 가져올 수도 있지만, 그런 곳에서조차 실수는 피할 수 없는 일이라는 것을 이해해야 한다. "그렇게 했을 때에만 작은 실수들이 대재앙으로 확대되는 사태를 막을 수 있다."

세 번째 단계는 상대적으로 조금 더 복잡하다. 실수에서 반드시 교훈을 얻어야 한다. "모든 조직에는 실수를 광범위하게 분석하는 전략이 필요하다." 그렇지 않을 경우, 당사자들이 모두 "본연의 업무로 돌아가기 위해 최대한 신속하게 실수 분석을 끝내 버리려고" 할지도 모르기 때문이다. 그러나 "실수 분석이야말로 그들 본연의 업무라는 것을 이해하는 것이 중요하다."

에이미 에드먼슨이 연구 대상으로 삼은 조직은 대부분 실수를 분석하는 과정에서 온갖 수단을 동원하여 실질적인 원인을 은폐하려는 모습을 보였다. "그럴 때면 '규칙이 제대로 지켜지지 않았다'거나 '한마디로 시장이 우리의 뛰어난 제품을 받아들일 준비가 되어 있지 않았다'는 식의 이야기가 들려온다." 그런 언어 관습은 체면을 유지하는 데는 도움이 될지도 모르지만, 실수를 교훈 삼아 가르침을 얻는 데는 방해가 된다.

궁극적으로 잔인하다 싶을 만큼 솔직한 태도를 취할 때에만 실수에서 교훈을 얻을 수 있다. 문제가 있는 곳, 훌륭해 보이는 아이디어가 제 기능을 발휘하지 못하는 곳, 그리고 급변하는 시장이 어떤 상품의 미래가 암울하다는 사실을 보여 주는 곳, 바로 그런 곳에서 실수에 대한 탐색이 이루어져야 한다. '국경 없는 기술자들'의 애슐리 굿 역시 "미화는 결코 금물"이라고 거듭 힘주어 말한다. 그 대신 익숙한 기존의 가치와 문화를 내던지고, 필요한 경우 실제로 사명선언문을 공개적으로 불태워 버리는 과감한 행동이 필요하다.

실패가 허락된 직원들

그렇다면 그처럼 힘겹게 숨겨진 결함과 계산 착오를 찾아 헤매는 것이 과연 그럴 만한 가치가 있는 일일까? 어쨌거나 잘못된 실수 분석은 직원들의 사기를 떨어뜨리고, 기업 분위기를 흐릴 수도 있다. 그렇다면 상황이 애매한 경우에는 차라리 성공을 소리 높여 칭찬하고 실패는 감추는 편이 더 간단하지 않을까?

실수 연구자 미하엘 프레제는 실수를 찾기 위해 노력을 기울이는 것은 무조건 그럴 만한 가치가 있는 일이라고 주장한다. 그는 세계 여러 나라의 다양한 기업을 비교 연구한 결과, 실수 관리 체계를 개선하면 평균 20퍼센트에 이르는 수익이 증가한다는 결론에 이르렀다. 이런 조건에서라면 정교한 프로그램과 직원 연수 교육 및 훈련에 들어가는 비용을 모두 포함하더라도 그 비용을 상쇄하고도 남을 것이다.

수익성이 높아지는 이유는 자명하다. 실수를 저질러도 낙인이 찍히지 않으면 기업 내 커뮤니케이션이 더욱 솔직하고 자유로워진다. 정보를 숨기거나 왜곡할 필요가 없어지는 것이다. 정직함의 문화는 직원들에게 비판을 제기할 수 있는 자유와 실패한 프로젝트를 거론할 수 있는 자유를 선사한다.

실수 문화는 무엇보다도 기업 내 창의성 함양의 핵심적인 열쇠다. 실패가 허락된 직원들은 미지의 영역으로 과감하게 발을 들여놓는다. 그리하여 위험을 감수하고 새로운 아이디어들을 직접 시험해 본다. 하버드 대학의 에이미 에드먼슨 교수는 바람직한 실수 문화 정립을 위해 실수를 '막을 수 있는 실수', '불가피한 실수', '지능적인 실수'로 분류할 것을 제안한다.

- 에이미 에드먼슨은 당연히 모든 실수가 유익한 것은 아니라고 말한다. 거듭하여 같은 일을 반복적으로 수행해야 하는 생산 라인이나 일상적인 업무 영역에서는 무엇보다도 부주의에서 비롯하는 실수를 방지하는 것이 중요하다. 이를 위해서는 체크리스트를 활용하거나, 자동차 회사 도요타처럼 '안돈 코드Andon-Cord'를 사용하는 것도 방법이 될 수 있다. 제품 생산 과정에서 오류가 발생하면 어떤 직원이건 코드를 잡아당긴다. 코드를 잡아당긴 뒤에도 몇 분 동안은 제품 생산이 계속 진행된다. 그러나 그 시간 동안 오류가 제거되지 않으면 오류의 원인을 찾아 제거할 때까지 컨베이어벨트가 멈춰 선다.
- 반면 복잡한 시스템에서 발생하는 실수는 막을 방법이 없다. 에이미 에드먼슨은 이렇게 말한다. "병원 응급실, 전쟁터, 혹은 신생 기업의 경영 과정에서는 늘 예기치 못했던 일이 발생하곤 한다." 경영학 교수인 그녀는 다음과 같이 경고한다.

"복잡한 관계에서 발생하는 실수는 막을 방법이 없다. 그런 실수를 부정적으로 평가하는 것은 반생산적인 행위다. 심각한 실수를 방지하고자 한다면 반드시 불가피한 작은 실수들을 찾아내어 수정해야만 한다." 병원에서 일어나는 심각한 사건들은 대부분 일련의 작은 실수나 부주의가 모여서 만들어진 결과물이다. 복잡한 시스템에서는 여러 사건이 지금까지 단 한 번도 그런 적이 없거나 그 누구도 예상치 못했던 방식으로 동시에 발생할 때 대참사가 일어난다.

- 그러나 기업의 입장에서 보았을 때 가장 가치 있는 실수는 지식의 경계선상에서 일어나는 '지적인 실수'다. 에이미 에드먼슨은 "새로운 약품을 개발하려고 하는 사람, 새로운 사업 아이디어나 제품을 보유한 사람, 지금 막 생겨나기 시작하는 새로운 시장에서 고객을 확보하고자 하는 사람들에게는 지적인 실수에 대처할 전략이 필요하다"고 말한다.

그런 경우에는 실제로 실패가 성공보다 더 큰 가치를 지닐 수도 있다. 에드먼슨은 디지털 가입자 회선DSL, Digital Subscriber Line 기술 도입에 앞서 소규모 지역에서 시험 가동을 시작한 한 통신회사의 예를 인용한다. 자신감에 가득 찬 통신회사 기술자들은 어떤 오류가 발생할 수 있는지를 점검하는 대신—사실 이것이야말로 그런 시험 가동이 지닌 고유한 의미다—사람들에게 모든 것이 얼마나 순조롭게 돌아가는지를 보여 주려고 했다. 그들은 가뜩이나 컴퓨터 업계 고객들이 많이 살고 있는 지역을 테스트 지역으로 선별했다. 그곳에 사는 고객들은 새로운 기술을 환영했고, 새로운 시스템을 연결하여 사용하는데도 거의 아무 문제가 없었다. 게다가 회사에 소속된 최고의 기술자들이 그들을 관리했다. 이어서 청신호가 켜졌다. 그러나 실제 시장 도입은 결국 대재앙으로 끝을 맺고 말았다. 대부분의 고객이 낡고 느린 컴퓨터를 가지고 있었을 뿐 아니라 DSL 작동 방식에 대해서도 아는 것이 전혀 없었다. 그리고 지원팀은 낮은 임금을 받는 콜센터 직원들로 구성되어 있었다. 그들 또한 일반 고객들보다 아는 것이 별반 많지 않았다. 전체 연결 건수 가운데 75퍼센트가 실패로 끝났다. 한마디로 대재앙이 아닐 수 없었다. 만약 지능적인 실수를 찾아내는 데 무게를 두고 시험 가동을 제대로 했더라면 그런 재앙은 충분히 막을 수 있었을 것이다.

빨리, 신속하게, 자주 좌절하라

이따금은 실패를 염두에 둔 실수 친화적인 발전 과정이 프로젝트를 성공으로 이끄는 유일한 길이 되기도 한다. 2000년대 초에 미국 방위고등연구기획국DARPA,

Defense Advanced Research Projects Agency은 미국 정부에게서 2015년까지 완전한 기능을 갖춘 무인 차량 개발을 위탁받았다. 하려고만 했더라면 DARPA는 많은 돈을 확보하고 국내 최고의 기술진을 한자리에 모을 수 있었을 것이다. 이어서 종합 계획을 수립하고, 자체 연구실을 마련하고, 시제품을 설계할 수도 있었을 것이다. 그런데 한 가지 문제가 있었다. 일본과 독일에서는 이미 1977년부터 최고의 기술진이 로봇 차량 개발에 매달려 왔지만 그때까지 어떤 획기적인 성과도 거두지 못하고 있었다.

DARPA 국장 토니 테더Tony Tether는 자체 개발을 시도하는 대신 미국 내 대학에 상금을 내걸었다. 목표는 모하비 사막 240킬로미터 코스를 완주하는 것이었다. 1등 팀에게는 100만 달러의 상금이 수여될 예정이었다. 미국 전역의 엔지니어들과 소프트웨어 개발자들이 차량 개발 작업에 뛰어들었다. 2004년 3월 13일, 21개 팀이 사막에 집결했다. 첫 번째 시험 주행에서 1.6킬로미터의 코스조차 완주하지 못한 차량 여섯 대가 탈락했다. 남은 15대의 차량 가운데 두 대가 정식 출발을 앞두고 탈락했고, 한 대는 출발할 때 뒤집혀 버리는 바람에 꼼짝달싹하지 못하고 그 자리에 가만히 누워 있었다. 출발한 지 3시간이 지나자 네 대의 차량만이 남았다. 다른 차량들은 브레이크 고장, 차축 파손, 내비게이션 시스템 고장 등으로 중도에서 탈락했다. 결승선 근방에라도 접근한 차량은 단 한 대도 없었다. 가장 뛰어난 차량조차 11.7킬로미터를 달린 뒤에 멈춰 섰다. 다른 차량들은 그보다 훨씬 빨리 탈락했거나 고장이 나버렸다. 누구도 상금을 받지 못했다. 그리고 DARPA는 로봇 자동차 제작이라는 목표에서 어느 때보다 멀리 동떨어져 있는 듯이 보였다. 〈파퓰러메카닉스Popular Mechanics〉지는 '사막에서의 좌절'이라는 심술궂은 제목의 기사를 내보냈다.

그러나 사실상 그 경주는 완벽한 성공이었다. 너무나 많은 실수가 빚어졌기 때문이다. 각 팀은 그런 실수를 토대로 다음 시합을 대비해 디자인을 적절하게 수정할 수 있는 기회를 갖게 되었다. 1년 뒤에 DARPA 국장 토니 테더는 상금을 200만 달러로 올렸다. 23팀 중에 22팀이 전년도 최고 기록인 11.7킬로미터를 넘어섰다. 다섯 대의 차량이 목표 지점에 도착했다. 우승자는 스탠퍼드 대학의 '스탠퍼드 레이싱 팀'이었다.

지능적인 실패란 바로 이런 것이다. 빨리 좌절하고, 신속하게 좌절하고, 자주 좌절하라.

8장

당신이 저지른 실수를 사랑하라

새로운 마음가짐에 대한 변론

우리는 언제 진정으로 실패하게 되는가? 실패를 받아들이고 인정하기로 결심하는 바로 그 순간이다. 자신이 활동하는 분야에서 슈퍼스타로 등극한 사람들에게서 우리가 배울 수 있는 것은 승리가 아니다. 바로 그들이 자신의 실수와 실패를 대하는 방식이다.

가방은 이미 꾸려져 있다. 모든 소지품은 상자에 차곡차곡 쌓여 있다. 내일이면 모든 것이 타이완으로 보내질 것이다. 그것은 패배에 대한 인정이다. 청년 이안Lee Ang은 6년 전 배우가 되려고 고국인 타이완을 떠나 미국으로 이민 왔다. 처음에는 모든 것이 순조로웠다. 이민 온 첫 주에 그는 미래의 아내가 될 제인을 만났다. 처음에 일리노이 주에서 대학을 다니던 그는 그 후 명성이 자자한 뉴욕 대학 학생 자리를 꿰찼다. 이안은 배우 생활보다는 감독 일을 고집했는데, 그것은 그의 영어 실력이 그다지 뛰어나지 않았기 때문이기도 했다. 이안을 가르친 교수들은 그에게 재능이 있다고 생각했지만, 대학 공부를 끝낸 지금 그는 공부뿐만 아니라 가던 길의 끝에도 다다른 것처럼 보였다. 이안의 나이 스물아홉 살이었고, 일거리는 좀처럼 눈에 띄지 않았다. 게다가 그에게는 돌봐야 할 어린 자녀도 있었다.

그때 결정적인 일이 일어났다. 타이완으로 돌아가기 전날 밤 9시 30분에 전화벨이 울렸다. 졸업 작품으로 만든 43분짜리 영화가 대학에서 탁월한 연출 작업에 주는 상을 받게 된 것이다. 바로 그다음 날 한 에이전시가 그를 대리할 만반의 준비를 갖추고 기다리고 있었다. 이안과 제인은 미국에 남기로 결정했다. 그들은 그 상을 발판으로 삼아 이안이 영화 업계에서 성공을 거두게 되기를 희망했다.

정말로 그것은 성공의 발판이 되었을까? 아니면 마지막에 더 처참한 실패를 맛보기 위해 그저 패배를 잠시 뒤로 미루는 것에 불과했을까?

그 후 이안에게는 고문과도 같은 세월이 이어졌다. 젊은 부부는(곧 식구가 넷으로 늘어났다) 겨우 일자리를 찾아낸 제인의 월급으로 먹고살았다. 그리 오래지 않아 이안은 에이전시가 그에게 일거리를 마련해 주지 않을 것이라는 사실을, 그리고 그 자신이 원고를 써야만 한다는 사실을 깨달았다. 훗날 그는 이렇게 회상했다. "나는 연달아 시나리오를 써 내려갔다. 대부분은 그 즉시 퇴짜를 맞았다. 한두 편은 관심을 받기도 했는데, 그럴 때면 나는 허겁지겁 각색을 하고, 원고를 고쳐 써야만 했다. 그러고는 다시 몇 주를 기다려야 했다. 그것은 제인과 내게는 가장 견디기 힘든 시간이었다. 그녀는 감독이라는 직업이 어떤 것인지 전혀 몰랐고, 나 또한 마찬가지였다." 기다림에 지친 이안은 마침내 돈을 벌기 위해 컴퓨터 전문가 교육을 받기로 했다. 그 사실을 알게 된 제인이 그를 맹렬히 비난했다. 그녀는 그가 자신의 직업에 집중해야 한다고 생각했다.

그렇게 6년이 지나갔다. 그 6년 동안 그는 아들이 영화보다는 '뭔가 쓸모 있는 일'을 하기를 진심으로 바라마지 않았던 타이완의 부모님에게 인내심을 가지고 기다려 달라고 간청해야만 했다. 그리고 6년 동안 친구들은 그가 단 한 발자국도 앞으로 나아가지 못하는 것을 너그러운 마음으로 지켜보아야 했다. 이안의 뉴욕 대학 영화과 졸업 동기 스파이크 리Spike Lee는 이미 오래전에 스타가 되어 있었다. 그는 온 사방에서 쏟아지는 러브콜에 몸살을 앓고 있었다.

그러던 어느 날 마침내 이안은 대만 문화부가 주최한 시나리오 경연대회에서 우승을 거머쥐었다. 과거에도 그랬듯이, 그것 또한 실패를 다시 한 번 뒤로 연기하는 것에 불과한 일이었을까? 그는 상금으로 40만 달러를 받았다. 어쩌면 이것이 그에게 주어진 마지막 기회일지도 몰랐다. 고작 24일 만에 그는 미국으로 이

주한 중국 이민자의 힘겨운 삶을 그린 첫 번째 장편 영화 〈쿵후 선생Pushing Hands〉을 만들었다. 이때 그는 주로 친구들의 집을 배경으로 영화를 찍었다. 그것은 결코 가볍지 않은, 가슴을 파고드는 훌륭한 영화였다. 이번 영화는 정말로 그에게 획기적인 전환점이 되어 주었다. 할리우드로 향하는 문이 활짝 열렸다.

그 뒤로 이안은 거의 매년 새로운 영화를 감독하고 있다. 그의 영화는 모두 38번 오스카상 후보에 올랐고, 그중 12번을 수상했다. 이안 본인은 네 개의 오스카상을 받았는데 베를린 영화제에서 황금곰 상을 두 번 수상한 최초의 감독이다. 그는 이미 오래전에 스파이크 리를 넘어섰고, 예술적 가치를 지닌 동시에 상업적으로도 성공적인 영화를 지속적으로 만들어 내는 몇 안 되는 할리우드 감독으로 꼽힌다. 최근작인 〈라이프 오브 파이Life of Pi〉는 10년이 넘는 세월 동안 할리우드에서 '영화로 만들기 불가능한' 작품으로 간주되었던 한 편의 소설을 기초로 한 영화다.

그럼에도 실수는 중요하다

그렇다면 우리는 언제 진정으로 실패하게 되는가? 실패를 받아들이고 인정하기로 결심하는 바로 그 순간이다. 이안 감독은 6년 동안 자신이 영화감독으로서는 명백하게 실패작이라는 것을 인정하기를 거부했다. 그는 100편이 넘는 시나리오를 집필했는데, 그것들은 모두 전혀 가치가 없고, 허점투성이며, 영화로 만들기엔 부적절한 것들이었다. 그럼에도 그는 계속해서 시나리오를 써 내려갔다.

실수와 패배에 대한 인내심 부족은 왜곡된 인지에 바탕을 두고 있다. 우리는 승자를 동경하면서 그들을 지침으로 삼는다. 그들이 과거에 경험한 수많은 실패는 간과해 버린다. 그러나 그 자리에 오르기까지 그들이 그런 실수와 오류를 저지르지 않았다면, 아마도 그들이 이룩한 획기적인 성공과 업적, 승리 또한 생각조차 할 수 없을 것이다.

미국의 발명가 토머스 앨바 에디슨Thomas Alva Edison은 두말할 것도 없이 천재적인 발명가로 존경받는 인물이다. 그러나 연구실에서 이루어진 그의 일상적인 작업은 오히려 머피의 법칙과 닮아 있었다. 1870년대에 그는 전구 개발에 몰두했다. 사실 전구는 당시에도 이미 발명되어 있는 상태였지만, 제대로 작동되지 않았다. 디자인이 유명한 제품들은 희미하고 흐린 빛을 내뿜는 데 그치거나 채 몇 시간도 지나지 않아 퓨즈가 끊어져 버렸다. 비밀의 열쇠는 필라멘트였다. 에디슨은 적합한 필라멘트를 찾아내는 일에 전념했다. 제 기능을 발휘하는 필라멘트를 도무지 찾아낼 수가 없었지만, 에디슨은 포기하지 않았다. 그는 1,600가지의 다양한 재료를 실험했다. 그리하여 마침내 검게 태운 대나무 섬유를 이용하여 성공을 거뒀다. 훗날 그는 다음과 같이 말했다. "나는 단 한 번도 이 길을 걸어오면서 실패를 한 적이 없다. 다만 제대로 먹혀들어 가지 않는 1만 가지 방법을 발견한 것뿐이다." 결론적으로, 이 1만 가지의 실수에서 1,093개의 특허가 탄생했다.

실패를 대수롭지 않게 여기는 에디슨의 태도에서 우리는 많은 것을 배울 수 있다. 수많은 실패는 그가 이룩한 성공의 기초가 되었다. 〈뉴욕타임스〉는 그의 발명품 가운데 많은 것들이 오늘날에도 여전히 중요한 위상을 점하고 있다고 말하면서, 그런 개별적인 발명품보다 더 중요한 것은 그가 "발명 산업을 발명"했다는 사실이라고 밝혔다. 오늘날 토머스 앨바 에디슨은 현대 연구개발 분야의 선구자로 간주된다. 그런데 에디슨은 발명품 가운데 많은 것들이 자신의 아이디어가 아니라 다른 사람들의 아이디어였다고 말했다. 그 사람들은 아이디어는 가지고 있었지만 그것을 발전시키려는 노력을 끝까지 기울이지 않았다. "많은 사람들이 실패를 하는 이유는 본인이 성공에 얼마나 가까이 다가가 있는지 짐작조차 하지 못한 채 포기를 해버리기 때문이다."

문화사회학자 디르크 베커Dirk Baecker는 실수를 무시한 채 오직 성공만 축하하려고 하는 성향을 가리켜 '사고의 치우침'이라고 부른다. "우리는 과정은 생각하지 않고 결과만 생각한다. 과정이 진행되는 동안 발생하는 실수들은 매우 중요한 역할을 한다. 그러나 결과물이 나오면 그것들은 그대로 잊히고 만다."

인터넷 기업가 라르스 힌리히스는 냉철한 어조로 다음과 같이 딱 잘라 말했다. "돌이켜보면 그것(실수)은 언제나 전략이었다."

우리는 출발점에서 결과에 이르는 길이 일직선으로 연결되어 있다고 착각한다. 그러나 실제로 목표에 이르는 길은 언제나 우회로밖에 존재하지 않는다. 왜냐하면 우회로를 경유할 때에 한해서만 목표에 도달하는 데 꼭 필요한 지역 정보를 충분히 수집할 수 있기 때문이다. 과정을 생각하는 사람은, 에디슨이 완벽한 필라멘트를 찾아 헤맬 때 그랬던 것처럼 1,599번의 실패를 전혀 문제 삼지 않는다. 과정 중에 실패를 겪지 않는다면, 성숙한 결과물도 나올 수 없을 것이다. 개발 과정에서 발생하는 모든 오류와 실수는 결과적으로 제품을 더 안정적이고 안전하게 만들어 줄 뿐 아니라 제품의 품질도 더욱 높여 준다.

흔히 우리는 실수를 통해서야 비로소 재료의 작용 메커니즘을 정확하게 파악하게 된다. 이를테면 뇌 연구자들은 우리 인간들의 인지 기관이 어떤 식으로 작동하는지 알아내기 위해 인지장애를 연구한다. 오작동을 통해 작동 방식을 이해하는 것이다. 디르크 베커는 "실수는 현실에 대한 확고부동한 정보의 원천"이라고 정의한다. 이를테면 무심결에 나온 말은 "실수라고 할 수 있는데, 그런 실수는 나의 무의식이 나의 의식과는 다른 방식으로 사물을 바라본다는 사실을 내게 알려준다." 베커는 〈타츠taz〉와의 인터뷰에서 이와 같이 설명했다.

세상을 습득해 나가는 데 어려서부터 실수가 얼마나 중요한지를 잘 보여 주는 흥미로운 연구가 한 편 있다. 놀이터 안전에 관한 연구가 바로 그것이다. 특히 미국에서는 그사이 놀이기구 제작자들이 징벌적 손해배상금 청구에 대한 공포 때문에, 놀이기구를 푹신하고 부드러운 매트로 감싸고 놀이기구 높이도 절반쯤으로 낮춰 제작하게 되었다. 추락 사고는 절대 금물이다! 아이들은 다치는 일 없이 안전하게 성장해야 한다. 어떻게 이 말에 반박할 수 있겠는가. 그러나 노르웨이 심리학자 엘렌 샌드세터Ellen Sandseter가 밝혀낸 바에 따르면, 추락을 경험하지 않은 아이들일수록 훗날 10대가 되었을 때 고소공포증을 지니게 될 경향이 현저히 높다고 한다. 지나친 조심성이 마냥 유익하지만은 않은 것이다. 그들은 무해한 추락을 경험해 보지 못한다. 그러니까 안전지대의 한계까지 기어 올라가 세상과 세상에 널려 있는 각종 위험을 의미 있게 평가해 볼 수 있는 기회를 갖지 못하는 것이다. 세상을 아이들이 지내기에 더욱 안전한 장소로 만든다는 것은 곧 아이들을 점점 더 작아지게 만든다는 것을 의미하기도 한다. 실수는 한계 체험이기 때문이다. 실수는 우리에게 우리가 할 수 있는 것은 여기까지이고 더는 안 된다는 것을 가르쳐 준다. 이 말을 이렇게 바꾸어 볼 수 있을 것이다. 단 한 번도 추락해 보지 않은 사람, 단 한 번도 실패를 경험해 보지 않은 사람은 지금까지 단 한 번도 본인의 한계까지 가보지 않은 사람이다.

위험을 감수하지 않는 사람은 그 속에서 죽음을 맞이한다.

그건 그렇고 안전조치를 강화해도 놀이터 사고 위험이 줄어들기는커녕 오히려 늘어나고 있다. 푹신하고 부드러운 매트가 아이들에게 더 위험한 행동을 하도록 유혹하기 때문이다. 그것은 보호용 헬멧이 자전거 속도를 더 빠르게 하고, 자동차 운전자들이 자전거와의 거리를 줄이게 오도하는 것과 꼭 같은 이치다. 런던 택시에 처음으로 블록 방지Anti-Block 시스템이 장착되었을 때 런던 택시 운전사들 사이에서도 그와 같은 '반동 효과Rebound effect(원래 의도했던 것과 반대되는 결과가 초래하는 것)'가 나타났다. 시스템을 장착한 뒤로 전체 택시 기사의 3분의 2가 과거보다 더 위험한 속도로 도로를 질주했던 것이다.

오늘날 우리가 살아가는 세계에는 어린아이들이 나무를 기어오를 때 발을 헛디디며 체험하는 것과 같은 감각적인 실수에 대한 여지가 거의 존재하지 않는다. 철학자 베른트 구겐베르거는 '현실의 실종'이라는 말로 문제의 핵심을 지적한다. 우리가 익숙하게 느끼고 우리의 삶 속에서 중요한 역할을 차지하는 것들 가운데 많은 부분을 우리는 그저 추상적으로만 '알고 있을' 뿐이다. 한 방울의 원유를 문질러 손가락 사이에서 얇게 펴보았거나 닭이나 소를 직접 도축해 보았거나, 심지어는 다른 사람들에게 기관총을 겨누고 발포를 해본 사람은 극소수에 불과하다. 그러나 우리는 자동차를 운전하고, 고기를 먹고, 우리의 이름으로 군인들을 전쟁터로 내보내는 정치가들을 우리 손으로 뽑는다.

구겐베르거가 《오류에 대한 인간의 권리Ohnmacht der Sinne》에서 서술했듯이, 이런 '감각의 무기력함'은 결과적으로 비동조화decoupling를 초래한다. 그리하여 우리는 우리의 실수가 초래하는 결과를 더는 자각하지 못하게 된다. 우리는 실수를 교훈으로 삼아 거기에서 가르침을 얻는 일을 너무나도 힘들어한다. 그리고 이렇듯 실수에서 교훈을 얻지 못하기 때문에 점점 더 큰 실수를 저지르게 된다. 우리는 지구의 자원을 착취하고, 핵발전소를 건설하고, 후손들이 핵폐기물에 중독되도록 방치하고 있다. 지구온난화를 그저 문서상으로만 이해하고 있는 우리는 아무런 고민 없이 비행기를 타고 휴가를 떠난다.

우리는 자동차를 운전할 때, 수술을 할 때, 그리고 비행기를 운전할 때의 실수가 치명적인 결과를 가져오는 세상에 우리 자신을 적응시켰다. 우리는 스스로가 실수를 저지를 수 있다는 사실을 잘 알고 있다. 그렇기 때문에 그런 시스템을 운영할 때 반드시 안전조치들을 도입한다. 그러나 그런 안전조치들은 안전보장 시스템 자체의 복잡함을 그대로 모방한다는, 그리고 그를 통해 시스템 사용자들을 다시금 혹사한다는 딜레마를 안고 있다. 체르노빌 원자로 폭발 사고 당시에 너무나도 많은 경고등이 깜박거렸고, 엄청난 경고 사이렌이 귀를 찢을 듯이 울려댔다. 중앙통제실 직원들은 완전히 지쳐 버렸으며, 결국 직관에 따라 행동하기에 이르렀다. 그리고 그로 인하여 노심 용해 사고를 촉발했다. 미심쩍은 상황에서 인간은 지나치게 조급하고, 산만하고, 호기심이 왕성해진다. 그리하여 결국 이런 기술을 제대로 다루지 못하는 상태에 이른다.

베른트 구겐베르거는 이렇게 말한다. "사람들은 반드시 핵발전소에 가봐야만 한다! 그리고 그곳에서 인간이 얼마나 큰 장애 요인이 되는지 반드시 몸소 체험해 봐야 한다. 억지로 방호복 속으로 구겨 넣어진 사람들은 웃음을 멈춘다. 그곳에서는 오직 하인처럼 기계에 착 달라붙어 있는 사람들, 그러니까 기계의 부속품이 된 사람들만이 받아들여진다." 그러나 우리 인간은 그런 존재가 아니다. 설령 잠깐 흉내를 낼 수 있을지는 모르지만 결코 오랫동안 그런 존재로 머무르지는 못한다. "자기 주도적으로 행동하는 창의적인 인간은 그처럼 거대한 안전성을 요구하는 구조에 결코 적응하지 못한다."

실수의 힘이 빛나는 곳들

그래도 예술 영역에는 아직 얼마간 유희 공간이 남아 있다. 예술 영역에서 사람들은 의도적으로 규범을 파기함으로써 새로운 것이 생성될 수 있는 여지를 만들어 낸다. 미국의 재즈 비브라폰 연주자 스테폰 해리스Stefon Harris는 비디오 포털 TED가 주최한 열정적인 음악 강연에서 "무대 위에서는 실수가 존재하지 않습니다"라는 말로 포문을 열었다. "나는 오늘 우리가 어떤 곡을 연주하게 될지 전혀 모릅니다. 그리고 실제로 연주가 시작될 때까지도 그것을 알지 못할 것입니다." 해리스에게 무대는 "신성한 장소입니다. 무대 위에서는 미래나 과거에 대해 깊이 생각을 할 수 있는 여지가 전혀 존재하지 않아요. 매 순간 바로 그 자리에서 내려야만 하는 결정이 너무나도 많기 때문이지요." 그는 밴드 동료들과의 협주를 대화에 빗대어 말하면서, 거기에는 그 어떤 틀린 음도 존재하지 않는다고 말한다. 멤버 중 "누군가가 그 순간 음악 속에 투영해 넣은 것에 대해 우리가 제대로 대처할 수 없을 때에 한해서만 실수가 발생할 수 있습니다."

재즈에서는 현재 한창 연주되고 있는 양식에서 벗어난 '우스꽝스런 톤'이 실수가 아니라 연주 양식과 분위기, 즉흥 연주의 방향을 새롭게 바꿀 수 있는 기회로 간주된다. 조화의 단절이 곧바로 새로운 길들을 보여 주는 통로가 되는 것이다. 들을 수 있는 귀를 가진 사람은 들을 수 있다. 모든 음이 각기 다른 맥락에서 각기 다른 힘을 구현한다. 때로는 파괴적인 느낌을, 때로는 안정적인 느낌을, 때로는 귀를 찢을 듯이 날카로운 느낌을, 때로는 기쁘고 즐거운 느낌을 자아낼 수 있는 것이다. 재즈에서 즉흥연주는 일종의 탐험 여행이자 끝없이 이어지는 한계 체험이자 규범의 파괴를 통한 유희다. 바로 이런 이유로 즉흥연주는 너무나도 흥미진진하고, 굉장한 만족감을 선사하며, 상당히 재미있다.

반면 클래식 음악에서는 자유롭게 행동할 수 있는 여지가 그보다 훨씬 좁다. 그것은 오케스트라 단원들이 본인의 직업에 만족하지 못하는 사람들 부류에 속하는 한 가지 이유가 되기도 한다. 그들은 인생의 절반을 쏟아부어 노력을 기울인 끝에 악기를 능수능란하게 연주할 수 있게 되었다. 그러나 그 후 악보라는 꽉 끼는 코르셋 속에 억지로 몸을 끼워 넣고는 지휘봉을 통해 전달되는 해당 악보에 대한 지휘자의 해석을 억지로 받아들여야만 한다. 그 밖에도 클래식 음악은 주로 CD 녹음 형태로 사람들에게 다가간다는 단점을 지니고 있다. 그렇기 때문에 그들은 모든 작품을 거의 완벽에 가깝게 연주할 수 있을 때까지 연습에 연습을 거듭해야 한다.

그러나 음악은 뭐니 뭐니 해도 인간적 결함을 필요로 한다. 무엇보다도 디지털 기술이 이런 사실을 분명하게 보여 준다. 사실 디지털 기술을 이용하면 모든 실수와 오류를 쉽게 제거할 수 있다. 가수가 음정을 정확하게 맞추지 못할 때면 '오토튠Autotune'이라는 컴퓨터 소프트웨어로 음정을 교정할 수 있다. 그리고 리듬 실수도 녹음 직후에 자동적으로 교정할 수 있다. 이렇게 해서 만들어진 결과물은 그야말로 완전무결하다. 이런 완벽함은 어쩐지 우리를 불편하게 한다. 그리하여 음향 기술자들은 디지털 기술로 만들어진 리듬을 처리할 때 독자적인 소프트웨어를 이용하여 비트를 다시금 "인간적으로 만들어 놓는다." 이때 '휴머나이징 Humanizing' 필터가 사용되는데, 이것은 리듬이라는 양탄자에 극소량의 결함을 짜넣는 기능을 한다.

실수라고 해서 다 같은 실수가 아니다. 막스플랑크 연구소와 괴팅겐 대학의 학자들은 노련한 음악 애호가들이 "디지털 기술을 이용하여 인간화된" 음악과 "인간들이 직접 만든" 음악 사이의 차이점을 훌륭하게 식별해 낸다는 사실과 그들이 인간이 만든 음악을 "더욱 정확한" 것으로 간주한다는 사실을 밝혀냈다. 컴퓨터 소프트웨어가 순전히 우연에 기대어 비트를 어긋나게 하는 것과는 대조적으로, 인간들은 한 음악 작품을 연주할 때 이미 처음부터 특정한 오류 유형을 확립해 곡 전체를 관통하여 그것을 끌고 나간다. 학자들은 이것을 가리켜 '장기 상관관계 long range correlation'라고 부른다. 여기서 놀라운 점은 우리 인간들이 아주 작은 실수에 대한 기억까지도 명백하게 머릿속에 계속 담아 유지한다는 사실과 음악가뿐만 아니라 청자들도 그것을 곡 전체에 일관되게 꼬아 넣는다는 사실이다. 그뿐 아니라 1,000분의 1초 이하의 영역에서 발생한 결함을 우리가 인지할 수 있다는 사실, 그리고 그것을 기분 좋게 느낀다는 사실도 매우 놀랍다. 비록 우리가 정확한 박자를 음악의 기본이자 재생산 가능성 및 협주의 전제 조건으로 이해하고 있기는 하지만, 그럼에도 불구하고 우리의 귀에는 살짝 부정확한 인간적인 비트가 더 정확하고 자연스럽게 느껴진다.

스포츠 분야에도 아직 자유롭게 움직일 수 있는 여지가 남아 있다. 통제 불가능성이 곧 현실이기도 한 스포츠 영역에서는 두 사람의 적수가 맞붙었을 때 생성되는 예측 불가능성이야말로 경기를 매력적으로 만드는 핵심 요소다. 매주 주말마다 수십만 명의 인파가 축구 경기장으로 몰려가고, 수백만 명의 사람들이 TV로 축구 국가대표팀 경기를 지켜보는 것도 바로 이런 이유 때문이다. 애국심이 흘러넘쳐서가 아니다. 축구에서는 모든 상황이 가능하기 때문이다. 졌다고 생각했던 챔피언스리그 경기에서 추가 시간에 두 골을 넣어 승패를 뒤집을 수도 있고, 네 골 차로 앞서 나가던 독일 국가대표팀이 단 25분 만에 다시 우위를 놓쳐 버릴 수도 있다. 축구선수들은 재즈 뮤지션들과 마찬가지로 아주 짧은 시간 안에 결정을 내려야 한다. 앞으로 돌진할 것인가 아니면 뒤로 물러날 것인가, 계속 공을 가지고 있어야 할 것인가 아니면 되받아쳐야 할 것인가, 드리블을 할 것인가 아니면 골키퍼에게 백패스를 할 것인가? 천재적인 발상과 실패 사이의 거리는 고작 밀리미터 단위에 불과하다. 공의 특정 부위를 정확하게 발로 맞춰 그 공이 정확하게 골대 안쪽 구석으로 굴러 들어가게 하는지, 혹은 마치 초보자처럼 전속력으로 달려와 공을 하늘 높이 차올려 관중들의 야유를 받는지에 따라서 성패가 갈린다. 고작해야 밀리미터에 불과한 이런 차이가 한 시즌을, 그리고 그다음 시즌까지도 결정할 수 있다. 어떤 팀이 결정적으로 중요한 경기에서 패배해 다음 해 유럽 챔피언스리그에 참가하지 못하게 되면, 수백만 유로의 손실을 볼 뿐 아니라 최고의 선수들이 팀을 떠나 버릴 수도 있다. 축구에는 아주 많은 위험 요소가 도사리고 있다. 절대적인 성공 공식 같은 것은 존재하지 않는다. 그리고 시간이 흐르면서 제아무리 선수들의 경기가 신속하고 정확해진다고 하더라도, 단 하나의 실수가—심판의 작은 실수 하나조차—그간의 모든 투자와 준비 과정을 물거품으로 만들어 버릴 수 있다.

그럼에도, 혹은 바로 그런 이유 때문에 축구 선수들은 오케스트라 단원들보다 훨씬 더 많은 결정의 자유를 부여받는다. 축구장은 실수 놀이터다. 그곳에서는 위험을 무릅쓰는 팀, 실수를 감수하는 팀, 타인의 실수에 번개처럼 빠른 속도로 대응하는 팀만이 빛을 발할 수 있다. 레알마드리드에서 몇 달간이나 벤치를 지키고 앉아 교체 선수인 자신의 능력에 의구심을 느끼며 절망에 빠졌던 누리 사힌Nuri Sahin이 마드리드 생활을 청산하고 다시 보루시아 도르트문트로 돌아왔을 때, 그는 조급하고 불안한 경기를 펼쳤다. 사힌은 도르트문트가 자신이 세계적인 스타로 발돋움할 유일한 기회라는 사실을 잘 알고 있었다. 그러나 실패에 대한 공포가 그를 마비시켰다. 축구의 역사는 뛰어난 재능을 지녔지만 단 한 번도 그 재능을 제대로 펼쳐 보지 못한 사람들로 가득하다. 그러던 중 도르트문트 트레이너 위르겐 클롭Jürgen Klopp이 사힌에게 매 경기마다 패스미스를 할 것을 요구해 왔다. 그것은 트레이너의 입에서는 절대 나올 수 없을 법한 전대미문의 조언이었다. 클롭의 주장에 따르면, 패스미스가 상대 선수들을 유인해 공격 공간을 만들어낼 수 있다. 참으로 흥미로운…… 이론이다. 사실 그것은 누리 사힌에게 숨쉴 수 있는 여지를 만들어 주기 위한 것이었다. 미드필더에게는 용기와 창의력이 필요한 동시에 위험을 무릅쓸 수 있는 담대함도 있어야 한다. 오직 실수를 할 권리가 있는 사람만이 그 일을 해낼 수 있다.

당연히 이것은 축구에만 적용되는 사실이 아니다. 재능을 지닌 어린 마이클 조던Michael Jordan이 어떻게 세계에서 가장 위대한 농구 스타가 될 수 있었을까? 우리는 스포츠 뉴스에 소개되었던 저 비길 데 없이 뛰어난 경기들과 그의 천재적인 슛을 기억한다. 그러나 조던의 기억 속에는 다른 것들도 담겨 있다. 그는 책에서 그런 기억들을 상세하게 서술했다. "나는 9,000번도 넘게 슛에 실패했다. 그리고 거의 300경기에서 패배를 경험했다. 경기를 결정짓는 중요한 슛이 내게 맡겨졌을 때, 나는 26번이나 엉뚱한 곳으로 슛을 날려 버렸다. 나는 인생을 살아오면서 거듭하여 좌절했다. 내가 성공을 한 것은 바로 그 때문이다."

어떻게 살아갈 것인가

실수는 우리에게 다음번까지 뭔가를 개선하라고 가르친다. 그러나 그보다 훨씬 더 중요한 사실은, 우리가 뭔가를 완벽하게 섭렵했다고 믿고 있을 때 실수가 우리의 한계를 새롭게 알려 준다는 점이다. 농구 경기에서 한 번이라도 자유투를 성공시키려고 시도해 본 적이 있는 사람이라면, 혹은 날카로운 각도에서 축구 골대에 공을 넣으려고 시도하거나 골프 경기에서 퍼팅을 시도해 본 적이 있는 사람이라면 가벼운 절망의 느낌을 잘 알고 있을 것이다. 축구 선수들은 의문스러운 눈초리로 자신들의 축구화를 바라보고, 농구 선수들은 축 처진 어깨로 다시 슛을 시도하기 위해 터벅터벅 앞으로 걸어간다. 실수는 우리에게 겸손을 가르쳐 주는 동시에 인내심도 함께 가르친다. 우리 자신이 지속적으로 실수를 저지르는 마당에 어떻게 실수를 했다는 이유로 다른 사람들을 비난할 수 있겠는가.

실수에 어떻게 대처할 것이냐는 문제는 궁극적으로 인생을 어떻게 살아갈 것이냐는 의문이나 다름없다. 점점 빠른 속도로 달려가는 이 시대는 인간들이 놀라운 일을 이룩해 내도록 한다. 해마다 3,000만 건 이상의 상업 비행이 이루어지고 있다. 그것은 24시간 내내, 매초마다 세계 어딘가에서 비행기가 이륙하거나 착륙한다는 것을 의미한다. 우리는 언제나 어딘가를 향해 달려가고 있다. 모든 경제적 재화—자동차, 가구, TV 등—의 생산 효율성이 해를 거듭할수록 점점 더 높아지고 있다. 그것은 세계에 있는 대부분의 사람들에게 그들의 부모 세대보다 더 높은 수준의 물질적 부를 선사했다. 그러나 이런 가속화는 모든 과정에 대한 강도 높은 통제를 요구한다. 빽빽한 제조 일정, 점점 더 높아지는 정확성에 대한 요구……. 그 가운데 몇 가지는 기술 발전을 통해서 실제로 충족될 수도 있다. 로봇을 투입하면 더 신속하고 정확하고 효율적으로 작업을 할 수 있다. 그러나 전체적으로 보면 효율성은 자유롭게 움직일 수 있는 여지를 더욱 좁히고, 실수에 대한 인내심을 더욱더 부족하게 만든다.

이렇게 점점 더 빨라져 가는 세상은 근본적으로 변칙을 너그럽게 참아 내지 못한다. 그러나 실수는 인간의 척도다. 실패가 허용되는 곳에서만 우리는 우리 자신을 발전시킬 수 있고, 성장할 수 있으며, 우리의 한계를 발견하고 극복할 수 있다. 실수는 우리 자신과 인생을 통제하는 데는 한계가 있다는 사실을 분명하게 보여 준다.

우리는 주어진 기능을 수행하는 존재가 아니라, 삶을 살아가는 존재다.

참고 문헌

추가로 읽으면 유익한 추천 도서들을 소개한다.

Philip Ardagh, *Philip Ardaghs völlig nutzloses Buch der haarsträubendsten Fehler der Weltgeschichte* (Arena, 2011)
아동(4~12세)용 도서. 악의 없고 재미에 중점을 둔 책.

Dirk Baecker and Alexander Kluge, *Vom Nutzen ungelöster Probleme* (Merve, 2003)
문화사회학자 디르크 베커와 영화감독이자 시나리오 작가인 알렉산더 클루게 사이에 오간 재치 있고 심오한 대화 시리즈.

Ralf Caspary(Hrsg.), *Nur wer Fehler macht, kommt weiter: Wege zu einer neuen Lernkultur* (Herder, Freiburg, 2008)
논문 모음집. 라인하르트 칼Reinhard Kahl의 "실수는 배움의 소금이다"를 추천한다.

Dietrich Dorner, *Die Logik des Misslingens. Strategisches Denken in komplexen Situationen* (rororo, 2003(1989년 초판 발행))
아프리카에 있는 가상의 "Tanaland"를 구제하려는 시도를 이용한 되르너의 실험은 독일 실수 연구의 클래식 가운데 하나로 꼽힌다. 아주 신선하지는 않지만 여전히 시사하는 바가 많다.

Paul Feyerabend, *Wider den Methodenzwang* (Suhrkamp, 1986(2판))
자연과학자들과 과학이론가들의 필독서. 급진적인 항목이 있다. "발전에 걸림돌이 되지 않는 유일한 원칙은 바로 이것이다. 'Anything goes.'"

David H. Freedman, *Wrong: Why Experts Keep Failing Us - And How to Know When not to trust them* (Little, Brown and Company, 2010)
전문가들의 지식에 대한 믿음과 브레인스토밍이 지닌 힘에 대한 믿음을 파기하는 다소 혼란스럽지만 정확한 연구를 바탕으로 한 책.

Arthur Freeman and Rose DeWolf, *Die 10 dummsten Fehler kluger Leute* (Piper Taschenbuch, 2007)
프리먼은 대학에서 인지 치료요법을 강의한다. 이 책은 기술적이고 행동 지향적인 접근방식을 취하고 있으며, 자기 평가를 위한 테스트와 다양한 금언을 담았다.

Ulrich Frey and Johannes Frey, *Fallstricke: Die häufigsten Denkfehler in Alltag und Wissenschaft* (C. H. Beck, 2011)
복잡한 상황에서 우리의 사고가 곧잘 과부하에 걸리는 이유를 탁월하게 분석하고 설명한 책.

Bernd Guggenberger, *Das Menschenrecht auf Irrtum. Anleitung zur Unvollkommenheit* (Carl Hanser, 1987)
실패를 해도 되는 인간의 권리에 대한, 인간이 기술을 위해 봉사하는 세상이 아닌 기술이 인간을 위해 봉사하는 세상에 대한 초기 변론서.

Joseph T. Hallinan, *Why We Make Mistakes - How We Look Without Seeing, Forget Things In Seconds, And are all pretty sure we are way above average* (Broadway Books, 2010)
인지 및 지각 연구, 그리고 실수에 취약한 인간들의 약점이 초래하는 결과에 대한 개관.
〔김광수 옮김, 《우리는 왜 실수를 하는가》 (문학동네, 2012)〕

Tim Harford, *Adapt: Why Success Always Starts With Failure* (Farrar Straus & Giroux, 2011)
구루들의 사상 및 최고 경영진들이 제시하는 비전에 대한 맹목적인 신뢰를 반박하는 재치 있는 반론. 하포드는 이런 것들을 대신하여 평평한 위계질서 구조와 실수 친화적인 작업환경을 옹호한다.

Steven Johnson, *Where Good Ideas Come From* (Riverhead Hardcover, 2010)
저자는 "영감과 창의력의 원천으로서의 실수"라는 주제에 한 장 전체를 고스란히 할애한다.
〔서영조 옮김, 《탁월한 아이디어는 어디서 오는가》 (한국경제신문사, 2012)〕

Daniel Kahneman, *Thinking, Fast and Slow* (Macmillan US, 2011)
노벨상 수상자 카너먼이 그의 필생의 작업을 이곳에 요약해 두었다. 방대한 연구 작업에도 불구하고 아주 재미있고 흥미진진하게 읽을 수 있는 책.
〔이진원 옮김, 《생각에 관한 생각》 (김영사, 2012)〕

Michael Kaplan and Ellen Kaplan, *Auf Fehler programmiert: Warum der Mensch irren muss* (Rowohlt, 2011)
실수의 문화사를 재치 있게 다루면서 최근의 연구를 더해 내용을 더욱 풍성하게 만들었다. 읽기 쉽고 재미있는 책.

James Reason, *Human Error* (Cambridge University Press, 1990)
사고가 발생한 상황에서 "인간의 무능함"을 다룬 필독서. 매우 방대하고 기술적인 분석.

Ken Robinson, *The Element: How Finding Your Passion Changes Everything* (Viking Adult, 2009)
기인들과 실패에서 진정한 영감을 얻는 사람들에 대한 영국 출신 교육 연구가의 열정적이고 흥미진진한 강의.

Reiner Ruffing, *Kleines Lexikon wissenschaftlicher Irrtumer* (Gütersloher Verlagshaus, 2011)
사혈瀉血에서부터 살충제 DDT와 말레우스 말레피카룸(마녀의 망치)을 거쳐 시간 여행에 이르기까지. 소박해 보이는 책 포장은 어디까지나 속임수다. 철학 박사학위를 받은 저자는 탄탄하고 철저한 조사를 바탕으로 이 책을 집필했다.

Kathryn Schulz, *Being Wrong: Adventures in the Margin of Error* (Ecco, 2010)
저자조차도 이따금씩 길 잃을 만큼 엄청나게 방대한 연구 작업.
〔안은주 옮김, 《오류의 인문학》 (지식의날개, 2014)〕

Philip E. Tetlock, *Expert Political Judgement* (Princeton University Press, 2009)
전문가들의 예측은 얼마나 정확할까? 테트락은 유명한 전문가들의 예언일수록 적중률이 더 형편없다는 사실을 증명한다.

Alina Tugend, *Better by Mistake: The Unexpected Benefits of Being Wrong* (Riverhead Hardcover, 2011)
〈뉴욕타임스〉 칼럼니스트로 활동하는 저자는 실수를 대할 때 나타나는 문화적인 차이 및 남성과 여성이 실수를 바라보는 시각의 차이를 파고든다.

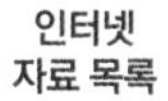

인터넷 자료 목록

이 목록은 각 장에서 거론된 자료에 관한 것으로
본문에 언급된 순서에 따라 정리했다.

서문 어떻게 하면 실수를 사랑하는 법을 배울 수 있는가

Leonard Cohen: Anthem, auf: The Future, 1992
http://www.azlyrics.com/lyrics/leonardcohen/anthem.html

Daniel M. Wegner: Ironic Processes of Mental Control. In: Psychological Review, Band 101, Nr. 1, 1994, S. 34-52

Tim Woodman and Paul A. Davis, Bangor University: The Role of Repression in the Incidence of Ironic Errors. The Sport Psychologist, 2008, 22, 183-196
http://www.bangor.ac.uk/olympics/ironic_error.php.en

Bundesministerium fur Bildung und Forschung: ≫Sepsis fordert viel mehr Todesopfer als gedacht≪. Pressemitteilung, 07.06.2013
http://www.gesundheitsforschung-bmbf.de/de/774.php

Florian Aigner: Warum alle sich fur toll halten – der Dunning-Kruger-Effekt. Scienceblogs, 10. April 2012
http://scienceblogs.de/naklar/2012/04/10/warum-alle-sich-fur-tollhalten-der-dunningkrugereffekt/

Ola Svenson: Are we all less risky and more skillful than our fellow drivers? Acta Psychologica 47 (1981), 143-148
http://heatherlench.com/wp-content/uploads/2008/07/svenson.pdf

David Brooks: The Modesty Manifesto. New York Times, 10.03.2011
http://www.nytimes.com/2011/03/11/opinion/11brooks.html

John P. A. Ioannidis: Why most published research findings are false.
PLOS Medicine 2(8): e124
http://www.plosmedicine.org/article/info:doi/10.1371/journal.
pmed.0020124

1장 우리는 보지 않으면서 보고, 듣지 않으면서 듣는다

Christopher Chabris, Daniel Simons: The Invisible Gorilla. How Our Intuitions Deceive Us. 320 Seiten, Harmony, 2010
http://www.theinvisiblegorilla.com/index.html
http://www.simonslab.com/videos.html

Daniel Simons: The Door Study.
http://www.youtube.com/watch?v=FWSxSQsspiQ

Simons, Chabris: Gorillas in our midst: sustained inattentional
blindness for dynamic events. Perception, 1999, volume 28, pages 1059-1074
http://www.cnbc.cmu.edu/~behrmann/dlpapers/Simons_Chabris.pdf

Test Your Awareness - Whodunnit? - Das Video der Londoner Verkehrsbehorde TFL
http://www.youtube.com/watch?v=ubNF9QNEQLA

Joseph T. Hallinan: Why We Make Mistakes - How We Look Without Seeing, Forget Things in Seconds and Are all pretty sure we are way above average.
304 Seiten, Broadway Books, 2010
Seite 23 ff.: Fehlerraten fur Radiologen und Flughafenpersonal

Marc Green: Human Factors. ≫The Grand Illusion≪: Assigning Blame in Failure to See.
http://www.visualexpert.com/Resources/seeing.html

George A. Miller: The Magical Number Seven, Plus or Minus Two: Some Limits on Our Capacity for Processing Information. The Psychological Review, 1956, vol. 63, pp. 81-79
http://cogprints.org/730/1/miller.html

Sandra Blakeslee: Car Calls May Leave Brain Short-Handed. New York Times, 31.07.2001
http://www.ccbi.cmu.edu/news/NYTimes%20-multitasking-7-31-2001.pdf

Marcel Adam Just: A Decrease in Brain Activation Associated with Driving When Listening to Someone Speak. Brain Research 1205(2008), 70–80
http://works.bepress.com/marcel_just_cmu/8/

National Safety Council: Distracted Driving Research & Statistics
http://www.nsc.org/safety_road/Distracted_Driving/Pages/DistractedDrivingResearchandStatistics.aspx

National Safety Council: Understanding the Distracted Brain. Why Driving While Using Hands-Free Cell Phones Is Risky Behaviour. White Paper, April 2012
http://www.nsc.org/safety_road/Distracted_Driving/Documents/Cognitive%20Distraction%20White%20Paper.pdf

Melissa Ludtke, Nieman Foundation: Watching the Human Brain Process Information. Conversation with Marcel Just. Summer 2010
http://www.nieman.harvard.edu/reports/article/102399/Watching-the-Human-Brain-Process-Information.aspx

Ablenkung: unterschatzte Gefahr. Allianz Zentrum fur Technik, 06.12.2011
https://azt.allianz.de/presse/presse_archiv/artikelliste_2011/ablenkung.html

Catherine Bush: How to Multitask. New York Times Magazine, 08.04.2001
http://www.nytimes.com/2001/04/08/magazine/how-to-multitask.html

John Medina: Brain Rules: 12 Principles for Surviving and Thriving at Work, Home, and School. 301 Seiten, Perseus
http://brainrules.net

John Medina: The Brain Cannot Multitask. brain rules blog
http://brainrules.blogspot.de/2008/03/brain-cannot-multitask_16.html

Jim Taylor: Technology: Myth of Multitasking. Psychology Today, ≫The Power of Prime≪, 30.03.2011
http://www.psychologytoday.com/blog/the-power-prime/201103/technology-myth-multitasking

Clifford Nass: Multitasking May Not Mean Higher Productivity.
National Public Radio, Talk of the Nation, 28.08.2009
http://www.npr.org/templates/story/story.php?storyId=112334449&ft=1&f=5.

Christine Rosen: The Myth of Multitasking. The New Atlantis, Number 20, Spring 2008, pp.

105–110
http://www.thenewatlantis.com/publications/the-myth-of-multitasking

Reto U. Schneider: Mordversuch im Horsaal. NZZ Folio, Ausgabe Juli 2002
http://folio.nzz.ch/2002/juli/mordversuch-im-horsaal

Gerhard Wahle: Der Wahrheit auf der Spur, Tatsachenfeststellung vor Gericht. Sendemanuskript, Erstausstrahlung 27.06.1999
http://www.wahle.de/jura/tatsachen/zeuge.htm

The National Registry of Exonerations. A Joint Project of Michigan Law & Northwestern Law: Thomas Haynesworth, Case 3872
http://www.law.umich.edu/special/exoneration/Pages/casedetail.aspx?caseid=3872

SAT.1 Fruhstucksfernsehen: Das Zeugen-Experiment. 23.11.2010
http://www.sat1.de/tv/fruehstuecksfernsehen/video/das-zeugenexperiment-clip

WDR: Wie sich Augenzeugen tauschen. Quarks & Co, 10.11.2009
http://www.wdr.de/tv/quarks/sendungsbeitraege/2009/1110/003_arena_taeuschen.jsp

Rudolf Sponsel: Aussagepsychologie. Internet-Publikation fur Allgemeine und Integrative Psychotherapie, Abteilung forensische Psychologie
http://www.sgipt.org/forpsy/aussage0.htm

Jacque Wilson: Trust Your Memory? Maybe You Shouldn't. CNN, Life's Work, 19. Mai 2013
http://edition.cnn.com/2013/05/18/health/lifeswork-loftus-memorymalleability

Elizabeth Loftus, John C. Palmer: Reconstruction of Automobile
Destruction: An Example of the Interaction Between Language and Memory. Journal of Verbal Learning and Verbal Behaviour 13, 585–589 (1974)
https://webfiles.uci.edu/eloftus/LoftusPalmer74.pdf

Elizabeth Loftus: The Reality of Repressed Memories. American Psychologist, 48 (1993), pp 518–537

Elizabeth Loftus: What Jennifer Saw. Interview mit Frontline/PBS
http://www.pbs.org/wgbh/pages/frontline/shows/dna/interviews/loftus.html

Elizabeth Loftus: How False Memories Form.
http://www.uky.edu/~bdabra2/HowFalseMemoriesFormLoftus.htm

Elizabeth Loftus: Implanting False Memories. Lost in the Mall & Paul Ingram; Psyblog. 2008
http://www.spring.org.uk/2008/02/implanting-false-memories-lost-inmall.php

Annie Murphy Paul: Your Brain on Fiction. New York Times, Sunday Review, 17.03.2012
http://www.nytimes.com/2012/03/18/opinion/sunday/the-neuroscienceof-your-brain-on-fiction.html

Greg Miller: How Our Brains Make Memories. Smithsonian, May 2010
http://www.smithsonianmag.com/science-nature/How-Our-Brains-Make-Memories.html

Bridget Murray: The Seven Sins of Memory. American Psychological Asso ciation, Monitor on Psychology, October 2003
http://www.apa.org/monitor/oct03/sins.aspx

Sina Kuhnel: False memories und visuelles Gedachtnis. Promotionsprojekt
http://www.techfak.uni-bielefeld.de/GK518/projekte/SKuehnel/projekt.html

Oliver Sacks: Speak, Memory. The New York Review of Books, 21.02.2013
http://www.nybooks.com/articles/archives/2013/feb/21/speak-memory/

Alan A. Stone: The Seven Sins of Memory: How the Mind Forgets and Remembers. The American Journal of Psychiatry, 158 (2001), pp 2106-2107

Agotha Barath: Erinnerung ohne Erinnerung. Interdisziplinare Annaherungen im Falle einer postmodernen Autobiographie. 2010
http://epa.oszk.hu/02100/02137/00021/pdf/EPA02137_ISSN_1219-543X_tomus_15_fas_3_2010_ger_477-482.pdf

Franz Dick: ≫Anosognosie≪, Verhalten, Erfahrung, Therapie. 2/2007
http://dr-franz-dick.com/fortbildungstexte/Anosognosie.%20Verhalten.%20Erfahrung.%20Therapie.%20Franz%20Dick.pdf

Rhawn Joseph: Confabulation. Journal of Clinical Psychology, 42 (1986), pp 845-860
http://brainmind.com/Confabulation.html

Armin Schinder et al: The mechanisms of Spontaneous and Provoked
Confabulations. Brain, 119 (1996), pp 1365-1375

2장 세상이 자주 우리를 지치게 하는 이유

Michael Anissimov: A Concise Introduction to Heuristics and Biases. June 2004
http://www.acceleratingfuture.com/michael/works/heuristicsandbiases.htm

Hammond, Keeney, Raiffa: The Hidden Traps in Decision Making.
Harvard Business Review, September-October 1998
http://www.mdecgateway.org/olms/data/resource/7579/Hidden_Traps_in_Decision-Making.pdf

Daniel Kahneman: Thinking, Fast and Slow. 499 Seiten, Macmillan US, 2011

Jonah Lehrer: Why Smart People Are Stupid. The New Yorker, 12.06.2012
http://www.newyorker.com/online/blogs/frontal-cortex/2012/06/danielkahneman-bias-studies.html

Wikipedia: Ziegenproblem
http://de.wikipedia.org/wiki/Ziegenproblem

Eliezer Yudkowsky: Cognitive Biases Potentially Affecting Judgment of Global Risks. 2008, Machine Intelligence Research Institute, aus: Global Catastrophic Risks, New York, Oxford University Press, pp 91-119
http://intelligence.org/files/CognitiveBiases.pdf

Oliver Burkeman: Daniel Kahneman: ≫We're beautiful devices≪. The Guardian, 14.11.2011
http://www.guardian.co.uk/science/2011/nov/14/daniel-kahnemanpsychologist

Pat Croskerry: The Theory and Practice of Clinical Decision-Making.
Canadian Journal of Anesthesia, 2005, 52:6, pp R1-R8
https://www.knowledge.scot.nhs.uk/media/CLT/ResourceUploads/4000825/CanadianJournalofAnesthesiaJune2005.pdf

Marhsmallow-Test im Video
http://www.youtube.com/watch?v=Y7kjsb7iyms

Reto U. Schneider: Das Experiment - Der perfekte Psychotest. NZZ Folio, August 2008
http://folio.nzz.ch/2008/august/das-experiment-der-perfekte-psychotest

Jonah Lehrer: Don't! The Secret of Self-Control. The New Yorker, 18.05.2009
http://www.columbia.edu/cu/psychology/indiv_pages/MischelNewYorker09.pdf

Elizabeth Kolbert: What Was I Thinking? The Latest Reasoning about Our Irrational Ways. The New Yorker, 25.02.2008
http://www.newyorker.com/arts/critics/books/2008/02/25/080225crbo_books_kolbert

Dan Ariely: The Fallacy of Supply and Demand. Chapter 2 from: Predictably Irrational. HarperCollins, Revised and Updated Edition, 2010
http://danariely.com/the-books/excerpted-from-chapter-1---the-truthabout-relativity/

Dworschak, Grolle: Als wären wir gespalten. Interview mit Daniel Kahneman, Spiegel 21/2012
http://www.spiegel.de/spiegel/print/d-85833401.html

Philip E. Tetlock: Expert Political Judgment. 352 Seiten, Princeton University Press, 2009

Ulrich und Johannes Frey: Fallstricke. Die häufigsten Denkfehler in Alltag und Wissenschaft. 240 Seiten, C.H. Beck, 2011. ISBN 978-3406591136

John Tierney: Do You Suffer from Decision Fatigue? New York Times Magazine, 21.08.2011
http://www.nytimes.com/2011/08/21/magazine/do-you-suffer-fromdecision-fatigue.html

Baumeister, Tierney: Die Macht der Disziplin: Wie wir unseren Willen trainieren können. 328 Seiten, Campus, 2012
Roy Baumeister erforscht seit zwei Jahrzehnten die Willenskraft und die

Selbsterschopfung. Das Konzept ist umstritten, das Buch bietet trotzdem gute Denkansatze.

What You Need to Know about Willpower: The Psychological Science of Self-Control. American Psychological Association
http://www.apa.org/helpcenter/willpower.aspx

Baumeister et al: Self-Control Relies on Glucose as a Limited Energy Source: Willpower Is More Than a Metaphor. Journal of Personality and Social Psychology, 2007, Vol. 92, No. 2, pp 325-336
http://www.fed.cuhk.edu.hk/~lchang/material/Evolutionary/Brain/Self-control%20relies%20on%20glucose%20as%20a%20limited%20energy%20source%20willpower%20Is%20more%20than%20a%20metaphor.pdf

3장 완벽주의가 병적인 상태로 치달을 때

Jonah Weiner: Jerry Seinfeld Intends to Die Standing Up. New York Times Magazine, 20.12.2012 http://www.nytimes.com/2012/12/23/magazine/jerry-seinfeld-intendsto-die-standing-up.html?pagewanted=all&_r=0

William Echikson: Death of a Chef. The Changing Landscape Of French Cooking. The New Yorker, 12.05.2003
http://www.newyorker.com/archive/2003/05/12/030512fa_fact2

Barbie Latza Nadeau: The Death of Star Chef Bernard Loiseau. The Daily Beast, 25.01.2013
http://www.thedailybeast.com/articles/2013/01/25/the-death-of-starchef-bernard-loiseau.html

John Colapinto: Lunch with M. Undercover with a Michelin inspector. The New Yorker, 23.11.2009
http://www.newyorker.com/reporting/2009/11/23/091123fa_fact_colapinto

Claire Ellicott: ≫Perfectionist≪ Surgeon Hanged Himself after He Made Minor Mistake in Operation. Dailymail, 22.06.2011
http://www.dailymail.co.uk/news/article-2006478/Perfectionist-surgeon-hanged-minor-mistake-operation.html

Sylvia Plath: Poetry of Liberation (Author Profile). Annenberg Learner
http://www.learner.org/amerpass/unit15/authors-7.html

Etienne Benson: The Many Faces of Perfectionism. American Psychological Association, Monitor, November 2003, Vol 34, No 10, Page 18
http://www.apa.org/monitor/nov03/manyfaces.aspx

Perfectionists More Vulnerable to Depression, Study Finds. American Psychological Association, Monitor, May 2006, Vol 37, No 5, Page 14
http://www.apa.org/monitor/may06/perfectionists.aspx

Hewitt, Flett: Dimensions of Perfectionism in Unipolar Depression.
Journal of Abnormal Psychology, 1991, Vol 100, No 1, pp 98-101
http://hewittlab.psych.ubc.ca/pdfs/1991hf1.pdf

Hewitt, Flett: When Does Conscientiousness Become Perfectionism?
Current Psychiatry, Vol 6, No 7, pp 49-60
http://www.laboratoriosilesia.com/upfiles/sibi/P0707662.pdf

Melissa Jackson: Why Perfect Is Not Always Best. BBC News, 19.06.2004
http://news.bbc.co.uk/2/hi/health/3815479.stm

Seeking Perfection. BBC Science: Human Body & Mind
http://www.bbc.co.uk/science/humanbody/mind/articles/personalityandindividuality/perfectionism.shtml

Melinda Beck: Inside the Minds of the Perfectionists. The Wall Street Journal, Health Journal, 29.10.2012
http://online.wsj.com/article/SB10001424052970204840504578085802751238578.html#

Dalya Alberge: Woody Allen: ≫None of my Films Will Be Remembered≪. The Observer, 08.05.2011
http://www.guardian.co.uk/film/2011/may/08/woody-allen-robertweide-documentary

FMPS-D – Fragebogen zur Person, Perfektionismus-Skala. Stober, 1995
http://www.erzwiss.uni-halle.de/gliederung/paed/ppsych/sdfmpsd.pdf

Suniya S. Luthar: Children of the Affluent, Challenges to Well-Being. Curr Dir Psychol Sci. February 2005, 14(1), pp 49–53
http://www.ncbi.nlm.nih.gov/pmc/articles/PMC1948879/

Oliver Trenkamp: Ausgebrannte Studenten: Lost in Perfection. Der Spiegel, Unispiegel, 26.01.2011
http://www.spiegel.de/unispiegel/studium/ausgebrannte-studenten-lostin-perfection-a-741692.html

Danielle Egan: The Problem with Flawless: Being Perfect Can Wreck Your Life. Vancouver Magazine, 2009
http://danielleegan.files.wordpress.com/2009/10/perfection-can-killyou.pdf

Andreas Pallenberg: Perfektionismus. WiLa arbeitsmarkt UMWELTSCHUTZ/Naturwissenschaften 50/2010
http://wila-arbeitsmarkt.de/files/1050-uws-perfektionismus.pdf

Hara Estroff Marano: Pitfalls of Perfectionism. Psychology Today, 01.03.2008
http://www.psychologytoday.com/articles/200802/pitfalls-perfectionism

Brene Brown: Die Macht der Verletzlichkeit. TED Talk, Juni 2010
http://www.ted.com/talks/brene_brown_on_vulnerability.html

Brene Brown: Want to Be Happy? Stop trying to be perfect. CNN, 01.11.2010
http://edition.cnn.com/2010/LIVING/11/01/give.up.perfection/index.html

4장 기계를 다룰 때 맞닥뜨리는 딜레마

Bureau d'Enquetes et d'Analyses pour la securite de l'aviation civile (BEA): Final Report. On the accident on 1st June 2009 to the Airbus A330-203 registered F-GZCP operated by Air France flight AF 447 Rio de Janeiro - Paris; July 2012

Jeff Wise: What Really Happened Aboard Air France 447. Popular Mechanics
http://www.popularmechanics.com/print-this/what-really-happenedaboard-air-france-447-6611877

Nicola Clark: Report on '09 Air France Crash Cites Conflicting Data in Cockpit. New York Times, 05.07.2012
http://www.nytimes.com/2012/07/06/world/europe/air-france-flight-447-report-cites-confusion-in-cockpit.html

Peter Allen: Poorly-Trained Pilots to Blame for Air France Crash into Atlantic Ocean That Killed 228. Daily Mail UK, 30.07.2011
http://www.dailymail.co.uk/news/article-2020136/Pierre-Cedric-Bonin-David-Robert-blamed-Atlantic-Ocean-Air-France-crash-killed-228.html

Jeff Wise: How Panic Doomed an Airliner. Psychology Today, Blog ≫Extreme Fear≪, 07.12.2011
http://www.psychologytoday.com/blog/extreme-fear/201112/how-panicdoomed-airliner

Tankersly, Sherry: Capt. Sullenberger Details Drama of Emergency
Hudson River Landing. Los Angeles Times, 10.06.2009
http://articles.latimes.com/2009/jun/10/nation/na-sully10

Chelsey Sullenberger Biography; biography.com
http://www.biography.com/people/chesley-sullenberger-20851353

Hero Sullenberger and Airtraffic Control As Airbus Crashes On Hudson River (Video interview with Sullenberger)
http://wn.com/hero_sullenberger_and_airtraffic_control_as_airbus_crashes_on_hudson

Charles Perrow: Fukushima and the Inevitability of Accidents. Bulletin of the Atomic Scientist, 2011, 67 (4), pp 44 - 52
http://www.yale.edu/sociology/faculty/pages/perrow/Fukishima11_1_11.pdf

Wikipedia: Swiss cheese model
http://en.wikipedia.org/wiki/Swiss_cheese_model

Daniel E. Whitney: ≫Normal Accidents≪ by Charles Perrow. Massachusetts Institute of Technology Engineering Systems Division, 2003, ESDWP-LIT-2003-01
http://esd.mit.edu/WPS/wplit-2003-01.pdf

Götz Bolten: Warum verläuft ein Zaun quer durch Australien? Planet Wissen, 10.06.2013
http://www.planet-wissen.de/laender_leute/australien/outback/wissensfrage.jsp

Ulrich und Johannes Frey: Fallstricke. Die häufigsten Denkfehler in Alltag
und Wissenschaft. A.a.O.

Smith, Lingas, Rahman: Contamination of Drinking Water by Arsenic in Bangladesh: a public health emergency. Bulletin of the World Health Organization, vol. 78, no. 9, January 2000
http://www.scielosp.org/scielo.php?pid=S0042-96862000000900005&script=sci_arttext&tlng=enen

Georg Kuffner: Storfall Krummel. Eine Zehntelsekunde zu wenig
Stromspannung. FAZ, 06.07.2009
http://www.faz.net/aktuell/wirtschaft/unternehmen/stoerfall-kruemmeleine-zehntelsekunde-zu-wenig-stromspannung-1825288.html

Atul Gawande: The Checklist. The New Yorker, Annals of Medicine, 10.12.2007
http://www.newyorker.com/reporting/2007/12/10/071210fa_fact_gawande

Atul Gawande: The Checklist Manifesto.
http://gawande.com/the-checklist-manifesto

Peter J. Pronovost: Re-Engineering Health Care to Keep Patients Safe. Huffington Post, 02.11.2012
http://www.huffingtonpost.com/peter-j-pronovost/reengineeringhealth-care_b_2056543.html

Daschner, Dettenkofer Frank, Scherrer (Hrsg.): Praktische Krankenhaushygiene
und Umweltschutz. 544 Seiten, Springer. 3. Auflage 2006

Wikipedia: Cascading Failure
http://en.wikipedia.org/wiki/Cascading_failure

Carsten Jasner: Gefuhlte Sicherheit. Brand Eins 07/09

5장 과학이 실수를 필요로 하는 이유

Jon Hamilton: Debunked Science: Studies Take Heat in 2011. National Public Radio, 29.12.2011
http://www.npr.org/2011/12/29/144431640/debunked-science-studiestake-heat-in-2011

Lisa Chedekel: Boston University Researchers Identify Genetic Signatures of Human Exceptional Longevity. Boston University School of Public Health, The Insider, 01.07.2010
http://sph.bu.edu/insider/Recent-News/boston-university-researchersidentify-genetic-signatures-of-human-exceptional-longevity-video.html

Paola Sebastiani et al: Genetic Signatures of Exceptional Longevity in Humans. Science, 01 July 2010 (retracted)
http://www.sciencemag.org/content/early/2011/07/20/science.1190532.abstract?maxtoshow=&resourcetype=HWCIT&RESULTFORMAT=&FIRSTINDEX=0&searchid=1&minscore=5000&hits=10

Joe Palca: Who Will Live to Be 100? Genetic Test Might Tell. NPR, 02.07.2010
http://www.npr.org/templates/story/story.php?storyId=128239173

Joe Palca: Poor Peer Review Cited in Retracted DNA Study. NPR, 22.07.2011
http://www.npr.org/2011/07/22/138585089/poor-peer-review-cited-inretracted-dna-study

Eckart Bomsdorf: Hundertjahrige in Deutschland bis 2111 — ein unterschatztes Phanomen? ifo-Schnelldienst 17/2011 — 64. Jahrgang
http://www.cesifo-group.de/portal/pls/portal/docs/1/1209970.PDF

ScienceDaily: Video Gaming Prepares Brain for Bigger Tasks. 24.09.2010
http://www.sciencedaily.com/releases/2010/09/100924095824.htm

Stephen B. Kritchevsky: A Review of Scientific Research and Recommendations Regarding Eggs. Journal of the American College of Nutrition, December 2004, vol. 23, pp 596S-600S
http://www.jacn.org/content/23/suppl_6/596S.long

John P. A. Ioannidis: Why Most Published Research Findings Are False. PLOS Medicine, 2005, 2(8): e124
http://www.plosmedicine.org/article/info%3Adoi%2F10.1371%2Fjournal.pmed.0020124

Young, Ioannidis, Al-Ubaydli: Why Current Publication Practices May Distort Science. PLOS Medicine, 2008, 5(10): e201
http://www.plosmedicine.org/article/info:doi/10.1371/journal.pmed.0050201

Taylor McNeil: The Man Who Did the Math: Portrait of John Ioannidis. TuftsNow, 04.04.2011
http://now.tufts.edu/articles/man-who-did-math

John P.A. Ioannidis: Contradicted and Initially Stronger Effects in Highly Cited Clinical Research. The Journal of the American Medical Association, 2005, 294(29): pp 218-228
http://jama.jamanetwork.com/article.aspx?articleid=201218

Joan O'Connell Hamilton: Something Doesn't Add Up. Stanford Magazine, May/June 2012
http://alumni.stanford.edu/get/page/magazine/article/?article_id=53345

David Dobbs: How to Set the Bullshit Filter When the Bullshit is Thick. Wired, Neuron Culture, 13.10.2010
http://www.wired.com/wiredscience/2010/10/how-to-set-the-bullshitfilter-when-the-bullshit-is-thick/

David H. Freedman: Lies, Damned Lies, and Medical Science. The Atlantic, November 2010
http://www.theatlantic.com/magazine/archive/2010/11/lies-damned-liesand-medical-science/308269/

Ericsson, Prietula, Cokely: The Making of an Expert. Harvard Business Review, July-August 2007
http://www.uvm.edu/~pdodds/files/papers/others/everything/ericsson2007a.pdf

As The Facts Win Out, Vaccinations May, Too. 09.01.2011
http://www.npr.org/2011/01/09/132735944/as-the-facts-win-out-vaccinations-may-too

Claudia Wallis: Debunked. Time Magazine, 15.02.2010
http://www.time.com/time/magazine/article/0,9171,1960277,00.html

Judy Ashton: UC Research: Vaccination of U.S. Children Declined after Publication of Now-Refuted Autism Risk. University of Cincinnati, 04.06.2010
http://www.uc.edu/news/NR.aspx?id=15881

Madison Park: Where Vaccine Doubt Persits. CNN, HEALTH section, 20.10.2010
http://edition.cnn.com/2010/HEALTH/10/20/why.not.vaccinate/index.html

Jonah Lehrer: The Truth Wears off. The New Yorker, 13.12.2010
http://www.newyorker.com/reporting/2010/12/13/101213fa_fact_lehrer

National Institute of Mental Health: Questions and Answers About thee NIMH Clinical Antipsychotic Trials of Intervention Effectiveness Study (CATIE) . Phase 1 Results. September

2005
http://www.nimh.nih.gov/health/trials/practical/catie/phase1results.shtml

Tara Parker-Pope: The Women's Health Initiative and the Body Politic. New York Times, 09.04.2011
http://www.nytimes.com/2011/04/10/weekinreview/10estrogen.html

Ulrich Bahnsen: Nehmen oder nicht nehmen? Hormonersatz in den Wechseljahren. Die Zeit, 18.10.2012
http://www.zeit.de/2012/43/Hormonersatz-Wechseljahre

Nachtigall, Suhl: Der Regressionseffekt . Mythos und Wirklichkeit. methevalreport 4(2) 2002
http://www.metheval.uni-jena.de/materialien/reports/report_2002_02.pdf

Jonah Lehrer: Accept Defeat: The Neuroscience of Screwing up. Wired, 21.12.2009
http://www.wired.com/magazine/2009/12/fail_accept_defeat/

Wikipedia: Phlogiston
http://de.wikipedia.org/wiki/Phlogiston

Der Licht-Ather bleibt ein Irrtum. Die Welt, Wissen, 06.09.2006
http://www.welt.de/wissenschaft/article150422/Der-Licht-Aether-bleibtein-Irrtum.html

EDGE: Thaler's Question, 23.11.2010
http://edge.org/conversation/thaler-39s-questionsan-edge-special-event

Leon Festinger: When Prophecy Fails. 253 Seiten, Harper Torchbooks, 2011 (Original: 1956)
http://en.wikipedia.org/wiki/When_Prophecy_Fails

6장 자연은 왜 실수를 사랑하는가

Christine von Weizsacker und Ernst Ulrich von Weizsacker: Fehlerfreundlichkeit. Eigenschaft alles Lebendigen. Technikkriterium, Zivilisationsleistung; Erwagen, Wissen, Ethik; Jahrgang 19/2008 Heft 3, pp 291-299

Martin Hubert: Missverstandnisse. Darwin-Mutationen. Deutschlandfunk, 29.06.2008
http://www.dradio.de/dlf/sendungen/wib/792158/

Thomas Potthast: Die Evolution und der Naturschutz. Zum Verhaltnis von Evolutionsbiologie, Okologie und Naturethik. 307 Seiten, Campus, 1999

Axel Meyer: Das missverstandene Buch. Uber Charles Darwin. Die Zeit, 19.07.2007
http://www.evolutionsbiologie.uni-konstanz.de/files/resourcesmodule/@random469f059be977e/1184827341_Evolution_1.pdf

Freeman Dyson: The Future of Evolution. metanexus, 13.10.2005
http://www.metanexus.net/essay/future-evolution

Freeman Dyson: Imagined Worlds. Jerusalem-Harvard Lectures. 224 Seiten, Harvard University Press, 1998

Rudy Rucker: The Coming Age of Wonders. Washington Post, 13.04.1997
http://www.washingtonpost.com/wp-srv/style/longterm/books/reviews/imaginedworlds.htm

The R 100: Century of Flight. Daten, Bilder der R100.
http://www.meredithangwin.com/shute-r-100_article.pdf

historicalhowden: R100 vs. R101
http://historicalhowden.com/r100_vs_r101

Empire Air Services: The New Airship Scheme. 06.04.1922
http://www.flightglobal.com/pdfarchive/view/1922/1922%20-%200203.html

≫Metal fatigue≪ Caused Comet crashes. BBC On This Day, 19.10.1954
http://news.bbc.co.uk/onthisday/hi/dates/stories/october/19/newsid_3112000/3112466.stm

Kent German: Top 10 Dot-com Flops; cnet: The Power of 10
http://www.cnet.com/1990-11136_1-6278387-1.html

IHK Berlin: Zahlen und Fakten im Internethandel.
http://www.ihk-berlin.de/servicemarken/branchen/handel/Internethandel/821998/Internethandel.html;jsessionid=9FCE4B7DC427006BEFB36A0F00586495.repl23

Tim O'Reilly: What is Web 2.0. Design Patterns and Business Models for the Next Generation of Software; 30.09.2005
http://oreilly.com/pub/a/web2/archive/what-is-web-20.html

Ibrahim Haddad: Adopting an Open Source Approach to Software Development, Distribution, and Licensing. Sys-Con Education, 05.01.2007
http://education.sys-con.com/node/318776

The American Chesterton Society: A Thing Worth Doing.

http://www.chesterton.org/discover-chesterton/frequently-askedquestions/a-thing-worth-doing/

Marshall Poe: The Hive. Can Thousands of Wikipedians Be Wrong?
The Atlantic, September 2006
http://www.theatlantic.com/magazine/archive/2006/09/the-hive/305118/

7장 실수를 포용하는 문화

Holger Schmidt: Lars 2.0. Lars Hinrichs: FAZ, 17.12.2007
http://www.faz.net/aktuell/beruf-chance/mein-weg/lars-hinrichs-lars-2-0-1492661.html

Jan Tisler: ≫Unterehmertum ist meine Leidenschaft≪, Interview mit dem Xing-Grunder Lars Hinrichs. t3n, 01.09.2009
http://t3n.de/magazin/interview-xing-grunder-lars-hinrichs-erfahrungen-neuen-223193/

Matt Phillips: Malcolm Gladwell on Culture, Cockpit Communication and Plane Crashes. Wall Street Journal, 04.12.2008
http://blogs.wsj.com/middleseat/2008/12/04/malcolm-gladwell-on-culture-cockpit-communication-and-plane-crashes/

Aviation: Captain Lost of Situation Awareness During Approach.
Video, 03.01.2011
http://www.youtube.com/watch?v=rAstLZHjOi0

Engineers Without Borders: Reports: Successes and Failures.
http://www.ewb.ca/reports/

EWB Canada: Failure Report 2012
http://dxpj7nxwqticg.cloudfront.net/wp-content/themes/whiteboard/reports/EWB%20-%20Failure%20Report%202012.pdf

Madeleine Bunting: NGO Hopes to Benefit from Failure. The Guardian, poverty matters blog, 17.01.2011
http://www.guardian.co.uk/global-development/poverty-matters/2011/jan/17/ngos-failure-mistakes-learn-encourage?CMP=twt_gu

Ashley Good: Admitting Failure: Fail Forward. M-Prize Award: 21.12.2012
http://www.mixprize.org/story/fail-forward
http://www.admittingfailure.com

David Damberger: What Happens When an NGO Admits Failure. TEDx talk, April 2011
http://www.ted.com/talks/david_damberger_what_happens_when_an_ngo_admits_failure.html

Ashoka: How to Engineer a Changemaker: George Roter's Engineers
Without Borders (Canada) Model. Forbes, 25.02.2013
http://www.forbes.com/sites/ashoka/2013/02/25/how-to-engineer-achangemaker-george-roters-engineers-without-borders-canada-model/

Sarika Bansal: The Power of Failure. New York Times, Opiniator, 28.12.2012
http://opinionator.blogs.nytimes.com/2012/11/28/the-power-of-failure-2/

Peter Barron Stark: Don't Fear Mistakes, Just Learn From Them. 01.10.2012
http://www.peterstark.com/2012/dont-fear-mistakes-learn/

Jamshedpur: Out of India, The Tata Group. The Economist, 03.03.2011
http://www.economist.com/node/18285497

Amrita Nair-Ghaswalla: The Importance of Failure. The Hindu Business Line, 27.12.2012
http://www.thehindubusinessline.com/features/the-importance-of-failure/article4245778.ece

Rodrigues, Kamath, Menon, Vemuri: Tata InnoVista 2012. Tata Review, June 2012, Chapter ≫Dare to Try≪, pp 92-93
http://www.tata.com/pdf/tata_review_june_12/tata_innovista_special_section.pdf

Otterbach, Hoffmann, Beyer, Gerlach: Jeder Fehler zahlt. Forschung Frankfurt, 01/2007
http://www.allgemeinmedizin.uni-frankfurt.de/lit/forschung_ffm_jefez.pdf

Arztfehler: Meist liegt die Ursache im Arbeitsablauf. Arzte Zeitung, 15.02.2011
http://www.jeder-fehler-zaehlt.de/lit/2011/presse001-11.pdf

Fehlerberichts- und Lernsystem fur Hausarztpraxen
http://www.jeder-fehler-zaehlt.de

Amy Edmondson: Strategies for Learning from Failure. Harvard Business Review, April 2011

Joseph Hooper: DARPA's Debacle in the Desert. Popular Science, 06.04.2004
http://www.popsci.com/scitech/article/2004-06/darpa-grand-challenge-2004darpas-debacle-desert

8장 당신이 저지른 실수를 사랑하라

Jeff J. Lin: Ang Lee and the Uncertainty of Success. 23.02.2013
http://jeffjlin.com/2013/02/23/ang-lee-and-the-uncertainty-of-success/

Jennifer Frey: A Chicken Coop, but No Tigers. New York Times, 25.11.2007
http://www.nytimes.com/2007/11/25/nyregion/nyregionspecial2/25Rleenj.html

James Dyson: No Innovator's Dilemma Here: In Praise of Failure. Wired, 08.04.2011
http://www.wired.com/business/?p=32729

Holger Fuss: Seid fruchtbar und macht viele Fehler! Interview mit Dirk Baecker. taz, 24.05.2003
http://www.taz.de/1/archiv/archiv/?dig=2003/05/24/a0236

Bernd Guggenberger: Das Menschenrecht auf Irrtum: Anleitung zur Unvollkommenheit. 168 Seiten, Carl Hanser, 1987

Stefon Harris: Auf der Buhne gibt es keine Fehler. TED talk, November 2011
http://www.ted.com/talks/stefon_harris_there_are_no_mistakes_on_the_bandstand.html

Andi Hormann: Schiefer Ton, guter Ton. ZEITonline, 12.01.2012
http://pdf.zeit.de/kultur/musik/2012-01/fehler-pop-klassik.pdf

David Owen: The Efficiency Dilemma. The New Yorker, Annals of Environmentalism, 20.12.2012
http://www.newyorker.com/reporting/2010/12/20/101220fa_fact_owen

Flugzeugverkehrsdaten in Echtzeit
http://de.globometer.com/flugzeug-luffahrt.php

Hennig, Fleischmann, Geisel: Musical Rhythms: The Science of Being
Slightly off. physicstoday, July 2012, page 64
http://www.physicstoday.org/resource/1/phtoad/v65/i7/p64_s1?bypassSSO=1

Musik mit menschlicher Note. Max-Planck-Gesellschaft fur Dynamik und Selbstorganisation, 27.10.2011
http://www.mpg.de/4618529/Musik_Humanizing

Sahin lost den Knoten. Frankfurter Rundschau, Sport, 18.03.2013
http://www.fr-online.de/sport/borussia-dortmund-sahin-loest-denknoten, 1472784,22136016.html

찾아보기

ㅎ